塔羅入門

Learning the Tarot: A Tarot Book for Beginners
Joan Bunning

塔羅入門

〈全譯本〉

作者　瓊‧邦寧（Joan Bunning）

譯者　孫梅君

❦ 目錄 ❦

❭❭單元二　各課習題❬❬

✿ 序言 ✿

歡迎進入《塔羅入門》——我所編寫、關於如何解讀塔羅牌的課程。塔羅是一副七十八張圖片組成的紙牌，幾個世紀以來，它被用來揭露隱藏的真相。在過去數年間，人們對塔羅的興趣急遽增長，越來越多的人在尋求調和內外在實象的方法，好讓自己活得更有創造性。他們發現，對於個人成長和洞察力，塔羅是一種強而有力的工具。

我設計這套課程的主要目的，是要告訴你如何自己運用塔羅牌。塔羅能夠幫助你更加了解自己，並且教你如何更有信心地汲取內在的資源。你不需要具有「通靈的能力」才能成功地運用塔羅牌，你所需要的，僅僅是尊重並且開發你與生俱來的直覺力的意願。

我是在一九八九年開始撰寫這套課程的，當時我已經研究塔羅好幾年了，我發現，我對於塔羅牌以及它們能如何被用來做為內在指引的工具發展出了一些想法。一九九五年十月，我創立了「塔羅入門」（Learning the Tarot）網站，與人們分享想法。

從那個時候起，來自全球各地成千上萬的人們造訪過我的網站，許多人透過電子郵件跟我分享經驗。人們常常告訴我，他們一向對塔羅牌很好奇，卻不知該如何著手。得知我的課程如何給了他們正在尋找的起點，是非常令人興奮的。

《塔羅入門》一書分為五個單元：

單元一包含組成這套課程的十九堂課，從最基本的元素開始，循序漸進地探討到塔羅較細微的面向。你要用什麼樣的步調研讀這些課程都可以，它們主要是為初學者設計的，但有經驗的塔羅使用者也會發現一些有用的概念和技巧。

單元二包含了習題和練習活動，以強化每一課所呈現的概念。這些練習完全是選讀性的。

單元三是部分習題的回應範例。這些範例並不是一般意義中的答案，只是我給的一些建議，讓你對可能的解牌形態有個概念。

　　單元四包含對每一張塔羅牌的解析。當你研習上一個單元的課程時，將會參考這個單元，但是當你稍後自行占算塔羅時，也會發現它們很有用。

　　單元五則是關於「塞爾特十字牌陣」（Celtic Cross Spread）的資訊——這是一種很常用的排牌模式。在整個課程中，我會不斷提到這種牌陣。此外，單元五還包含一些使用塞爾特十字的占卜範例。

　　要研習這套課程，你實際上唯一需要的是一副塔羅牌。本書的插圖係使用以風行的「萊德－偉特牌」（Rider-Waite）為基礎的「普及版偉特塔羅」（Universal Waite Tarot），這兩副牌都很適合初學者，因為每張牌上都有畫面，這在學習的階段是有幫助的。不過，如果你已經有其他的牌，只要是七十八張的，都可以用來搭配這套課程。無論用哪副牌，塔羅占卜的基本原則都相差無幾。

　　目前你在許多地方都買得到塔羅牌。很多書店有賣，許多網站也有出售各式各樣的塔羅牌。如果你那兒不容易買到塔羅牌，可以向我訂購。請上我的網站了解更多的資訊。

　　有人擔心使用塔羅會讓他們涉入神祕學的儀式，或是與其宗教信仰衝突。我面對塔羅的態度是簡單而自然的，我試圖讓大家了解塔羅牌既不黑暗、也不神祕，而是自我發現的絕佳工具。事實上，我覺得使用塔羅能以許多正面的方式拓展你的靈性覺知。

　　另外，或許有人認為塔羅是不科學的——充其量不過是種玩玩的東西，但有識之士是絕對不會拿它當真的。我只要求你放任自己的好奇心，用開放的心態探索塔羅。畢竟，這就是科學研究的真正精神呀！

　　我希望引燃了你足夠的興趣來試試這套課程。如果你仍然不太確定，請先閱讀第一課。它更為詳盡地解釋了為什麼使用塔羅並非荒誕無稽。我想，你至少會發現這本書很有趣，或許，你還會發現它是你一直在尋找的、開發你未實現潛能的工具。

❀ 中文版序 ❀

　　我年輕時曾在一間書店工作，負責為當地的大學訂購教科書。有一天，某一本書捕捉了我的目光，那是英譯版的《易經》，是一門東方哲學課程的推薦用書。我買了一本，很快就被這部中國古代占卜經典的美與智慧給深深吸引住。

　　《易經》讓我初次接觸到占卜的藝術與實踐，也令我跨出踏上此領域的第一步——這條道路最終將我引導到塔羅占卜。現在，我覺得這條道路已經繞行整個圓周，回到了原點。我很高興或許有機會藉著此一譯本，與你們分享我從這種西方占卜所學到的東西。

　　塔羅是七十八張圖卡構成的，每一張牌都代表某種普遍性的特質或能量。塔羅的占卜過程包含「洗牌」、「切牌」，然後將之排出、檢視。你選出的牌會為你反映出當刻事態的真相。藉著解讀這些牌，你將對於在你生活中起著作用的能量模式獲致更深的了解。

　　在《塔羅入門》一書中，我將焦點放在告訴你如何為自己解讀這些牌。專業的塔羅占卜者可能幫得了你，但若是你能夠向自己尋求洞見，豈不是好得多？占算塔羅並不需要擁有特殊的通靈能力或是學習神秘的技巧，它是一種自然的象徵語言，來自任何文化與傳統的人都能理解。

　　塔羅起源於文藝復興時期前後的義大利，本書中的紙牌圖像是採自「普及版偉特牌」，其中的風景和人物都具有該時期的特色。不過，你可以想像這些人物是存在於一個不受時間限制的無限空間中，他們代表著生命的普遍面向，每個人內心深層對它們都很熟悉。當你迎接這些人物進入你的世界，也就開放自己接受他們所帶來的訊息了。

　　可惜的是，有些人懼怕使用這些牌。他們害怕看見自己陷於某種難以逃避的恐怖命運中。這種恐懼是基於對塔羅牌運作方式的錯誤認知。塔羅占卜並不會預測某種固定的未來，而只是基於此刻能量暗示事態發展的可能方向，但結果永遠不會是無可轉圜的。

　　想像你看著一張圖，圖上頭畫著一個人舉著弓箭，箭已在弦

上，瞄準著幾吋之外的某個目標。你或許會猜想，片刻之後，那個人就會射出箭矢，射向箭靶。這張圖暗示此一行動非常可能發生，但事實上，未來可能有各種發展。這個人也許會轉往另一個方向，或是放下武器；又或許，會有某個人前來干預，或是分散他的注意。

你可以把塔羅占卜想成一種類似這樣的「畫面」。即使紙牌似乎指出前方有某條道路，但是否要走上這條道路，永遠取決於你自己。事實上，事先知道它，將能讓你做出更清醒而有力的決定。

這是塔羅真正的效用。當你運用塔羅牌，你將逐漸學會如何接通自己內在的覺知。你將對你某個深層部分發展出信任，那兒了解生命提供你的一切選項，好讓你從而做出睿智的選擇。我誠摯地希望，當你探索這些迷人的牌時，能有許多令人興奮的新發現。在這趟冒險中，但願這本書能對你有所助益！

瓊・邦寧

二〇〇五年一月二十八日

bunning@learntarot.com

致謝詞

我要感謝我丈夫史蒂夫對我的愛與信心，以及他超凡的電腦功力。若沒有它，我的網站恐怕老早就自行毀滅了！

很多很多的愛要給我的兒子大衛和強納生，他們讓我的日子充滿了神奇的經驗。

我要對我的母親表達感激，因為她永遠在那兒守護著我；我還要謝謝我的父親和兄弟姊妹，為我們所分享的一切；還有我的朋友和我家族所有的人，你們每個人對我都彌足珍貴。

此外，我還要感謝這些年來所有對我的塔羅理解有所助益的人士，特別是 Eileen Connolly、Mary Greer、Shoshanna Hathaway、Rachel Pollack，以及在「tarot-1 discussion list」討論社群中所有知識淵博的朋友們。

我要向以下幾位頷首致謝：Ragu Pasupulati 直覺的洞見，Paul Caskey 掃描的塔羅圖像，Kent Stork 創新的塔羅程式，以及 David Cook 慷慨提供他的網路 ISP 服務。

我還要給長期支持我的網友大大的擁抱，感謝他們的支持以及對塔羅精闢的見解：Rhys Chatham、Linda Cortellesi、Elizabeth Delisi、Asher Green、Hairani Hardjoe、Joe Holtslag、Roger Mewis、Patty Pidlypchak、Gary Pinsky、Brett Shand、Ray Simon、Phyllis Stevens、Hazel Stitt、Lou Violette、Curtis White，還有 Judy Lenzin，為她給我的溫暖和靈感。

我也要感謝「吉兒」和其他容許我透過塔羅牌涉入他們生活的所有朋友。你們的故事豐富了我的書和我的人生。

我要對 Robin Robertson 致上特別的謝意，他看出我課程的潛力，並且付諸行動。

最後，我要感謝所有曾經寫信給我、分享他們的塔羅知識與經驗的人。我從你們每個人身上都學到了東西，而你們的鼓勵對我更是意義深重。

給史蒂夫

電腦魔法師
與
錢幣國王

單元一

課程
Lessons

ᕼ第一課ᕽ 塔羅介紹

　　許多年前，當我告訴我弟弟我正在研究塔羅牌，他的頭一句評論是：「一副紙牌怎麼可能告訴妳關於任何事情的一切？」我不禁失笑，因為我想，他的回答十分妥貼地總結了一般人對塔羅的看法。我自己也曾對塔羅存疑，但是我卻發現，這些圖卡真的能改變你對生活中的挑戰之看法和應對方式。在這段引言中，我將會說明理由。

　　塔羅牌的起源是個謎。我們確切地知道，在十五世紀的義大利，塔羅是一種風行的紙牌遊戲。富有的贊助者委任藝術家設計美麗的牌組，其中有些留存至今。在一四五〇年或稍晚繪製的「威斯康提－斯佛扎」（Visconti-Sforza）是最早且最完整的牌組之一〔註一〕。

　　到了十八、十九世紀，一些頗具影響力的神秘學學者發現了這些牌。這些紳士們對塔羅牌深感著迷，認為牌上的圖案具有強大的力量，並非只是簡單的遊戲。他們將這些紙牌與古埃及神秘儀式、漢密特（Hermetic）哲學、喀巴拉（Kabbalah）神秘教義、煉金術以及其他神秘系統連結，揭露（或是創造！）出塔羅牌「真正」的歷史。這些工作一直持續到二十世紀初，當時塔羅已被幾個秘密會社吸納採用，包括「金色黎明會」（the Order of the Golden Dawn）〔註二〕。

　　雖然塔羅源起於神秘傳統，但近幾十年來，人們對它的興趣已拓展涵蓋了許多不同的角度。為了反映這些興趣取向，許多新的牌組於焉誕生，包拓以美洲印地安人、藥草、神話，以及日本為主題的牌組等〔註三〕。

　　塔羅牌最常被視為一種占卜工具，傳統的塔羅占卜會有一個問卜者（想為個人問題尋求解答的人），還有一位解牌者（知道如何詮釋牌意的人）。當問卜者洗牌、切牌後，解

〔註一〕麥可・唐門（Michael Dummett），《威斯康提－斯佛扎塔羅牌》（The Visconti-Sforza Tarot Cards），（紐約：George Braziller, Inc., 1986），p. 13。

〔註二〕馨西亞・吉爾斯（Cynthia Giles），《塔羅牌：歷史、神秘與傳說》（The Tarot: History, Mystery and Lore），（紐約：Simon & Schuster, 1992），第二章及第三章。

〔註三〕J. A.與瑪格達・岡札勒茲（J. A. and Magda Gonzalez），《美洲土著塔羅牌》（Native American Tarot Deck）；麥可・提拉（Michael Tierra）與甘第斯・康丁（Candis Cantin），《藥草塔羅牌》（Herbal Tarot）；Koji Furuta與斯圖亞特・R・卡普蘭（Stuart R. Kaplan），《浮世繪塔羅牌》（Ukiyoe Tarot），以上皆由U.S. Games出版（Stamford，康乃狄克）；茱麗葉・夏曼－柏克（Juliet Sharmon-Burke）與麗茲・格林（Liz Greene），《The Mythic Tarot》，書及紙牌由紐約Simon & Schuster出版。

死神

寶劍五

牌者就會將選出來的牌排成一個「牌陣」。牌陣中的每個位置都有其意義，每張牌也各有意涵。解牌者整合這兩層意義，為問卜者指點迷津。

　　這是個簡單的程序，卻鮮少以簡單的方式呈現。在電影中，占算塔羅的場景總是破舊的客廳或後堂的暗室。一個老婦人坐在陰影中，為緊張的年輕女孩占牌。老太婆抬起滿是皺紋的手指，不祥地落在「死神」牌上。女孩倒抽一口氣，為這即將到來之厄運的徵兆驚恐不已。

　　這種黑暗的氛圍始終圍繞著塔羅牌，即使是現在。有些宗教避之如洪水猛獸，而科學機構則譴責它為非理性的象徵、是過去蒙昧時代的餘孽。讓我們暫時放下這些幽暗的印象，就塔羅本身——一組繪有圖形的紙牌——來思考它。現在問題變成——我們能用它來做什麼？

　　答案著落在「無意識」上——那存在於我們每個人內心、卻又遠超乎我們日常經驗的深層記憶與覺知。儘管我們大部分的時間都忽略了無意識的活動，但它卻深深影響著我們所做的每一件事。佛洛伊德在其著作中強調了無意識非理性、原始的層面，認為這裡容納著我們最不被接受的慾望和衝動。與他同時代的榮格，則強調無意識積極而富創造性的一面；他試圖表述，無意識具有某種集體性的成分，觸碰著人類普遍的特質。

　　我們也許永遠不會知道無意識完整的範疇和力量，但要探索其風景卻有方法。為了這個目的，人類已發展出許多技巧，像是心理治療、夢的解析、觀想，以及靜坐。塔羅則是另一項工具。

　　思考一下塔羅中一張典型的牌——寶劍五。這張牌上畫著一個人拿著三柄劍、望著遠方的兩個人，另外兩柄劍掉在地上。當我看著這張牌，我開始繞著這個圖像編織故事。我看見一個人似乎因為贏了某次戰鬥而志得意滿。他看來頗為

沾沾自喜，為自己擁有所有的劍而高興，另外兩個人則像鬥
敗的公雞般垂頭喪氣。

　　我在這兒所做的，是在一張開放性的圖像上投射一個故
事。對我而言，我對這圖的看法是顯而易見的──也是對這
副景象唯一可能的解讀。但事實上，不同的人可能會想像出
完全不同的故事。也許這個人正要把劍撿起來，他正在呼喊
其他人來幫他，但他們卻拒絕了。或者，也許另外兩個人先
前在打鬥，是他說服了他們放下武器。

　　重點是，在所有可能的故事當中，我選擇了某一個。為
什麼？因為「將無意識的素材投射在週遭事物上」是人類的
天性。我們總是透過自己內在狀態所構築的透鏡來看待現
實。心理治療師早就注意到這種傾向，並創造出輔助的工
具。著名的羅沙哈（Rorschach）墨水點測驗就是奠基於此
種投射上〔註四〕。

　　「投射作用」便是塔羅牌饒富價值的原因之一。塔羅牌
上引人入勝的圖案能夠有效地「接通」無意識；這是塔羅牌
的個人層面，但這些牌也連通著「集體的意識」。做為人
類，我們都有著某些共通的需求和經驗，塔羅牌上的圖像捕
捉了這些人性共通的時刻，穩定地將它們萃取出來。人們往
往會對這些牌產生類似的反應，因為它們代表著「原型」
（archetypes）。許多世紀以來，塔羅牌已經演化成人類最
基本思想和情緒模式的集合。

　　就拿「皇后」牌來說吧。她代表母性原則──生命的種
種豐富。注意她的形象是如何引發繁茂豐富的感受。她坐在
柔軟華麗的椅墊上，衣袍層層疊疊，裹著全身。在「皇后」
牌中，我們感受到自然的慷慨和感官的豐足。

　　塔羅牌的力量來自於這種個人意識與集體意識的結合。
你可以用自己的方式看待每一張牌，但同時，其他人感到有
意義的解釋也支持著你。塔羅是一面鏡子，向你反映出你的

皇后

〔註四〕赫曼・羅沙哈
（Hermann Rorschach），
《羅沙哈測驗》（The
Rorschach（R）Test），
（瑞士：Hans Huber,
1927）。

獨特覺知中所隱藏的面向。

　　解讀塔羅時，我們透過洗牌、切牌和發牌選出某些牌來。這個過程雖然看似隨機，但我們仍然假定我們選出的牌是特別的。畢竟，這是占算塔羅牌的目的所在——選出合該讓我們看見的牌。常識告訴我們，隨機選出的牌不可能具備任何特殊的意義——但搞不好它們可能具備？

　　要回答這個問題，且讓我們更仔細地看看「隨機」這件事。通常，當一件事看來是機械力交互作用的偶然結果時，我們說它是「隨機」的。一組可能結果——其發生機率全都相同——當中的某一種發生了，但並沒有特別的原因。

　　這個定義涵蓋了關於隨機事件的兩個基本假設：它們是機械力的結果，而且是沒有意義的。首先，沒有任何塔羅占卜純粹是機械力的產物，它是一長串有意識行動的結果。我們決定要研究塔羅，我們買了一副牌，學習如何使用它，我們在一個特定的時點以特定的方式洗牌、切牌。最後，我們用自身的感受去解讀它。

　　在每個步驟中，我們都積極地參與。為什麼我們傾向於說占牌是「機械力交互作用的偶然結果」？因為我們無法解釋自己的意識是如何涉入其中的。我們知道我們對牌的選擇並非刻意，於是我們稱它們是隨機的。事實上，有沒有可能有一層更深的機轉在運作……一種與我們無意識的力量相連結的機轉？有沒有可能我們的內在狀況以一種我們尚未完全理解的方式與外在事件相聯繫？我向你提出這種可能性。

　　隨機事件的另一個特性是，它不具任何內在意義。我擲骰子擲出了六點，但這個結果並沒有目的。我同樣可能擲出個么點，其意義也一樣……是這樣嗎？我們是否真的知道這兩種結果是一樣的？也許每個事件都有其意義和目的——無論大小——只是我們未必總能辨識出來。

　　多年前的一個派對上，我突然有股衝動想拿起地板上的

一個骰子。我非常確定我將用這個骰子依次擲出一到六點。
當我開始，派對中的笑鬧聲消失了，每當我擲出不同的點數
時，我感到越來越興奮。在成功地擲出最後一次骰子後，我
才回復了平日的覺知。我坐回來，納悶到底發生了什麼事。

　　在某個層面上，這六次擲骰子是互無關聯的隨機事件，
但在另一個層面上，它們卻饒富意義。我的內在經驗告訴我
是如此，雖然旁觀者可能並不同意。它的意義是什麼？在當
時，它是演示心物之間奇妙互動的一課，而今天，我知道它
有另一個目的——讓我在大約二十五年後的現在，有一件事
可以做為本課的例證！

　　「意義」是一種非常神秘的特質，在內、外在現實的交
會之處發生。萬事萬物皆有其訊息——樹木、歌曲，甚至垃
圾……但只在我們開放心懷時才能感知它們。由於其圖像及
指涉的豐富，塔羅牌傳遞許許多多的訊息。更重要的是，塔
羅占卜之所以能傳達意義，是因為我們注入了誠摯的願望，
想發現生活中更深層的實相。藉由這種方式尋求意義，我們
尊重了意義的存在，並給它機會顯現。

　　如果塔羅占卜有其意義，它是從何而來的？我相信它來自
於我們自身，覺知意義之神性源頭的那部分。那是無意識的一
個面向，但它又遠不止於此。它是對我們所知甚深的睿智指導
者，它知道我們需要什麼，並導引我們走上該走的方向。有些
人管這個指導者叫「靈魂」、「超意識」，或是「更高的自
我」（the Higher Self）。我管它叫「內在指引」（the Inner
Guide），因為這是它在解讀塔羅時所扮演的角色。

　　每個人都有個「內在指引」，是為我們提供意義的源
頭。你的「內在指引」永遠與你同在，因為它是你的一部
分。你無法摧毀這種連結，但你可以忽視它。當你拿起你的
塔羅牌，你就對你的「內在指引」發出訊號，你對它的智慧
開放了。這種表達信念的簡單行動，就能讓你覺知到那始終

與你同在的指引。

我們生來就該會依靠「內在指引」的智慧，但不知怎麼的，我們忘了如何接通它，轉而信賴有意識的心智，忘了往更深處探尋。我們有意識的心智是很聰敏，可惜的是，它並不具備我們在每個日子做出恰當選擇所需的完整覺知。

當我們隨有意識的心智層面運作時，往往覺得事件彷彿隨機地降臨。生命似乎沒什麼目的，而我們因為不瞭解自己是誰、不了解自己想要什麼而受苦受罪。當我們知道如何接通「內在指引」，就會對人生有了不同的體驗。將有意識的意志和內在目的相結合後，我們便會感到篤定和平靜。我們的道途變得更加喜悅，並能更清楚地看見我們是如何將生活中零散的元素整合起來，成就自己的天命。

我使用塔羅牌，是因為它是我所能找到的最佳工具之一；它讓我得以有意識地察知「內在指引」的呢喃。占牌時，我心中湧現的想法、影像和感覺，是來自我「內在指引」的訊息。我怎麼知道那是個訊息，而非只是我的想像呢？說實在的，我並不知道。我只能信賴自己的經驗，然後看看會發生什麼事。

你並非真的需要塔羅牌才能接通「內在指引」。這些牌的功能就像是小飛象（Dumbo）的魔法羽毛。在這部迪士尼的電影中，小飛象其實自己就能飛，但他並不相信自己能飛。他把所有的信心都擺在他象鼻上捲著的一根特殊的羽毛上，以為是這根羽毛給了他飛行的能力，但是當這根羽毛被吹走後，他發現事實並非如此，而他被迫要仰賴自己的本事。

塔羅牌或許能夠助你飛行，直到你能自己觸及你的「內在指引」。現在你不必擔心這會如何發生，只要運用你的牌，逐一研習這些課程和練習，看看是否會體驗些許驚喜。

第一部

塔羅的元素

〔第二課〕 大阿卡納牌

　　一副標準的塔羅牌共有七十八張，分為大阿卡納（major arcanas）及小阿卡納（minor arcanas）兩組。「arcana」這個字是「arcanum」的複數形，意思是「奧秘」。對中世紀的煉金術士而言，「阿卡納」是指自然的秘密。因此塔羅牌可以說是許多「秘密」的集合，構成並且詮釋我們的宇宙。

　　大阿卡納的二十二張牌是塔羅的核心。其中每張牌都象徵人類經驗中某個普遍的面向。它們代表著「原型」——某種一貫的導引模式，是人性中固有的一部分。

　　大阿卡納的每一張牌都有名稱和號碼。有些名稱直接傳達出該牌的意義，像是「力量」、「正義」和「節制」。另外有些是人物，象徵某種特定的人生取向，像是「魔法師」和「隱士」。還有幾張牌是以天體為名，像是「星星」、「太陽」和「月亮」，它們代表著與這些天體相關聯的幽微力量。

　　大阿卡納牌之所以特殊，是因為它們會引發深刻而複雜的反應。「偉特牌」〔註〕的圖像引人遐想是因為，它們將密教的象徵符號與可辨識的人物及情境相結合。這些象徵符號十分幽微，卻深刻有力。

　　解牌時，大阿卡納牌總會被賦予額外的份量。當一張大阿卡納牌出現，你便知道，此時攸關的議題並非世俗或暫時的。它們代表著你最基本的關懷——你最主要的感情和動機。在此後的課程中，我會更詳細地告訴你，在解牌時，可以如何辨識並詮釋大阿卡納的意旨。

　　大阿卡納牌常被視為一個整體。人們已經發展出數種不同的體系，說明這些牌如何形成各種模式來闡釋人類的處境。靈數學、占星學，以及其他的密教學術往往在這些體系

〔註〕萊德－偉特牌是A. E. 偉特（A. E. Waite）所設計、潘蜜拉・柯爾曼（Pamela Coleman）女士所繪製的。此牌最初是由「萊德公司」（Rider and Company）在英格蘭出版，因此被稱為「萊德－偉特」牌。本書的圖例採用「普及版偉特塔羅牌」（the Universal Waite deck），是「萊德－偉特」的一種新版本，其色彩與原版較為近似。這兩種版本均由「U. S. Games Inc.」出版發行。

中扮演某種角色。

　　許多詮釋者認為，大阿卡納牌顯示了個人內在成長的不同階段──有些人管它叫「愚人的旅程」（見習題2.2，第108頁）。在這些體系中，每張牌都代表某種特質或經驗，我們必須將之吸納整合，才能實現完整的自我。

　　我們全都走在這條自我實現的道路上，雖然旅途中往往常要繞道、後退，甚或重新出發，而非一路平順地前進！我們個別的道路是獨特的，但我們的里程碑卻是共通的。這二十二張大阿卡納牌就是內在發展路途上的標記，從最早的覺知（○號牌），一直通往整合與實現（第二十一號牌）。

　　「愚人的旅程」看似從一層經驗中平順地走向下一層，但我們的學習冒險通常並非如此井然有序。我們會犯錯，會跳過功課，或是未能實現自身潛力。有時候我們缺乏勇氣和洞察力去發掘自身最深的層面。有些人從未感受到「隱士」的召喚去進行內省，或者從未體驗過「塔」的危機，那也許能將他們從自我防衛中釋放出來。

　　許多次，我們試圖克服自己的難題，卻一再失敗。「吊人」的教訓──放手並臣服於經驗──是特別困難的功課，也許需要再三地面對，才能夠完全吸收，功德圓滿。

　　我們的學習往往是不按順序來的。有人可能因為有個困頓的童年，很早就吸取了「力量」牌的特質，但到後來才發展出「戰車」牌的掌控能力。有人也許藉由遺世獨立的生活克服了「惡魔」的物質誘惑，但在往後的人生中，卻需要對人際和兩性關係再加學習──即「戀人」所代表的功課。

　　大阿卡納牌包含了許多經驗層面和模型，這些牌涵蓋了人的所有成長模式，無論它們是發生在生命的某個階段，或是貫穿整個人生。我們甚至可以說，在我們靈魂發展的宏大詩篇中，整個人生其實只是一個成長的片段。

　　無論我們自我發現的模式為何，大阿卡納牌都告訴我

們，「完整」和「實現」是我們的天命。如果我們將這個許諾奉為引路的星辰，我們最後終將實現真性，並且獲得「全世界」。

世界

{第三課} 小阿卡納牌

　　大阿卡納牌表現了宇宙共通的主題，而小阿卡納則將這些主題帶到現實的場域，顯現它們是如何在日常事件中運作。小阿卡納牌代表了構成我們日常生活情節的關懷、活動，以及情緒。

　　小阿卡納共有五十六張牌，分為四組：權杖、聖杯、寶劍，以及錢幣〔註〕。每一組牌都代表著某種特殊的生活取向。

✖ 權杖 ✖

　　權杖是一組代表創造力、行動和動作的牌。它們與熱忱、冒險及自信等特質相聯繫，呼應中國哲學中的「陽性原則」，屬於西方玄學中的「火」元素。一把搖曳的火燄是權杖力量的最佳象徵，這能量向外流動，激發熱情的投入。

✖ 聖杯 ✖

　　聖杯是代表情緒與靈性經驗的牌組。它們描述內在的狀態、感情，以及人際關係的模式。這個牌組的能量向內流動，呼應中國哲學中的「陰性原則」，屬於「水」元素。水能夠流動、能填滿空間，並能反映變動的情緒，因此成為聖杯牌組的最佳象徵。

✖ 寶劍 ✖

　　寶劍是象徵心智、思想和理性的牌組，它們關係著公正、事實和道德原則。寶劍牌對應「風」元素，一片萬里無雲的晴空，開闊而充滿光明，是心智清明的象徵，也是寶劍牌組的理想。這個牌組也與導致不和與不快的狀態有關。我

〔註〕許多塔羅牌使用其他的名稱來稱呼這四個牌組。設計者所選擇的名稱，往往反映了該牌的旨趣。

們的心智是無價的資產，但它同時也是「自我」（ego）的使者，如果未受到「內在指引」智慧的浸染，它也會引我們誤入歧途。

⋙ 錢幣 ⋙

錢幣象徵實際、安全，以及物質的考量。它們屬於「土」元素，關係著運用物質的具體需求。在錢幣牌中，我們頌揚自然之美、我們與動植物的互動，以及我們的肉身經驗。錢幣也代表繁盛以及各種財富。有時，它們也是物質世界中交換財貨與服務的當然象徵。

● ● ● ● ● ● ●

每張小阿卡納牌都有清楚的特質。我們每天的經驗都是這四種取向的混和，解讀塔羅牌將讓你看見不同牌組的能量是如何在任何特定時刻中衝擊你的生活。（見〈附錄 B〉的牌組特質表。）

這些牌組的結構很像我們平常玩的撲克牌，其中有十張數字牌（王牌到十），以及四張宮廷牌（國王、王后、騎士和侍衛）。每張牌都扮演著一個角色，示現其能量如何被表現在生活中。

⋙ 王牌 ⋙

王牌宣示該牌組的主題。聖杯王牌代表了愛、情緒、直覺，以及親密──也就是聖杯牌組中其他的牌所探討的概念。王牌總是代表正面的力量，它是此一牌組所能推出的最佳掌旗手。

⋙ 中間牌 ⋙

每張編有號碼的中間牌都代表該牌組一個不同的面向。

例如：權杖牌就是探討諸如「個人力量」（二號）、「領導力」（三號）、「興奮」（四號），以及「競爭」（五號）等之類主題，而一張牌可能從好幾個角度來切入某個觀念，像「錢幣五」就展現了「匱乏」的許多層面──艱困的時刻（物質的匱乏）、健康不佳（肉體的匱乏），以及遭到拒絕（情感的匱乏）。

✖ 十號牌 ✖

「十號牌」於邏輯上將王牌所引出的主題帶到結論。如果你將聖杯王牌的愛、親密與情感帶到極致，就能得到「聖杯十」的喜悅、平安以及親情。

✖ 宮廷牌 ✖

宮廷牌是人物牌，牌面人物的性格反映該牌組及其階級的特質。宮廷牌顯示特定的處世方式，讓我們得以在適當的時候運用（或是避免！）這些作風。

「國王」是成熟而陽剛的。他是個「作為者」，焦點向外，專注於生活事務上。他在與其牌組相關的領域上，展現權威、控制，以及掌控。國王的風格是強悍、直接而獨斷的。他關心結果以及實際面、操作面的事務。

「王后」是成熟而陰柔的，她是所在牌組特質的化身，而非將之付諸行動。她的焦點向內，作風舒緩而自然。王后較不關注結果，只是享受單純地存在世上的樂趣。她與情感、關係及自我表達息息相關。

「騎士」是個不成熟的青少年，他無法均衡地表達自我。當他試圖與世界打交道時，往往猛烈地從一個極端擺盪到另一個極端。他容易操之過激，但同時也是熱心而真誠的。在我們眼中，這些特質成為他的救贖。我們欽佩他的氣概與能量。

　　「侍衛」是個好玩的孩子，他快樂而任性地表現其牌組的特質。他的作風也許並不深刻，卻是自在、輕鬆而隨興的。他象徵著「冒險」與「可能性」。

· · · · · ·

　　現在，你對塔羅牌中每一張牌的角色已有基本的認識，你知道它們如何組合起來、構成一個整體。在接下來的課程中，你將學到更多，並學會如何在占牌時解讀它們。

錢幣四

{第四課} 牌陣

「牌陣」是種預先設定的牌型，在排出塔羅牌時，「牌陣」限定該使用多少張牌、每張牌放在哪兒、又各代表何種意義。「牌陣」是一種版型，導引著紙牌的排列位置，好讓它們能為特定的主題指點明路。在此種架構中，紙牌的意義才能美妙地組合起來。

牌陣最重要的特色是，每個位置都有其獨特意義，能夠影響落在此位置任何一張牌的意義。舉例來說，「錢幣四」代表佔有、控制，以及阻絕的改變，如果這張牌落在塞爾特十字牌陣的位置四（「過去」位），你看到的是上述特質正如何從你的生活中離去；反之，若是落在位置六（「未來」位），你則將看見它們正進入你的生活——這是兩種相當不同的解讀。

塔羅牌陣可大可小，而且可以採取任何型態。「瑞多之輪」（Rahdue's Wheel）將七十八張牌全用上了，描繪出一個人一生的宏大場景〔註一〕。牌陣甚至可以只包含一張牌。在第五課，我將說明如何用單張牌陣來做「每日一牌」的功課。

大部分的牌陣包含六至十五張牌，因為這樣的範圍夠小，易於掌控，卻又大到足以稍有深度地探討一個主題。牌陣的形態往往採取能反映其主題的設計，例如星座牌陣（Horoscope Spread）就如同傳統占星命盤般形成一個圓圈〔註二〕，牌陣中的十二張牌，呼應著占星術中的十二個宮位。

當不同的牌在牌陣中彼此連結後，便創造出一層全新的意義。組合出現了，故事脈絡開展了，而且人物、情節、主題俱全。根據牌陣中的牌編織故事，是塔羅占卜中最令人興奮且最具創造性的一環。這是一種藝術，但是有許多準則可

〔註一〕艾琳・康諾利（Eileen Connolly），《Tarot: A Handbook for the Journeyman》，（North Hollywood, CA: Newcastle, 1987），pp. 128-157。

〔註二〕桑鐸・康拉德（Sandor Konraad），《Classic Tarot Spreads》，（Atglen, PA: Whitford Press, 1985），pp. 96-97。

以依循。這些，我將在後面的課程中討論，並為邊織故事的
程序提供範例。

　　在課程中，我都只談塞爾特十字牌陣。我想如果你們一
開始只用一種牌陣，將更能專注地發展直覺。一旦你們熟悉
了每一張牌，並覺得能夠輕鬆地解讀它們，就可以探索其他
牌陣，開展你們塔羅占卜的範疇。在繼續課程之前，請先熟
悉一下塞爾特十字牌陣（見習題 4.1，第 112 頁）。我們在
整個課程中都將使用這種牌陣。

聖杯二

{第五課}　每日一牌

　　現在你準備好開始實際運用你的塔羅知識了。第五課將要介紹「每日一牌」的練習方法。這種占卜的方式是，你每天選出一張牌做為當天的主題，目的是在這一天的二十四小時內，強化你對某張牌所代表的人生取向的覺知；此種練習能夠幫助你既不枯燥也不費力地學習塔羅。在這一天，你將時時留意這張牌的特殊能量所透出的徵象。

　　譬如說，某天你抽到了「聖杯二」。這張牌的關鍵詞是「連結」、「休戰」和「吸引」。上午，你注意到一位素來對你頗有敵意的同事跑來你的辦公室跟你說話，你感覺到**休戰**講和的味道，也就順水推舟地達成和解。下午，當你處理一樁問題時，你尋求兩種做法之間的**關聯**，找出了解決之道。之後，在一場派對中，你遇到某個**吸引**你的人，與他攀談起來。在每一種狀況中，你都察覺到「聖杯二」的能量，並讓它引導你做決定。起初，你可以刻意挑選一張牌做為你的每日一牌，以避免重複，好更快地學完整副牌（見習題5.1，第114頁）。當然，你也可以隨機挑選你的牌（見習題5.2，第114頁）。方法如下：

1. 洗牌一、兩次。
2. 牌面朝下，用一隻手握住整副牌，另一隻手蓋住它。
3. 靜默一會兒，讓自己專注寧定下來。
4. 請求你的「內在指引」給你當日所需的引導。
5. 將牌面朝下，放在你的面前。
6. 向左切牌，再重新疊好。
7. 翻開最上面的一張牌，做為你今天的牌。
8. 將牌放回去，再洗牌一、兩次。

　　這個程序做來十分容易，它提供一個機會，讓你有規律地和你的「內在指引」取得聯繫。選擇最合適你的時間。早晨很好，因為你可以將選牌納入起床的例行公事中。你也可以在晚間選牌，這樣，隔天醒來便可以開始運用。由於每天的行程可能會改變，所以未必要固定時間進行，主要目的只在讓「每日一牌」成為你每天生活的一部分，好讓你的塔羅學習日起有功。

　　將所選的牌用日誌記錄下來，日後也許你會發現你所選的牌有著有趣的模式。我開始認真研習塔羅時，每天主要的工作是照料兩個小兒子——當時他們都未滿五歲。有一天，我計算了一下我每天抽到的牌的分布情形，發現結果如下：

- 權杖——二十四張
- 聖杯——四十四張
- 寶劍——四十一張
- 錢幣——五十七張
- 大阿卡納牌——五十六張

　　這真是再清楚不過地描述了我當時的生活——現實世界（錢幣）和基本驅力（大阿卡納）的比重很高，而個人創造力（權杖）佔的份量則沒有那麼重。

　　在你的筆記中，將當天最重要的事件記在每天的項目旁邊，這會幫助你把牌意與你的情緒及活動聯繫起來，但記得要簡明扼要，否則你很快就會厭倦這差事。

　　我用五種不同顏色的筆來撰寫我的筆記——每種顏色專屬一個類目：

- 權杖——紅色（火，熱情）

- 聖杯——藍色（水，情緒／情感）
- 寶劍——黃色（風，心智）
- 錢幣——綠色（土，成長／植物／自然／金錢）
- 大阿卡納——紫色（靈性，更高的目的）

　　用顏色分門別類，將能幫助你一眼看出數周和數月當中不時變動的塔羅模式。

　　或許你會訝異地發現自己不斷重複抽到某些牌。在我早先記下的五十七張錢幣牌當中，我抽到王牌和王后各十一次！當我待在家中照料幼子，我有這麼多的日子都反映著這兩張牌的主題。錢幣王后是育兒母親的終極象徵，而錢幣王牌則提供享受物質層面生活的機會——沒有什麼事情比換尿布更「物質」的了！

　　我抽到這兩張牌的次數實在太頻繁了，讓我不禁起了疑心。有一天我仔細檢查了這兩張牌，看看它們是不是哪兒受損，我才會老是抽到它們。它們看來和其他的牌沒有兩樣，我會老是抽到它們，純粹是因為它們表達出我當時的情況。你時常選到的牌，也將會透露你所關心的事。

　　學習塔羅最重要的步驟，就是要經常將紙牌從盒子裡取出來。「每日一牌」是十分理想的做法。如果你每天都選出一張牌，你將能快速而不費力地吸收每一張牌的特質。

⟨第六課⟩ 占牌環境

　　占卜塔羅的環境包括外在場所以及你的內在狀態。以下是五種有利於占牌的內在質地：

　　開放　開放是指善於接納、敏於感受。這是一種「容許」的態度——願意接受你被給予的一切，而不去否認或拒絕。藉著保持開放，你給了自己機會，去接收你需要知道的訊息。

　　平靜　心緒混亂時，是很難聽見「內在指引」的低語的。塔羅的訊息往往以溫和的線索和暗示的形式降臨，很容易被躁動的心所淹沒。當你平靜時，你就像一片寧靜海，能感知到每一個覺察的微波。

　　專注　進行塔羅占卜時，專注是極為重要的。我發現，每當我強烈地感受某個問題時，就會接收到直接而有力的訊息。而當我散亂迷惑時，所占得的牌往往也是如此。你最具洞察力的占卜，將會在你擁有強烈渴望時出現。

　　警醒　當你保持警醒，你所有的官能都會是活潑而清醒的。當貓兒盯著老鼠或蟲子時，牠會是最警覺的。當然，你不必朝著牌撲過去，但是你會發現，當你疲憊或厭煩時，解牌是很困難的。

　　虔敬　懷抱虔敬之心意指你應該像對待任何珍視的工具那樣對待你的牌。你承認它們幫助你更加了解自己的角色，你尊重自己決定學習塔羅的選擇，並且以同樣的敬重對待你的牌。

　　這五項特質雖說重要，但並非必須。沒有它們，你同樣可以做出有意義的占卜，但可能會比較困難。要決定某個時

刻是否適合占牌，最好的方法是向內省視。如果你覺得有些不對勁，就晚點再試。但如果你內在的感覺要你儘管進行，那就沒問題。

除了心境之外，還要考慮外在的環境。理想的環境是能夠引發寧靜、安詳，甚至虔敬之感的場所。你可以在擁擠的機場占牌，但噪音和種種令人分心的事物可能會讓內在調頻十分困難。由於你的占卜可能多半會在家中進行，接著我們看看要怎麼樣在家營造合宜的環境。

在家中留出一塊地方進行占牌。藉著一次又一次使用同一個地點，你會在那兒積聚一種能量，增強你的占卜。如果你從事靜坐或祈禱，也可以在這兒進行，因為這些活動在精神上及目的上都與塔羅相合。

試著為這塊地方創造「隔離」之感。占算塔羅時，你會希望從日常世界中抽離，轉入一個超越時間和俗事的空間。獨立的房間最為理想，不過用屏風、簾幕、靠墊或其他東西隔出一個角落也可以。

同時，試著創造一種優美而有意義的氛圍。在附近放置一些對你而言很特別的東西。大自然的物件，像是貝殼、石頭、水晶和植物也很合適。護身符、雕像或宗教的圖像，可以幫助你將注意力從俗世抽離出來，進入心靈之境。也可以考慮圖畫和藝術品，尤其是自己創作的。此外，還可以用鮮花、焚香、蠟燭、織物和有助冥想的音樂，舒緩你的感官。

這些巧思都不錯，但你真正需要的，只是一塊足夠讓你擺出牌陣的空間。你可以用桌子或地板。用地板會有種接觸大地的感覺，但如果席地而坐會讓你不舒服，那就用桌子；最好選擇天然材質的桌子，像是木桌或石桌。

如果你喜歡，可以用一塊布蓋住桌子或地板，創造一塊調性統一的區域。布料最好是天然的，像是絲質、棉質、毛料或麻料。慎選布料的顏色，因為顏色有其獨特的能量。黑

色、深藍和紫色是很好的選擇，布料上最好不要有圖案，這樣牌上的圖像才能從背景中突顯出來。

　　將你的牌存放在容器中，以保護它並涵容其能量。天然材質的容器都可以，像是木頭、石頭、貝殼，或是天然布料。我認識的一位女士就用絲料縫製了一個束口袋，上頭還繡了星星、月亮和其他圖案。你也可以考慮先用絲料包裹你的牌，再將它置入容器中。絲料有種豪華的感覺，會提醒你你賦予這副牌的價值。

　　塔羅牌會沾染使用者的能量和特質，因此，如果可能，留一副牌專供你使用。這副牌將成為你個人與自我「內在指引」的溝通工具，你會希望與它們緊密地連結。

　　在某個專屬於你的地方占算塔羅，可以是種相當強烈的經驗。但額外的準備永遠不是絕對必要的，你唯一必須做的，是使用你的牌。這才是重要的部分。

｛第七課｝ 撰寫問題

　　通常，你會想求教於塔羅牌，多半是因為面臨了問題或挑戰。有事情困擾著你，而你想瞭解它為何發生、而你又能做些什麼。對於這樣的情況，最好的占牌方式是「問題占卜」。你針對你的狀況寫下一個問題，透過解讀牌意，你接收到答案。這個問題將能幫助你以一種有意義的方式，將你接收到的指引與你的狀況連結起來。在本課，我將描述如何在為自己占牌時擬定一個妥適的問題。

　　第一步是徹底檢視自身的狀況。考慮所有相關的人，無論直接或間接相關。思考你面臨的選項，讓心緒自由地流動。審視問題時，不要去評斷或壓抑任何部分。寫下你心中浮現的想法，但試著不要太有條不紊——要用你的直覺，而非邏輯的分析。

　　一旦完成檢視，你就可以寫下問題。底下是一些建議：

⋙ 接受責任 ⋘

　　你的問題應該顯示「你接受自己所處情境的責任」。看看這兩個問題：

　　1. 我該把父親送到療養院，還是在自己家裡照料他？

　　2. 我該知道些什麼，好決定怎麼做才是對我父親最佳的生活安排？

　　在第一個問題中，當事人放棄了做決定的責任。他要紙牌告訴他該怎麼做。而在第二個問題，他只是請求塔羅牌給他更多的訊息。他知道決定取決於自己。

　　我們往往傾向寫下第一種問題。我們都希望確定自己做

了好的抉擇，但塔羅牌不能替我們做決定。要避免寫下規避
責任的問題，像是：

1. 回答「是」或「否」的問題
我會得到廣告公司的那份工作嗎？
我這個月能夠節食成功嗎？
我準備好要退休了嗎？

2. 用「是否該……」起頭的問題
我是否該讓女兒住在家裡？
我是否該跟喬出去？
我是否該申請不只一所大學？

3. 純粹只詢問時間的問題
喬治什麼時候會向我求婚？
我要多久才能找到新車？
我什麼時候才會升官？

反之，請用下面的字句來撰寫問題：
你能給我關於……的指引嗎？
關於……我需要了解些什麼？
……的意義何在？
……的教訓或目的是什麼？
……之下潛在的情勢為何？
我怎麼樣才能增進我……的機會？
我該怎麼樣才能……？

⚒ 對選項保持開放 ⚒

你應該對各種選項保持開放的態度。看看以下例子：

1. 我該怎麼樣鼓動我的丈母娘搬出去？
2. 我該知道些什麼，好讓我跟丈母娘相處融洽？

在第一個問題中，當事人並沒有對選項保持開放。他已經決定了一個解決辦法──請丈母娘搬走。第二個問題就比較開放。只要你不至於事先決定答案，將問題範圍縮小一些是可以的。以下兩個都是開放性的問題，但第二個較明確：

1. 若轉行從事業務工作，對我的事業生涯有何衝擊？
2. 假如我轉行到國泰人壽從事業務工作，將對我的事業生涯有何衝擊？

⚒ 找出最適切的詳細程度 ⚒

找出措辭太過含糊與過於詳細之間那條精微的分界線。以下是三個關於相同主題的問題：

1. 我該怎樣改善我的工作狀況？
2. 我該怎樣整理辦公桌，好讓湯姆找得到我的檔案？
3. 我該怎樣改進湯姆與我之間的工作流程？

第一個問題缺乏焦點，它並沒有點出要討論的工作領域。第二個問題則太過瑣碎了，它只著眼於問題的一個次要面向。第三個問題最好，因為它在兩者之間找到了平衡。只需涵蓋必要的細節，清楚點明你想要知道些什麼。

⚒ **聚焦在自己身上** ⚒

當你為自己占牌時，「你」永遠是核心角色。你的問題應該聚焦在自己身上。有時候，可以問關於別人的問題（見第九課），只要你不是只專注於自己關心的事情的話。

有時候你也許並沒有意識到自己繞著別人的問題打轉。看看這幾個例子：

1. 亞瑟的酗酒問題背後的原因是什麼？
2. 我怎麼樣才能幫助亞瑟克服酗酒的問題？
3. 我在亞瑟的酗酒問題中，扮演著什麼樣的角色？

第一個問題完全聚焦在亞瑟和他的問題上。第二個問題中，撰寫問題的人包括了進來，但他的注意力仍然在亞瑟身上。第三個問題問得最好，因為它堅實地植基於當事人自身的經驗上。

⚒ **保持中立** ⚒

撰寫問題時，應盡可能保持中立。剛開始占牌時，你很容易確信自己的立場是不偏不倚的，但如果你真的想得到指引，就必須對其他觀點保持開放度。看看下面這幾組問題：

1. 為什麼雜務都是我一個人在做？
2. 我該怎麼樣培養合作的精神，讓大夥兒分擔雜務？

1. 我要怎麼做才能讓人們聆聽我說話？
2. 當我試圖溝通時，總覺得別人並沒有在聽，這是怎麼回事？

1. 我要怎麼樣才能讓老闆不再叫我加班？
2. 我近來為何必須經常加班？

在上述各組問題的第一個問題中，當事人覺得自己的立場是正確的──別人都很不上道！第二個問題就比較中立而沒有預設立場。

✕ 保持正面 ✕

撰寫問題時，請保持正面的心態。看看下面這些例子：

1. 為什麼我的研究總是無法發表？
2. 怎麼樣才能找到理想的媒介發表我的研究？

1. 為何我總是無法克服對公眾講話的恐懼？
2. 我要怎麼做才能有效地增進對群眾說話的能力？

1. 你能幫助我了解為何我總在最後一局輸掉比賽嗎？
2. 你能幫助我找到方法，在比賽中得到最後的勝利嗎？

上面三組問題的第一個問題，都有種挫敗的味道，第二個問題則較有自信。當事人知道如果得到了有用的建議，他將會贏得成功。

• • • • • •

你也許會納悶，我為什麼要這樣不厭其煩地討論「如何撰寫問題」。這個程序是種聚焦的練習，能讓你為接下來的解牌做好準備。撰寫一個問題通常不用花上三、四分鐘的時間，但是，這樣少少的時間投資卻能讓你大有收穫，你會更加了解自身處境，解牌時也會有更強的洞察力。

{ 第八課 } 問題占卜

　　在本課中，你終於要學習如何為自己做完整的塔羅占牌了。我將描述簡單的步驟，讓你用以探討個人的問題。在占卜塔羅時，有個可依循的程序是很重要的。當你一次又一次地遵循同樣的步驟，它們會幫助你讓自己專注在當下。這些步驟的細節沒有那麼重要，事實上，你可以照自己的意思更改其中的任何部分。我們的目的是保持心念的集中。以懷著關愛的專注去占牌，將會使你的塔羅占卜十分強而有力。

　　以下是「問題占卜」的程序（參見〈附錄F〉的步驟概要）：

❯❯ 調整心境 ❮❮

　　第一個步驟是，創造有利於占牌的情緒。第六課提供了一些關於建立宜人環境的建議。你喜歡的話，不妨試試這些點子。盡量讓自己感到自在和安全。

　　準備好的時候，在地板上或桌前坐下，在身前留出一些空間。你該準備好你的塔羅牌，並且將你的問題寫在紙上（關於如何撰寫問題，請參見第七課）。起初，一次完整的占卜可能至少要花上三十到四十分鐘。試著預先安排好你的事情，好讓自己不受打擾。有了一些經驗之後，如果你願意的話，可以縮短時間，但是不感到窘迫總是比較好的。

　　開始放鬆，寧定心神，暫時放下一切煩憂（待會兒你總能把它們找回來！）。讓自己完全安頓在當下這一刻。深吸幾口氣，放鬆所有的肌肉，從外在的世界抽離出來，感到安靜寧定。花多少時間都沒關係，不慌不忙地完成這個安靜下來的程序。

ⅩⅩ 詢問問題 ⅩⅩ

當你感到心神集中了，便將你的牌從容器中取出來。將牌握在一隻手中，用另一隻手覆蓋在上面。閉上眼睛，將牌帶進你能量圈中。

現在，如果你想要的話，可以做個開場的宣告。以下是一些可能的做法：

· 祈禱
· 一段宣言
· 描述你現在的感覺
· 簡單地跟你的「內在指引」打個招呼

你可以寫好一段字句每次說出它，也可以即興地講話。重要的是，應該打從內心說出來，而不是像唸一段空洞的公式。大聲說出你的宣言，因為聲音能夠增添能量和信念。

接下來，提出你的問題，不論是根據記憶或照著唸，都好。務必要確切按照你寫下的句子將問題說出來。無意識神秘的地方之一，在於它是非常文字化的。你選出的牌，往往會反映你問題中確切的用字。

ⅩⅩ 洗牌 ⅩⅩ

張開眼睛開始洗牌。洗牌非常重要，因為你就是藉由這種方式，在一種微妙的層面上，從所有可能的形式當中理出你即將接收的牌。

洗牌的方式有好幾種，每種都有其優缺點。選擇一種自己用來最舒服的方式。有些洗牌方式會讓一些牌是正向的（正位）、另一些則是倒立的（逆位）。如果這是你第一次占牌，不要去煩惱倒立的牌。我會在第十七課中加以解說。

　　洗牌時，要專注在你的問題上。將焦點擺在整體的意向，而非細節上。不要刻意固著於這個意念，但要盡可能將問題放在心上。

⚒ 切牌 ⚒

　　當你覺得洗牌洗得夠久了，就停下來將牌面朝下，放在身前，牌的短邊對著自己。然後以下面的方式切牌：

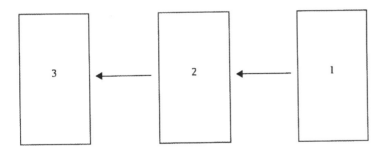

1. 從牌堆上抓起一些牌。
2. 把這些牌放到左邊。
3. 再從這第二堆牌上抓起一部分，放到更左邊。
4. 將這三落牌以任何方式重新疊成一堆。

　　在重新堆牌時，動作最好快速而一氣呵成。不要試圖想著哪堆牌該落到哪兒，就讓你的手任意移動。切牌是重要的收尾步驟，它結束了整理牌序的階段。一旦你重新堆好了牌，牌陣的模式就固定了，剩下的只是把牌攤開來，看看它們顯示了些什麼。

⚒ 擺開牌陣 ⚒

　　依據下列步驟擺開你所選擇的牌陣。如果這是你第一次占牌，請使用「塞爾特十字」牌陣（在真正擺開紙牌之前，請先閱讀下一個步驟：〈對牌做反應〉）。

1. 拿起整副牌，用一隻手握住，牌的短邊對著自己。
2. 用另一隻手翻開第一張牌，就像翻開書頁那樣。
3. 將這張牌放在「位置一」上。
   （位置的序號和落牌的次序是相同的。）
4. 翻開第二張牌，放在「位置二」上。
5. 用同樣的方式繼續下去，直到擺好所有的牌。
6. 如果你不用逆位的牌，就將它們翻轉成正位。（不解讀逆位）

對牌做反應

　　每當你攤開一張牌，留意自己對它有何反應。起先，你會不知道或不記得某張牌的一般意義，你的念頭和感覺主要會來自牌上的圖像。經過練習，你的反應會比較有根據，但同時也比較可預期。試著盡可能保持最初的開放心態，並特別留意任何看似不尋常或不協調的反應。

　　當所有的牌都排開後，花點時間對它們整體做反應。你得到一個通盤的印象了嗎？你起了任何新的反應嗎？如果你願意，把你的一些念頭速記下來。如果你無法全部記住，也不必擔心。就像夢境一樣，你會記得最重要的部分。試著不要太過投入於記筆記，因為這可能會打斷占牌的流暢。你只消快速地捕捉一些意念。

分析牌意

　　一開始，你可借助本書中解析個別牌意的章節。稍後，你可以自行思考牌意，但你也許會發現這個章節仍然很有用。（我自己就不時參考它！）

　　從「位置一」開始分析牌的意義，然後依照位置的順序看下去。以下是建議的步驟：

　　1. 在單元四查詢這張牌的意義。

　　2. 讀過所有的關鍵詞和「行為表現」。

　　3. 尋找那個會讓你說「是了，這張牌真是貼切！」的牌意。當我看見這樣一張牌時，會感到一種「認出」的震顫。不要避過那些似乎令人不那麼愉快的牌意，相信自己的反應，在看完所有的牌之前，暫時不做評斷。留意任何偶然的念頭，或是浮現心中的那些「不相干」的感覺。

　　思考過每一張牌之後，尋找它們之間的關聯。運用第十一課到第十八課中的解牌原則。

　　你可能會思量一副牌長達好幾個小時，而仍然靈感泉湧，但是，當然，這並不實際，也不是我們要追求的。不過，還是請試著花上些許時間，你的回報將與努力成正比。

✕ 編織故事 ✕

　　到了某個時刻，你就必須把所有的東西整合起來，我稱它為「編織故事」（見第十八課）。你的故事將有助你瞭解自身處境，並為你指引未來——這就是你所尋求的。

　　我建議你自發隨性地編織故事。一旦將牌檢視完畢，就要拋開分析的態度。那已經不再合用了。如果你的故事是自由地從內心湧出，它會更加真實。當你感覺準備好了，就直接開始講述你的故事，把心中湧現的一切都說出來。你可以借助你所記下的筆記，但不要太過專注在那上頭。

　　我鼓勵你出聲講出你的故事。用寫的太慢了，若只是用想的，又太過模糊。當你講述出你的故事，它將會積聚強度和力量。如果你的思緒開始散亂，或是失去連貫性，也不用在意。只要暫停下來，整理好思緒，再重新開始。經過練習，你將越來越能掌握這種說故事的方式。你可以把故事錄

音下來，當你回頭播放時，將會對你聽到的訝異不已。你真
的會覺得，你就是自己最佳的塔羅占卜師。

⫸ 寫下總結的摘要 ⫷

當你的語句逐漸變慢，自然而然停下來時，你的故事便
完成了。你的下一步工作是歸納出故事的主旨。這些指引的
要點何在？詢問自己下面的問題：

> 這裡的問題或衝突是什麼？
> 我的角色是什麼？
> 我的「內在指引」想要我瞭解什麼？
> 預計的結果會是什麼？
> 你對此感覺如何？
> 你感覺到任何行動的建議嗎？

你正在做的事是為你的問題建構答案。在占牌之前，你
提出了一個對你有意義的問題，而你的「內在指引」做了回
應，現在，你要捕捉這份智慧，讓它成為你記得住的形式。
試著用一、兩個句子歸納故事，專注於紙牌的訊息上，而非
你解牌的技術程序。

⫸ 收尾 ⫷

主要的程序已經結束，但是，就像任何儀式一樣，我們
要完成幾個最後的步驟，以結束此次占牌，讓你的牌為下一
次占卜做好準備。

如果你還沒有這麼做，記下你選出的牌和它們的位置，
否則很容易就忘記。然後，*清理你的牌*，以除去這次占牌的
能量模式之所有痕跡。我清理牌的方式，是輕輕地把牌混
勻，這讓我聯想起用手快速地一掃，好抹去沙地上的字跡。

你或許也會喜歡這種方法，但是其他洗牌方式也可以（見〈附錄E〉）。現在，花點時間清理你的牌，確定每張牌牌面朝下。當你覺得洗牌洗得夠久了，就停下來，把牌收好。你的牌現在已經準備好做下一次的占卜了。

收起塔羅牌之前，再將它們握上一會兒。將你的牌放在一隻手上，用另一隻手覆蓋著，然後閉上眼睛。說出你覺得你從這次占牌學到了什麼，表達你對「內在指引」的感謝，謝謝它透過塔羅牌給你幫助。感謝是種很棒的情緒，它提供了一個理想的心境讓你結束你的占卜。

當你開始時，你啟動了一個循環。你藉由占牌創造了意義，而現在，你則藉著讓紙牌回復到休息的狀態，完成了這個循環。

✕✕ 應用你所學到的 ✕✕

占卜已經結束，但是內在的工作才剛要開始。你的目標是，以某種方式把你所學到的整合到生活中。如果不這麼做，你的塔羅占卜充其量不過是一種美麗的消遣，而不具備幫助你的力量。

決定一個或幾個你能付諸實行的行動，讓你得到的指引產生作用。你可以加強你現在已經在做的事，或是做些改變——無論是激進的或溫和的。特定的行動通常會比模糊的計畫來得有用。

如果你有在記日誌，就寫下你打算做的事。只投入那些你知道自己真的會去執行的事項。我知道「擺出幾張牌、看它們幾眼、然後再也不去想這次占卜」是多麼的容易。特別是你的反應不那麼正面時！

隨著日子過去，回想你的占卜，想想它是如何與你的生活囓合在一起。問問自己以下的問題：

我的故事有意義嗎？

我得到的指引適用度如何？

我遺漏了什麼線索嗎？

我做出了行動嗎？如果是，發生了什麼事？

有什麼意料之外的事發生嗎？

我的「每日一牌」能夠添加些什麼嗎？

你也許會有股衝動想重新占算一次，但或許你最好等到情況有了重要的變化再這麼做。要假定你的第一次占卜涵蓋了所有你需要知道的訊息。如果你對某些元素感到不解，就再深入探討你第一次的占卜，去尋找更多的指引。藉著深入挖掘，你將能更加接近事情的核心。

運用你在占卜中學到的事或許是最重要的一步——也是最困難的。這不僅是玩玩紙牌而已。當你真的致力將從塔羅得到的洞見整合到生活中，便會從塔羅牌獲得真正而持久的助益。

這是我理想中的塔羅占卜程序，但是，說實話，我也不是每次都照辦。有時候我會在這些步驟上花上好一會兒，有時候又會忽略其中好幾項。我鼓勵你採用符合你興趣和需要的程序，如果你不能享受占牌，它們就只會在架子上吃灰塵。細節並沒有那麼重要，重要的是「意圖」！

﹛第九課﹜ 占卜他人之事

　　你可以對與自身無甚關係的人或主題進行塔羅占卜，我稱之為「占卜他人之事」。只要你對與你沒有直接關聯的某個人或某件事感到好奇，都可以進行此種占卜。「占卜他人之事」是占卜*關於*他人之事，而非*替*他占牌。當你替某個人占牌時，應該要請這個人寫下問題，你只是幫他解讀牌意而已。

　　「占卜他人之事」是很有趣的，而且能提供許多訊息。同時，它也是學習塔羅的好方法。當你為自己占牌時，只會處理到一組有限的問題——你自己的！占卜他人之事則能讓你探討更大的領域。

　　除了選擇主題，占卜他人之事的程序基本上跟第八課中所描述的大同小異，只有幾個不同點在此註明（參見〈附錄G〉中的〈步驟概要〉）。

　　1. 第一個步驟是決定占牌的主題。你幾乎可以選擇任何事物——某個人、動物、地點、問題，或是新聞事件——只要你能在占牌之前就選定。通常它會是某個情境中的核心主角，但這並非必然。

　　你的主題也可以是一個群體，像是一段婚姻、一個家庭、一組團隊，或是一個社區。你可以將地球或是某個國家設為主題，但是，對於這樣廣泛的對象，你只能獲得籠統的資訊。

　　你或許會想要為某個與你十分親近的人占牌——像是親人、朋友，或是同事。在第七課，我曾談到在占卜與你有關的主題時，專注於自己身上的重要性。這裡有個簡單的測驗，讓你決定你是否該採取「占卜他人之事」的形式。問問自己以下三個問題：

當我想到這情境中的這個人時，是否感受到強烈情緒？

我是否在此情境中有既得利益？

我是否希望這個情境會有某種特定的結果？

如果你對以上任何一個問題的回答是肯定的，或許就該針對自己做占卜，而非以他人為中心。

現在你需要寫下一個問題。依循第七課中的建議來設計問題，不過是要關於你的占卜對象的。專注在你對你的對象感興趣的層面上，如果對方是一個正在競選總統的政界人士，你的問題可以是：「有哪些因素會影響某某候選人當選下一屆總統的機會？」

2. 當你在調整心境時，可以將占卜對象的照片放在旁邊，幫助你占牌時專注在他身上。放個能讓你想起這對象的物件也行。

3. 當你詢問問題時，描述一下你占牌的對象，或是陳述你為何要做此次占牌。請求對所有相關之人都最有助益的指引，並提及你對你的對象心懷善意。（如果你無法真心這樣說，請考慮為自己占卜，而非他人！）

4. 當你對紙牌做反應時，記住，它們指涉的是另一個人，而不是你。不過，當你看見這些牌與你自己的生活有某些有趣的關聯時，請不要訝異。

5. 在「占卜他人之事」的過程中，分析牌意時，你是從自己的觀點出發，看待此一情況。你在牌中見到的，可能與你的對象真正的體驗有所關聯，但也可能沒有。

6. 雖說「占卜他人之事」是以另一個人為焦點，但牌還是會給「你」一些啟示。試著辨識出這些訊息，好運用在自己的生活中。

﹝第十課﹞開放式占卜

「開放式占卜」是為非特定問題尋求指引。你毋須寫下問題，而只是給「內在指引」一個機會，告訴你某個特定時刻你最需要知道的訊息。

在大半的情況下，問題占卜是最佳的占牌形式，因為它聚焦於對你最為重要的議題。提出問題——就像相機安裝了望遠鏡頭——可以讓你更為聚焦在某個主題上，但同時也使你無法看見更大範圍的圖像。「開放式占卜」則擁有更大的視界，它涵蓋了你的長期成長和發展。它提供更高層次的指引，涵容了塑造你日常經驗的更廣大模式。

「開放式占卜」可以是十分強而有力的。我盡量謹慎地使用它，好保存它不尋常的特質。你可以在特殊的日子使用它，像是：生日、週年紀念、節慶、春分或秋分，以及事件發生的首日（例如新工作、約會、旅行等）。

當你站在一個新階段的門檻時，「開放式占卜」是很有用的，像是嬰兒誕生，或是搬遷到新居。「開放式占卜」能夠幫助你提前適應新的或不可預期的情境。每當有一片未知的領域橫在你面前，就是進行開放式占卜的最佳時機。

開放式占卜的步驟基本上與第八課相同，幾點差異之處在下面說明（參見〈附錄 H〉中的步驟概要）：

1. 在為「開放式占卜」做準備時，你應該避免在撰寫問題時進行分析，而儘管將心放空，釋放所有的憂慮和擔心。除了和緩地把心安靜下來，毋須去做或安排任何事。

2. 不同於明確詢問問題，現在你要做番較為概括性的意圖陳述，像是：*我歡迎智慧的訊息，並敞開我自己，接收我此刻最需要的指引*。你可以稍稍集中焦點，只要避開特定的人或事件就行了。如果你關心的是自己的健康，你可以加上

一些字詞：*我歡迎關於我的健康的智慧訊息，並敞開我自己，接收我此刻最需要的指引。*

3. 洗牌時，要保持自由而開放的心境。如果有念頭飄來，就任它輕輕過去，而不要固著其上。理想上，你應該感覺自己像一間所有窗戶都對每一陣微風敞開的空房子。

4. 一般說來，在解析牌意時，你應該與生活中的細節保持一點距離，讓牌對你示現更廣大的議題。專注在牌陣所顯現的模式上，用更寬廣的架構看待每件事。開放式占卜並不是用來探討日常瑣事的。

5. 你不一定要採取特定的行動，而只需吸收所得訊息的精神，容許它以一種概略的方式指引你。

第二部

解牌的原則

⋙引言⋙

現在，你坐在你要解讀的第一副牌陣前面。你已經洗牌、切牌，並用十張牌擺出了「塞爾特十字」牌陣。你的第一個念頭也許是：「現在該怎麼辦？」

我開始學習塔羅時，四處尋找這個問題的答案——課堂、對話、書籍，以及他人的做法。我想找出一個「正確」的解牌法門。當然，我從來沒有找到這樣一個體系，因為它並不存在。解讀塔羅是種藝術，而非科學，並沒有一套任何時候都適用的既定規則，因為每個人都是獨特的。一個公式化的系統怎麼能提供尊重此種獨特性的指引呢？

話說回來，還是有一些法門屢屢被證明是很有價值的。它們之所以有用，是因為它們能為直覺反應賦予形式和焦點。它們提供了一個架構，你可以圍繞此一架構建構出每次解牌的特殊訊息。

在接下來的九課當中，我將提供我所發現的一些解牌原則。我提出這些概念做為指導方針，幫助你發展對占牌的感覺，並感受占牌能夠告訴你些什麼。摘取其中對你管用的部分，運用它們去創造你自己獨特的塔羅占卜法門。

錢幣三

｛第十一課｝ 解讀單張牌

　　解讀一副牌時，我會反覆思考整副牌和單張牌的個別意義，此二者相輔相成。在本課中，我們將探討該如何解讀一副牌當中的單張牌。牌義的來源有四：

　　1. 首先是你基於個人背景、性格以及心境，而對該牌所產生的獨特反應。這個元素使得此牌能有鮮明而且個人化的意義。

　　2. 其次，是經年累月以來圍繞著此牌所建構的一整套意涵。不同的塔羅作者和教師會有不同的詮釋。而我對每張牌義的建議，詳列在本書的單元四〈牌意解析〉中。

　　3. 牌義的第三個來源是該牌在牌陣中的位置。每個位置的涵義同樣奠基於傳統和普遍的經驗。在單元五〈塞爾特十字牌陣〉中，我列出了對此種牌陣各個位置代表意涵的建議。

　　4. 第四是你的問題或生活情境。此元素為你的反應提供了基本架構。它設下疆界，幫助你將某張牌與你生活的某個領域做聯繫。

　　要解讀一張牌，必須結合上述四種意義來源，使之成為某種對你有意義的綜合體。這是個流動的過程，而這些領域看似不相干，但在實際解牌時，它們會交融在一起，而你的反應就自然而然地產生了。

　　起初，你或許會比較仰賴牌和牌陣位置的意義來引導你，爾後，你個人的反應將會更形重要。你的反應也許是被牌上的圖像所引發，紙牌上的景物可能會非常直接地呼應著你的處境。例如，假使你正在建造房屋，「錢幣三」上的文

件，或許會讓你聯想起一組設計藍圖。

假設你抽到一張正位的「聖杯七」，落在位置五，而你的問題是：

「我該如何增加今年獲得分紅的機會？」

當你開始檢視這張牌，你首先會察覺自己的反應。你的目光也許會落在那個裝滿珠寶的杯子上。前景中的那個人似乎正直視著這個杯子。他伸手要去拿珠寶，你對他感到認同。這切合了你的問題：你正伸手想拿取紅利。

接下來，你審視「聖杯七」的關鍵字。它們是：

聖杯七

如意算盤

眾多選擇

放縱耽溺

當你閱讀這張牌的「行為表現」時，會留意到以下幾項：

任自己昧於事實

守株待兔

缺乏焦點與投入

這些字句暗示著某個被動而不切實際、缺乏能量與欲望去獲致成功的人。它們強化了「打如意算盤」的意涵。

在檢視「位置五」的涵義時，你感覺思緒被拉向：

你的錯覺或妄想

你所執迷的事物

你打定主意想要的

　　這張牌的意義開始為你成形。它似乎在暗示，你太忙著做白日夢了，以致無法採取建設性的行動。現在，你覺得牌中的這個人似乎對懸吊在面前的杯子感到畏怯。你判定，對你而言，此時這張牌代表著不切實際的希望及徒勞無功的夢想。這是你對這張牌所傳達訊息的*初始感覺*，當你稍後檢視其他牌時，也許會有所修正。

　　顯然還有許多其他的可能性。你也許會對漂浮在那陰暗人影面前的一堆好東西印象深刻，他似乎有許許多多的選項，這是「聖杯七」的另一個意涵。

　　解讀塔羅從來不會只有一個正確答案！以上這兩種詮釋都說得通。你也許會納悶，既然有這麼多可能性，該如何選出最好的一種呢？你必須信賴你的直覺。你的「內在指引」會給你暗示，引導你走向對你最重要的意念。某個想法可能會一而再、再而三地跳進你的腦海，你也許會繞著某個意念打轉——思考它，離開它，最後又回到它上頭。當某個意義特別強烈地衝擊你，你就會知道自己是在正確的軌道上。這是種「啊哈，就是它了！」的反應。也許不是每張牌都會引發這種反應，但是當它發生時，你會知道它很重要。這就是內在覺知示現的方式。

{第十二課} 大小阿卡納牌

　　塔羅中的某些牌會自然而然形成群組。這些牌各有其獨特意義，但它們同時與同一組的其他牌有著共同的特質。最大的兩個次群組便是「大阿卡納」和「小阿卡納」，而「大」「小」二字則是在反映這兩個群組相對的份量。

　　大阿卡納牌所代表的能量是深刻、強大、長期而具決定性的；當一張大阿卡納牌在占牌時出現，是指你在生活的某個領域接通了某種強大的能量。小阿卡納牌並沒有承載相同的份量，但它們仍然很重要；它們反映日常生活的起起伏伏，並記錄情感和思想的變化。這些小戲劇發生時很扣人心弦，但一旦新的事情取而代之，它們便隨著時間過去了。

隱士

聖杯八

　　讓我們來比較兩張有著相似意義、但份量不同的牌──「隱士」（大阿卡納）和「聖杯八」（小阿卡納）。「隱士」牌是追求真理和深層意義之人的原型象徵，他代表棄絕膚淺的享樂去尋求內在了悟的衝動。占牌時，「隱士」可能暗示你感到一股尋求答案的強烈衝動，即使那意味著放棄你目前生活

聖杯二

戀人

的某些部分。這並不是一時的奇想，而是可能持續一段時間的強大欲望。

對於「聖杯八」，你的詮釋或許大同小異，但是做為一張小阿卡納牌，這張牌暗示你的追尋不具有同等的強度。也許你只是對工作有些厭煩，有時候你想拋開一切，到海灘上編草帽，但你並不是認真的。你是在追尋，但那股衝動還不是發自深心的願望。

舉例來說，你過了多年幸福的婚姻生活，但突然間發現自己受到一位認識的人吸引。你求教於塔羅，在「位置一」得到了一張「聖杯二」。

這張牌的意義之一是「吸引」──被某個令人喜愛的人、地點，或想法所吸引。做為一張小阿卡納牌，聖杯二告訴你這份吸引也許是基於表面的因素，像是共同的興趣或性的慾望。這份感覺或許很強烈，但它主要來自於日常活動的互動──是*暫時性*的。

反之，若你拿到的是「戀人」牌，你就必須對這份吸引投注更多的考量。做為大阿卡納牌，「戀人」暗示這份關係並不簡單。這份吸引來自更深刻的層面，而不僅僅是隨興而不經意的。它需要你進行更深入的了解。

你也許會在一次占牌時抽到小阿卡納牌，後來在針對相同主題再次占卜時卻抽到大阿卡納。原先是次要的事件，在經過一段時間後變得較為重要了。同樣地，一樁重大的事件，也可能隨著你生命的變遷而失去急迫性。你可以假想，一張大阿卡納牌為它所代表的領域帶來了更大的能量，請對此領域投注額外的考量，並善加運用積聚在此的力量。

╣第十三課╠ 王牌

　　每張王牌都代表該牌組特質最純粹的形式。王牌總會為牌陣增添某些特殊意味，它卓然突出於其他牌之外，彷彿自身散發著光環似的。王牌上的圖形都很相似：一隻強壯的手從雲中伸出來，握著該牌組的標記，發出能量的光輝。王牌「遞給」你一個來自藏在雲間某個未知源頭的禮物。該牌組的標記，即象徵著那份禮物的性質。

◆權杖王牌

　　權杖是強勁、陽剛之物，蘊含著強大的力量。杖上生出綠葉，象徵新生命的萌發。權杖令人聯想起用來創造奇蹟和施展魔法的魔杖，而權杖王牌的禮物是創造力、熱忱、勇氣和信心。

◆聖杯王牌

　　杯子是開放、陰柔之物──是設計來裝盛滋養液體的容

權杖王牌

聖杯王牌

寶劍王牌

錢幣王牌

器。圖上的水從杯中流溢而出，顯示一股永不枯竭的清新活水流入世界。聖杯王牌的禮物是情感、直覺、親密和愛。

◆寶劍王牌

　　寶劍是種武器——是種精心打造的工具，用來斬斷一切障礙或混亂。寶劍延伸持劍者的力量去作戰並致勝。它可以施展殘酷的力量，但也可以是乾淨而銳利的。寶劍王牌的禮物是澄明的心智、真理、正義，以及堅忍。

◆錢幣王牌

　　錢幣是象徵自然界及日常世界之奧秘的魔法符號。它被銘刻在硬幣上，是物質交換的憑證。有了金錢和原料，我們便有了得以讓夢想實現的資財。錢幣王牌的禮物是繁榮、實際、安全感和顯化的能力。

　　王牌是大小阿卡納兩個領域之間的門戶。它們容許強大但非個人的力量進入你的生活。當王牌出現在占卜中，是顯示它的特質正變得能夠為你所用。如果你善加運用這些特質，將能成就更大的快樂和成功。王牌總是被解讀為有利、正面，並能增益生活的。

　　王牌可能暗示一種新的冒險正在展開。某次我為一位友人占卜她的新戀情，看見聖杯王牌出現在「位置一」。對於愛情和親密關係的開展，還有什麼牌是更佳的訊號呢？（嗯……或許「愚人」牌吧，但那又是另外一回事了！）

　　王牌也可能代表一扇機會之窗正在開啟，這王牌告訴你要留神注意，以免讓它溜走了。把王牌想像成一顆可能性的種子，如果你給它關心和照顧，它就會萌芽成長。

　　一位親戚曾經在「位置一」上抽到錢幣王牌，又在「位置二」上抽到權杖王牌——這是個強而有力的組合，它告訴

你要「為你的能量尋找*創造性*的真實出口，它將為你帶來更大的成功。」幾個月後她告訴我，受到這個徵象的激勵，她去爭取了一個更具挑戰性的職位，現在不僅收入增加，個人的滿足感也大大提升。

當你看見王牌，便要在各個情況中尋找可能性。無論遇上什麼，看看你能如何運用它，因為你將有機會為生命做出真實而重大的改變。

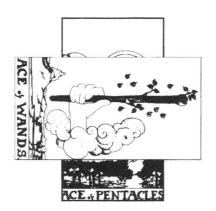

權杖國王

權杖王后

〔註〕I・B・麥爾斯（I.B.
Myers），《The Myers-
Briggs Type Indicator》，
（Palo Alto, CA: Consulting
Psychologists Press, 1962）。

｛第十四課｝宮廷牌

　　你或許已經注意到人有許多類型，某些特質會以熟悉的方式群集在一起。我們有時會替這些特質群組起名字，像是「獨行俠」、「夢想家」，或是「派對動物」等。心理學家設計了繁複的系統來將人分類，著名的麥布氏（Myers-Briggs）人格類型理論就是其中之一〔註〕。

　　塔羅也有其人格分類系統，以十六張宮廷牌來代表——也就是每個牌組中的國王、王后、騎士以及侍衛。在第三課，你已經學過了四個牌組，以及宮廷牌的各個階級。這是了解宮廷牌的關鍵，因為每種人格類型就是其牌組與階級的組合。

◆國王

　　「權杖國王」是富有創造力、激勵人心、堅強有力、充滿魅力且勇敢無畏的。這些是權杖牌組典型的正面特質。這些特質是權杖充滿活力之火象能量的基本典範，但它們同時也反映了國王的性格。國王活躍而外向，想要藉著自身的人格力量來對世界造成衝擊。

◆王后

　　「權杖王后」是富有吸引力、真摯誠懇、精力充沛、活潑愉快且自信滿滿的。這些也是權杖的特質。這位王后是歡快而生氣蓬勃的，但她並不會將自身性格做為一種向外的力量去揮灑。王后是從內在表達該牌組的特質，設定一個基調，但卻不強力施加它。

◆騎士

　　騎士是極端份子，他們將其牌組的特質表現到極致。這樣極端的感情和行為可以是正面的，也可以是負面的，端視情況而定。

　　例如，「錢幣騎士」極其小心謹慎——這是穩定、保守的錢幣性格之典型特質。這位騎士對每件事情喜歡檢查再檢查，在全心投入前，他總會緩慢小心地行進——你會希望這種人來幫你摺疊降落傘，或是帶領你穿越地雷區。

　　另一方面，你可能會覺得「錢幣騎士」缺乏冒險精神。他永遠不會進行一項冒險的投資，在兩個月內賺一倍的錢，或是突發奇想，提議到巴黎旅行。這樣大膽的行動並非他的本性，你得去找權杖騎士才行！

　　騎士牌的關鍵詞會是正反兩面的詞組（小心謹慎／缺乏冒險精神）。在解牌時，你必須將這兩面都考慮進去。至於他所代表的態度是有益還是有害的？牌陣中其他的因素（還有你自己的誠實）將會幫你做決定。

錢幣騎士

權杖騎士

PAGE of CUPS.

聖杯侍衛

KING of SWORDS.

寶劍國王

◆侍衛

　　每張侍衛牌上都畫著一個快樂的孩子，拿著他牌組的標記。他對這個玩具感到著迷。侍衛牌激勵我們一起去享受他們的興趣，寶劍侍衛可能代表智識發現的興奮，或是其他心智挑戰。侍衛牌同時也鼓勵我們「勇往直前」！當孩子們想要什麼東西時，他們從不猶豫，直接伸手抓取。如果你想要侍衛牌所提供的東西，不用害怕，把握時機！

　　如果你今天抽到了「聖杯侍衛」，而有一位同學對你微笑，把握這個締結友誼的機會吧。上前與他交談，或是提議下了課一起去喝咖啡。這位侍衛鼓勵你將愛與分享帶入生活中。

　　許多塔羅系統會用宮廷牌代表某年齡層和某類型的人。例如，「寶劍王后」往往是指一位離婚的女子。對我而言，用這種方式看待宮廷牌有些狹隘。人格特質並不侷限於某些族群，國王的行事取向或許較陽剛，但是女性也可能擁有這樣的風格。孩子確實比較愛玩耍，但這不表示侍衛一定代表某個孩子。

　　占卜時若是出現宮廷牌，顯示某種生活取向正在（或是可能）衝擊你所處的情境，它有幾種可能：

　　首先，宮廷牌顯示你正在表現或是尋求表現的一面，它也許是你所珍視的一面，也或許是你所忽略的。它也許是你認可的某種態度，又或許是你所否定的。你要怎麼看待它，必須視你的問題、其他的牌，以及你身處的局面而定。

　　舉例來說，你正試圖決定是否要與人合夥做生意，如果你抽到了「寶劍國王」，你可以將其詮釋為在這種情況下的行事態度——要公平且合乎倫理，要仔細檢視每一件事，並明確說出你的需求。如果你已經採取了這種立場，那麼這張寶劍國王便是在肯定你的做法；但是，如果你並不誠實或是

隱瞞了某些事，這張牌便是告訴你要三思。

　　宮廷牌也可能代表另一個人。如果你看見一張宮廷牌，立刻對自己說：「我知道他是誰！」那麼它或許正是代表這個人。它也可能意指某個你還不知道的人。

　　例如，你遇見了某個非常浪漫的人，你們長時間相處，並且在很深的層面感到契合。在占牌時，「聖杯騎士」可能代表這位新戀人，但是，由於是張騎士牌，你必須更加仔細地審視這段關係。

聖杯騎士

　　你希望與這位戀人經歷些什麼？你也許很享受這段浪漫的戀情，但你是否同時在尋找依靠與承諾？「聖杯騎士」是種信號，告訴你這段關係可能是不平衡的——有著大量的親密分享，但其他層面卻有所欠缺。

　　最後，宮廷牌還可能反映一種整體氛圍。有時候，外在環境似乎具有某種性格——符合某張宮廷牌的類型。

　　例如，你剛剛遷入分租公寓，想要探詢這裡的狀況而諮詢塔羅牌，結果抽到了一張「錢幣王后」。你想知道跟未來的室友是否處得來。這張牌可能是在告訴你，整體氣氛是很滋養的。你的室友會是個溫暖而慷慨的人，處理問題的態度也很合情理。

錢幣王后

　　另一方面，你可能會在這裡遇見某個類似「錢幣王后」的人，或者你自己會扮演這樣的角色。這就是塔羅微妙的運作！

　　宮廷牌所具有的人性面向是其他牌所沒有的，因此可以給你清晰的訊息——關於你是誰、以及你想要什麼。訣竅是要了解你自己和你所處的情境，這麼一來，當訊息來到時，你才能接收到它們。

｛第十五課｝ 相對的牌

　　有一種娛樂叫做「迷宮」（Labyrinth），它是個正方形的盒子，裡頭有個平台。平台上有很多迂迴的小路，上頭鑽了許多小洞。遊戲的目標是將一顆小球從迷宮的一頭滾到另一頭，而不讓它掉進洞裡。盒外兩側裝有旋鈕，讓你可以使平台往任何方向傾斜，藉以操控這顆球。

　　這是個簡單的遊戲，玩起來卻很困難！操控稍一不慎，球就會掉進洞裡。如果你讓平台太往某個方向傾斜，就會失去控制。如果你試圖彌補過來，就會往反方向失控。唯一管用的策略就是耐心地引導小球通過小路，同時維持各個方向的動作與力量之間的平衡。

　　我在「迷宮」中看見它隱喻著我們航行過人生道路。在我們從生到死的旅程中，都不斷藉著平衡自身做法來避過那些「坑洞」。我們在生活上做了無數的調整，藉以維持穩定的進程——先是往這兒，然後是那兒。在一種有時愉快、有時卻也挑戰性十足的舞蹈中，我們的行動彼此抵消著。

　　關鍵永遠在於「平衡」。要達成平衡，就必須知道如何表達所有可資運用的能量。個人的平衡永遠不會是靜態的。它來自在任何特定的時刻動態地選擇恰當選項的能力。

　　塔羅占卜是張地圖，顯示於某個時點可能在你生命中運作的所有互相平衡的傾向。要解讀這張地圖，必須了解「相對律」（Law of Opposition）——亦即任何特質一旦被辨識出來，就暗示著它的反面。這是物質宇宙的一項基本原則。「愚人」在旅程一開始遇見「魔法師」和「女祭司」時，就發現了這項原則。此二者向他揭示：沒有任何東西可以只被當做互相平衡的兩極中的一端、被單獨定義。

　　在最深的層面，「對立」並不存在，只有「合一」。但

是，在物質生活中，我們感知到的「合一」已經拆解成無數不同的能量，這些也就是我們在尋求平衡的過程中需要駕馭的能量。

　　發現你的平衡問題的方式之一，是在占卜時尋找兩張彼此相對的牌。例如，「寶劍八」的涵義之一是「限制」——被困在某種壓迫性或侷限性的情境中。如果你對此一意義沉思片刻，就會了解到，單單藉著承認這個「限制」的概念，你就暗示了相反的概念「自由」——打破束縛和侷限。這個特質則是為「權杖四」所代表。

　　在占牌時，這兩張牌可能是在對你示現「限制／自由」議題在你生活中的重要性。它們定義著某種經驗之流的兩個極端，而你要從其間為自己選擇最佳平衡點。塔羅有三種類型的牌對：

寶劍八

◆固定的牌對

　　某些牌形成清楚而明顯的永久性牌對。「寶劍八」和「權杖四」就是這種類型，「魔法師」與「女祭司」則是另一個例子。「魔法師」代表行動和有意識的覺知，而「女祭司」則代表無為和無意識的覺知。

◆宮廷牌對與王牌牌對

　　你可以在任兩張宮廷牌或王牌間創造出一組牌對。你對照這兩張牌所屬的牌組或階級時所浮現的平衡模式，即是此一牌對所反映的議題。

　　試比較「錢幣國王」和「聖杯王后」，以下是這兩張牌的關鍵詞：

權杖四

錢幣國王	聖杯王后
有進取心的	充滿愛意的
熟練的	心地柔軟的
可靠的	有直覺力的
支持的	超自然、通靈的
穩定的	心靈、精神的

錢幣國王　　　　　　　　　聖杯王后

　　「錢幣國王」基於對物質世界（錢幣）的關注，以一種
進取而嫻熟的方式朝外行動（國王）；而「聖杯王后」則基
於她對情感的關注，懷有感性而直覺（聖杯）的內在焦點
（王后）。

　　在占牌時，這個牌對可能代表兩個人之間的衝突——一
個進取型的人想把事情做好，而一位夢幻型的人卻要先看看
大家的感覺如何。這組牌對也可能代表你內心的某種雙重態
度——也許是「必須專注於世俗考量的需求」對抗著「希望
聚焦於精神層面的欲望」。這裡有許多種可能性，全都以這
兩種作風之間的動力為基礎。〈附錄C〉和〈附錄D〉描述
了牌組與階級之間的互動關係。

◆偶然的牌對

　　你可以將任兩張牌視為牌對來解讀，即使它們的意義並非清楚地對立。每張牌都有如此豐富的涵義，幾乎永遠可以做出有意義的比較。「偶然的牌對」是偶爾形成的，它們的關係只在該個案例中成立。

　　「聖杯四」顯示一個孤獨的人坐在樹下，而「聖杯十」則描繪一個快樂的家庭歡聚一堂。如果這個概念對你有意義，你或許會將這兩張牌視為「獨自一人」和「與他人相聚」的對比。這樣的領悟也許會是天外飛來的一般，你就突然想到這種可能性。

◆彼此強化的牌對

　　要形成牌對，兩張牌（的涵意）未必要彼此對立，也可以是彼此加強、呼應的。例如「皇后」和「聖杯九」都暗示享樂、感官和肉體的享受。彼此強化的牌對顯示某種能量正在發揮或可能具有特別重大的影響力。有時為了達到目標，

聖杯四

聖杯十

皇后

聖杯九

我們必須暫時以不平衡的方式面對環境。

　　平衡的議題無所不在。塔羅占卜能夠幫助你透過牌對的動態表現將它們辨識出來。在下一課中，我們將看看這些牌對如何在「塞爾特十字」牌陣中運作。

｛第十六課｝塞爾特十字牌陣中的相對位置

　　「塞爾特十字」是一種強而有力的牌陣，因為它包含許多自然形成的牌對。某些位置彼此呼應、互為補充，因此落在這兒的牌便以一種饒富意義的方式彼此連結。

✕ 位置一與位置二：核心的情境 ✕

　　位置一／二的牌對是塞爾特十字的正中心，這兩張牌構成一組明顯的對子，因為牌二係旋轉九十度，重疊在牌一之上！此「一／二牌對」象徵某個情況的核心，它顯示兩個因素湊在一塊，可能是互相衝撞（例一），抑或是互相支持（例二）。有時，牌一顯示核心議題，而牌二則透露你必須如何因應（例三）。

位置一：聖杯十

位置二：錢幣六

◆例一：**兩種衝突的力量**

　　莎朗〔註〕在與男友復合後不久來請我替她占牌。他們在數週前分手，原因是她想結婚生小孩，但他卻不太情願。而

〔註〕本課中所有例子所使用的人名，均非當事人的真實姓名。

現在他們訂婚了，她在位置一拿到「聖杯十」，位置二拿到「錢幣六」。「聖杯十」顯示愛情與家庭的喜悅，這是對這雙情侶未來的許諾；牌二則暗示其中仍有著「取與予」的議題需要處理。「錢幣六」象徵著支配／順服之間的微妙（或者不那麼微妙！）舞蹈，是此處的一項影響因素。

◆例二：兩種互相支持的力量

　　茱莉亞在辭掉工作後做了一次開放式占卜，她覺得自己正站在生命中一個新篇章的門檻上。她在位置一拿到了「權杖國王」，位置二則拿到「皇后」。這個令人矚目的牌對結合了兩種不同但卻強大的力量。茱莉亞認為這兩張牌意味她的未來將會包含權杖國王激發靈感的創造性能量，以及皇后豐富、滋養的能量。

位置一：權杖國王　　　　位置二：皇后

◆例三：真實狀況與其隱含的意義

　　南茜在位置一抽到「寶劍侍衛」，在位置二抽到「錢幣九」。原來她所掛心的是她八歲的孫女蘿絲。蘿絲是個相當難搞的女孩，她來作客時經常很不聽話，完全無法管教──

這可真是一項挑戰（寶劍侍衛）。「錢幣九」則告訴南茜，
如果她想要幫助蘿絲改善行為，就必須對她施加許多紀律。

位置一：寶劍侍衛

位置二：錢幣九

位置三與位置五：意識的層面

　　牌三和牌五代表兩種覺知的層面。藉著比較最內在的覺
知和有意識的態度，你將能對某個情境獲得許多了解。你可
以發現：

	牌　三	牌　五
（例一）	真正的感覺	期待的感覺
（例二）	深層的真相	表面的樣貌
（例三）	更高自我的智慧	自我的信念

◆例一：真正的感覺──期待的感覺

　　妮可做了一次占卜，想知道該如何回應她的朋友安。安
要求妮可對她（安）的前夫說謊，不要吐露她和他們孩子的
行蹤。妮可在位置三抽到一張「權杖十」，在位置五抽到
「聖杯十」。妮可覺得她應該給予安關愛和支持，並試著幫

位置三：權杖十　　　　　位置五：聖杯十

助他們維持家庭的和諧（聖杯十）。但在較深的層面，她卻
煩惱著不知是否該答應安的請求。她覺得這個請求帶來的責
任是種負擔，她也氣憤自己被捲入這個混亂的狀況中（權杖
十）。

◆例二：深層的真相──表面的樣貌
　　你剛經歷了非你所願的痛苦離婚。你做了一次占卜，試

位置三：愚人　　　　　　位置五：聖杯五

圖從這次打擊中恢復。你在位置三抽到了「愚人」，在位置五抽到了「聖杯五」。表面上，你對自己的損失感到悲傷、挫敗，事實上，這個改變代表著一個新機會。「愚人」暗示你或許來到了一個門檻，即將進入生命中令人興奮的新時期。內心深處，你對自己的信心是堅強的。儘管經歷了表象上的挫敗，你的未來看來卻很光明。

位置三：命運之輪

位置五：寶劍二

◆例三：更高自我的智慧——自我的信念

　　我曾做過一次占卜，詢問我該如何對自己的大我更加開放。我在位置三抽到了「命運之輪」，在位置五抽到了「寶劍二」。

　　在精神層面，「命運之輪」暗示隱藏在日常生活背後的奧祕，它指出一個準備好要開展個人視野的心靈。這張牌顯示更廣大的覺知正在我內心盤旋流動，但我卻在阻絕它。

　　「寶劍二」則告訴我，或許是出於自我的恐懼，我選擇不去接受自己的內在知識。」

✕ 位置四與位置六：時間 ✕

　　牌四和牌六互為「鏡像」（mirror image）。「時間」是這兩張牌的主題，牌四代表「過去」，牌六則是「不久的將來」。這兩張牌是共同構成時間之環的兩個半圓，圍繞著「現在」（牌一）。這兩張牌可以顯示某樣事物：

牌 四	牌 六
（例一）正在遠去	正要來臨
（例二）將被釋放	將被迎接
（例三）已經經歷過	將要經歷的

位置四：聖杯騎士

位置六：聖杯侍衛

◆例一：正在遠去──正要來臨

　　蘇菲亞正考慮是否要生第三個孩子，她在位置四抽到了「聖杯騎士」，位置六則是「聖杯侍衛」。這兩張牌確切顯示了如果她決定懷孕，在時間上會發生什麼狀況。她投注在較大的孩子（騎士）身上的感情（聖杯）將會稍稍減退，而將注意力轉向新生嬰兒（侍衛）。由於他們各自代表的年齡，騎士和侍衛在這裡有了特殊的意義。

位置四：錢幣七

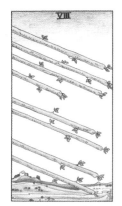
位置六：權杖八

◆例二：將被釋放──將被迎接

在為一次可能的事業轉換做占卜時，我在位置四抽到了「錢幣七」，而在位置六抽到了「權杖八」。「錢幣七」是張象徵「評估」的牌──在採取行動前事先評估狀況的必要。在這個位置上，它暗示這樣的質疑應該終止了，而即將到來的是「權杖八」所顯現的快速行動和決定的時刻。這個牌對似乎是在說：「好了，你考慮得夠久了，只管付諸行動便是，不論什麼行動都好。」

位置四：權杖五

位置六：聖杯四

◆例三：已經經歷過──將要經歷的

　　傑夫辭掉了工作，目前在打工，同時在找新工作。他在位置四抽到了「權杖五」，他立刻看出這張牌象徵著他原先公司中氾濫的瑣碎爭鬥。這種充滿敵意的氣氛正是他離職的原因之一。但傑夫還有一道關卡要面對。牌六的「聖杯四」暗示他在找到合意的工作之前，可能得經歷一段隱退而不滿足的時期。

❊ 位置七與位置八：自我與他人 ❊

　　我們或許會覺得自己與外在世界是分離的，但我們卻藉著因果、情緒和念頭的無數絲縷與外在的環境相連結。「七／八牌對」可以為我們示現這些關聯。牌七代表你自己，而牌八則是他人。牌八可能代表另一個人（例一）、一個群體（例二），或是整體的環境（例三）。

◆例一：你和另一個人

位置七：正義　　　　　　　位置八：戀人

　　馨西亞原本不肯透露她要問什麼事，直到她看見位置七的「正義」牌。當我告訴她這張牌可能意味著必須接受過去行為的結果，她自動吐露她在擔心自己懷孕了，而這對她和

她的男友都不是恰當的時機。不過,當她看見位置八的「戀人」牌,便感到寬慰了許多。這張牌暗示,另一個人──或許是她的男友──將會給予關愛和支持,而這張「戀人」牌同時也呼應著此事的背景與「性」有關。

位置七:錢幣五　　　　　位置八:教皇

◆例二:你和一個群體

　　我曾在某個療程中被勸說使用一種藥物,但我對這種藥物有所疑慮。我在位置七抽到「錢幣五」,而位置八則抽到「教皇」。我將這張教皇牌解讀為對藥物治療抱持強烈信心的正統醫療體系,而「錢幣五」則顯示即使冒著生病的危險也不肯全盤接受治療的我感覺多麼的孤立。

◆例三:你和整體的環境

　　你熱中儲蓄,喜歡銀行裡隨時有現金可用的安全感,但現在有個生意機會上門了,你不知是否該投入。你在位置七抽到了「錢幣四」,位置八則是「錢幣王牌」。那張「錢幣四」顯示了你儲蓄的傾向,但那張王牌卻暗示這次的冒險可能帶給你獲得更大財務報償的機會。

位置七：錢幣四

位置八：錢幣王牌

❭❮ 位置五與位置十：可能的未來 ❭❮

有三張牌都和未來有關：牌六（不久的將來）、牌十（長遠的未來），以及牌五（另一種可能的未來）。「五／十牌對」讓你比較你以為將會發生的事（位置五），以及——若一切能量照原樣繼續發展——推斷中真正會發生的事（位置十）。有以下幾種可能性：

	牌　五		牌　十
（例一）	正面的願景	不符合	負面的結果
（例二）	負面的願景	不符合	正面的結果
（例三）	願景	符合／加強	預測的結果

如果牌五呼應、強化牌十，表示你的信念與事件的驅力是一致的。若你對這兩張牌都有正面的反應，就可以繼續留在原來的軌道上。倘若你的反應是負面的，你可以改變信念，從而改變結果。

位置五：權杖六

位置十：寶劍九

◆例一：願景（正面的）——預測的結果（負面的）

　　你正在攻讀博士學位，口試的日期已經訂好，你做了一次占卜想看自己的勝算如何。你在位置五抽到「權杖六」，在位置十抽到「寶劍九」。

　　這給了你一記當頭棒喝。你腦子想的是勝利遊行的畫面，但預測的結果卻相反——是個焦慮不安的經驗。你必須採取行動確保結果與你的目標較為一致。

位置五：惡魔

位置十：權杖三

◆例二：願景（負面的）──預測的結果（正面的）

　　你一直想辭掉工作，追求音樂事業，但這樣做的現實面卻又讓你害怕。你納悶自己究竟是否有膽量嘗試。你在位置五抽到了「惡魔」，而在位置十抽到了「權杖三」。

　　「惡魔」顯示雖然你感到受困於現狀，卻害怕去改變。你覺得成功遙不可及，擔心可能會失去一切。

　　而「權杖三」卻暗示如果你願意把安全的考量拋在腦後，奮力一搏，或許會發現一個全新的世界。

位置五：寶劍七　　　　　　位置十：塔

◆例三：願景與預測的結果相符

　　你注意到你處於青春期的女兒艾莉森最近變得疏離古怪又神秘兮兮。你想知道究竟發生了什麼事，你在位置五抽到了一張「寶劍七」，而在位置十抽到了「塔」。「寶劍七」顯示你在擔心你女兒正隱瞞著什麼事，而「塔」牌則暗示如果你不趕緊跟艾莉森溝通，結果將會是讓每個人都煩惱的危機或憤怒的場面。

⚔ **位置九：變化牌** ⚔

傳統上，牌九代表你的「希望與恐懼」，但它也可以是
一張指引牌。當你為自己占卜時，你需要一張牌為你將所有
元素整合起來。藉著顯示以下的訊息，牌九可以解釋或整合
其他的牌：

（例一）　可採取的做法或進行的方式

（例二）　關鍵人物、問題或障礙

（例三）　意外的成份

位置一：聖杯騎士　位置十：錢幣騎士　　　位置九：聖杯二

◆例一：對你的指引——進行的方式

　　在為雷夫所做的一次占卜中，牌陣中出現了兩張騎士
牌：位置一的「聖杯騎士」，以及位置十的「錢幣騎士」。
我感覺到這個人正被撕扯著，亟需表現兩種不同面向的自
我：藝術的和實際的。位置九的「聖杯二」提供了此次解牌
的關鍵，它告訴我雷夫需要整合他的兩種衝動——結合互相
衝突的內在面向。

寶劍五

權杖五

◆例二：問題或障礙

　　多年下來，我已經了解到「寶劍五」對我是個特殊的象徵。這張牌幾乎總是暗示我將自己的利益擺在別人前面，而此時這麼做卻是不明智的。當我為關於這個課程的一項合約占卜時，這張牌在位置九出現了。我立刻知道，如果我想讓協議順利進行，就必須留意自己的態度。假以時日，你或許會發現某幾張塔羅牌也會變成你個人的象徵。

◆例三：意外

　　有一天我接到我兒子的老師來信，她想跟我談談班上發生的一件事。我在位置九抽到了「權杖五」，我原以為這張牌意味我兒子跟他週遭的環境有些格格不入。稍後，我獲悉了實情：我兒子不斷用鉛筆去戳另一個孩子。這真是出乎我的意料！因為他過去從沒做過這樣的事。事實上，「權杖五」上的圖像正對我示現了問題──一個年輕人拿著一根長長的木棒（就像是根鉛筆！），一再地把它當成武器攻擊人（五個人）。

　　牌陣中的牌未必總會形成對子，找出牌對只是許多解牌技巧中的一種。本課中列出的配對方式只是一些建議。記得讓你的直覺引導你去發現那些對你有意義的組合。

{第十七課} 逆位的牌

太陽（逆位）

　　洗牌時，最後牌往往會朝著不同的方向。到目前為止，我都建議大家不要去管逆位的牌，只要把它們翻轉過來就行了。現在，該是我們學習逆位牌意義的時候了。

　　一切生命都是能量——是無數力量的流，交融成我們生命的模式。每張塔羅牌都象徵一種特定的能量，而一組塔羅牌則顯示合成某種情境的集體能量。解牌時，你的行動和意圖將當時的能量與塔羅牌連結起來，形成一個畫面。在你洗牌和切牌時，這些牌捕捉了你身上和周圍的能量流。

　　在任何特定時刻，這些能量的強度和層次會有所不同。有些強大而有力，有些則沒那麼強。有些只是剛進入你的生命，而有些則正在淡出。你是如何運用這些能量，則視與你處境相關的所有因素而定。

皇后（逆位）

　　當牌是正位時，它的能量可以自由展現，它的特質是活潑而可用的。當牌逆位時，它的能量並沒有充分發展。這能量也許是處於初期，或是正失去力量。它可能是不完全的，或是無法利用的。這張牌的特質是存在的，至少是潛藏的，但無法完整地表現。

　　你可以想像太陽的能量——開闊而啟迪人心。正位的太陽牌顯示這種生命力的能量開放且可及。你感到自信而成功。現在是你發光的機會。逆位的太陽牌則顯示同樣的能量是存在的，但處於較低的層次。這份生命力在某些方面被降低或限制住了。你的勁頭或熱忱可能較低，或許你有成就的欲望，但受到了挫折。你想要成功，但有些東西拖住了你。

　　有一次我為一位男士占牌，他想問他和妻子會不會有孩子。牌陣中出現了逆位的皇后。我猜想他們嘗試生孩子已經有一段時間了，這張牌顯示，生養孩子的能量是存在的，但

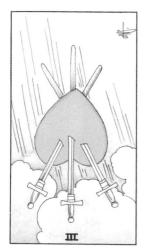

寶劍三（逆位）

權杖七（逆位）

在某方面被壓抑了，以致孕事受阻。我告訴這位男士，一旦去除了這個阻礙，他們很有機會生小孩。後來一定發生了什麼事讓這能量得以擺脫束縛，因為他們現在已經生了個漂亮的小女娃！

　　人們傾向把逆位的牌視為不吉。上述男士想要小孩，所以當他看見逆位的皇后時有些沮喪。另一個人可能會對同樣的牌有不同的看法。逆位牌本身並不代表負面，一切端視你希望達成什麼。

　　「寶劍三」代表心碎與背叛的能量。如果這張牌是正向的，受傷的感覺是當下情境的特質之一；如果是逆位，這種能量同樣存在，但較輕微，也許某個傷心事件的強度已在消退，或者你感到寂寞，但只有一點點。逆位的「寶劍三」比正位要好些，但它仍是個警訊。只要是令人不快的牌出現，就意味其能量以某種方式存在著。

　　有時候，即使你強烈地經驗到某種能量，逆位牌也會出現。在這種情況下，牌的逆向暗示如果你有意識地努力降低這種能量，將能改善處境。

　　譬如，你被迫去做不想做的事，你對此占卜，抽到了一張逆位的「權杖七」。這張牌代表的是「抗拒」。由於你被迫違反自己的意願，你也許會對此情況心懷抗拒。逆位的「權杖七」建議你試著壓制自己強烈的情緒，降低自己抗拒的感覺，尋求不同的方式處理這個問題。（當然，這能量之所以低落，可能是因為你的抗拒受到了打壓！只有你自己才能判斷哪種詮釋最為恰當。）

　　逆位牌的意義有時候來自於慣常牌意的扭轉。如此，逆位的「皇帝」可能意味一個強有力的權威人物*遭到推翻*；而逆位的「權杖十」也許是提醒你該擺脫一些繁重的責任。這樣的意義出現之頻繁令人訝異，但你勉強不了它們。它們往往是在需要時才會出現。

逆位的牌也可以構成牌對，以下是一個例子：

「太陽」和「月亮」在心思清明與否的意義上是相對的
——「太陽」代表啟蒙，而「月亮」則是迷惑。占牌時，倒
立的太陽／正位的月亮可能顯示確定性較低（太陽），而不
確定性較高（月亮）；或者你現在很迷惑（月亮），但獲致
清明（太陽）卻是可能的。

太陽（逆位）

月亮（正位）

解牌時，衡量正位和逆位牌的比例會有所助益。當許多
牌是正位時，你所有的能量都自由而有力地表現著。整個情
況都順利地發展，你的目的也很明朗。如果有很多逆位的
牌，你的能量是低落的，所處情況則混沌不明。你或許缺乏
方向，或是感到受阻、氣餒，或是受限。你也許處於一種顛
倒、混亂的狀態中，隨時可能發生變化。由於這些能量並未
完整發展，它們很容易就會發展為新的方向。

我鼓勵你使用逆位的牌。當你感覺準備好時，開口說出
你使用逆位牌的意圖。你可以說：「我決定在我的塔羅占卜
中解讀逆位牌。」以這種方式確定地宣告出你的決定。一段
時間後，如果你決定此後都要使用逆位牌，就將它們永久加
入你的牌占中。倘若不然，就隨它們去。最好決定其中一個

方式，改來改去可能會造成混淆。

　　生命是連續不斷的能量流——是靈性所導引的神奇之舞。當你了解這種能量流，並有創意地隨著它流動，一切事情都是可能的。我們可以有意識地引導能量，或者只是由它任意牽引我們。無論如何，逆位的牌都為牌占增添了其他的向度，幫助你理解自己生命中能量的流動起伏。

﹛第十八課﹜ 編織故事

　　在這一課，你將學習如何把占卜的各項元素整合在一起
——創造出一個塔羅故事。這個程序不容易描述，因為說故
事是種藝術，即使別人能告訴你一些技巧，最後，你仍必須
發展出自己做為一位塔羅藝術家的獨特風格。這也是塔羅占
卜的挑戰（和樂趣！）所在。

　　首先，我要你把至今所學的一切擺在一邊！沒錯，只管
把所有花俏的原則拋諸腦後。在之前的十七課當中，你已經
接觸到數十頁關於塔羅牌的訊息，而我只是點到一些可能性
而已！其他塔羅書涵蓋了一種又一種的體系，將紙牌彼此聯
繫起來。這些是很令人著迷，但它真正的目的何在呢？是在
於找到一種方法，透過紙牌去釋放你內在的覺知。

　　到目前為止，你學到的技巧是奠基於「你必須搞清楚這
些牌在說些什麼」這個概念上，但事實並非如此。如果你認
為塔羅占卜是個可以解剖的物件，你將很難掌握它完整的精
義。塔羅的故事並非來自外界，而是來自內心。你的故事來
自你內心一個想要尋求表達及有意識的理解的部分。

　　當然，我並不是真的要你丟棄你所學到的塔羅原則。它
們是有價值的，但它們並不握有解牌的鑰匙。它們只是幫助
你辨識出你原本就知道的事。它們將你引入，讓你建構得以
釋放你的故事的情境。

　　創造塔羅故事的祕訣在於將智識上的了解轉化為覺知，
將零星的掌握整合為統一的洞察。要做到這些，你必須學習
辨識並尊重自身的感覺。在此處，「感覺」不是指心情或情
緒，它們是你「內在指引」的語言，是一種比思想更深層之
覺知的外在表現。這種覺知的主要特徵是一種「這就對了」
的感覺。當你對自己的理解感到完整且滿意，你就*知道*它們

是正確的。

我發現，釋放內在覺知最好的方法是透過「意識流的述說」（stream-of-consciousness talking）——念頭產生時就將它說出來，不要控制也不要壓抑。你不必試圖去組織或整理你所說的一切，就讓字句自然湧出。

這種技巧之所以有效，是因為它跳過了批判的自我，容許你「內在指引」的智慧自發無礙地流溢出來。你會感覺像是內在的什麼東西被釋放了。頭幾次的嘗試或許會有點笨拙，但經過練習，你的故事將會進步。你將發展出「導引字句自然流出、而不將自身意志加諸其上」的能力。有時候會有完全出乎你意料的洞見浮現！

你不必心急，也毋需不斷地講話。你可以隨時停下來，但此時請避免用頭腦思考。只要耐心地等待，直到你感覺想要繼續往下說。有時候將牌的名稱重複唸誦幾次會有幫助。聖杯王后……聖杯王后……聖杯王后。在每次重複後，等著看看是否有任何東西以念頭或圖像的形式進入心中。

有些時候你的故事會自然流洩，你將毫無困難地將所有的東西整合起來。其他時候則會出現缺口或空白，某幾張牌始終晦澀難明。或許此時並不是你能完全理解這些牌的時候，又或許故事的所有片段還沒有全部到位。

如果你並不總能編織出一段美麗的敘事，也毋需掛心。有時覺知是片片斷斷地來臨，只有當你覺得繼續下去會有收穫時才繼續努力吧，部分的領悟或許就是你所需要的。

有一回我在位置九拿到了一張逆位的錢幣王牌，我立刻知道這張牌是在告訴我不要把焦點擺在金錢或物質考量上。我一看見這張牌就有了這樣的領悟，我所需要知道的一切已經涵蓋在這張王牌裡了，所以解讀其他的牌也就不是那麼必要了。

一種好的塔羅牌陣可以使編織牌意模式的過程變得簡

單。藉著依循該牌陣的內在結構，你的故事便可自然地開展。每一種牌陣基於其歷史、形式以及目的，擁有它獨具的特色。我會在單元五〈塞爾特十字牌陣〉中，討論此種牌陣的一些特點。

錢幣王牌（逆位）

當你的敘述開始收尾，然後停下來時，你的塔羅故事便結束了。一些零散的念頭或許還會浮現，但是主要的骨幹已經建構好了。你會知道哪些訊息是此次占牌的要旨。

「意識流的述說」對我而言是種很有效的方法，但你或許並不喜歡。你也許比較喜歡安靜地坐著，吸收紙牌的涵義。有些人喜歡把自己的反應寫下來，或是製作圖表、以有系統的方式交叉比對牌意。我們每個人都不相同，我們解讀塔羅的方式也各異其趣。

關於編織塔羅故事，我想給你一句最後的叮嚀。*完全信賴你自己和你的直覺*，立刻揚棄任何要求自己一定得正確解牌的掛慮。你真的不可能犯錯。在某個特定的時地，你對塔羅的解讀對你而言永遠是正確的。它們會有意義，是因為它們來自於你。要知道你和萬事萬物其實是相連結的，你能夠汲取遠超過你日常覺知的智慧。相信它就是這樣。

THE TOWER.

塔

{第十九課} 占卜的正確態度

　　我家人熱愛賽馬，他們鑽研各種相關統計資料，看看能否在每場比賽中挑出贏家。有時我會帶一位從未看過賽馬的朋友跟他們一起去，結果總是，我家人憑經驗挑中優勝的馬兒，我的朋友則靠著新手的運氣猜對。坐在中間的我老是選不中贏家，因為我半調子的知識剛好完全起不了作用！

　　如果現在你對塔羅也有同樣的感覺，不要氣餒。在現階段，你對塔羅牌已經有了穩固的知識基礎，它們將在日後支持著你。如果你繼續練習，會發現這些技巧將日漸化為無形，而由你的直覺取而代之。最後，你將來到一個境地，可以始終如一地依賴自己的塔羅能力。除非你想要占卜，否則你不再需要那麼密集地練習占牌。這些日子，我只有在遇到難解的問題或情境、而我知道占牌能夠幫助我時，才會求助於塔羅。塔羅是我能夠仰賴的一項工具。

　　我相信你已經發現，你對自己占牌的態度並非中立持平的。無論占算何事，當你擺出牌陣時，你會希望看見正面的、令人鼓舞的牌。這很自然。在我的經驗中，人們都想立刻知道自己的處境是吉是凶。他們看見令人愉悅的牌就很開心，但險惡的牌出現時，他們就失望畏縮。的確，看見像「塔」這樣的牌還能平靜地接受是很困難的。我們不要可怕的事情發生，我們只要好事降臨！

　　事實上，生活中吉凶禍福總是相倚而至，這些語詞最終會失去其意義。如果你在意外中失去一條腿，卻在復原過程中鍛鍊出強大的內在力量，你真的能說這意外全然是壞的嗎？倘若你被老闆炒魷魚，卻振作起來找到更好的工作，這件事又到底是福還是禍呢？

　　塔羅的每一張牌本身並無好壞之別，它們只是在描述某

種能量或影響力。要如何運用這些訊息去對生活做出有意識的抉擇，則操之在你。雖然「塔」牌可能暗示某種粉碎性的崩解，或是某種覆滅，你卻未必得將它看成負面的。有時候，情緒的爆發或戲劇性的劇變能夠提供適時的解放，清除陳腐的空氣，讓新的能量得以釋放。

是你對於某個局面的清明洞見，給了你力量去影響事件依循你選擇的路線發展。這份澄明來自你「內在指引」的智慧，再加上你對自己無畏的信心。塔羅占卜並不是把你當做被動的受害者，給你遞送消息，而是將你視為強大的媒介，能夠創造性地運用這些訊息。它給了你在你之內及週遭的能量模式的圖像，好讓你能以你認為合宜的方式運用它們。

永遠記住，一次占卜所呈現的結果，是由當時所有的影響因素投射出來的圖像。如果你能辨識出這些力量，就能依你的意願去改變或加強它們。未來永遠不是固定不變的，你故事的結果是個可能性，不是必然。只要你有欲望和勇氣去採取必要的行動，你永遠可以接受或改變方向。在最深的層面，你早已知道自身情境的一切涵義，你的塔羅故事只是讓你辨認出你已知道的一切，好讓你能有意識地行動。

或許你會擔心自己解牌時不夠客觀。你懷疑自己只看見想看見的，而非真相。事實上，這就是重點！塔羅牌幫助你找出你*真正*相信的，好讓你能承認它。你意識到了你的無意識。你不可能解錯牌，但*有可能*視而不見。塔羅是一面鏡子，將你自己的意識反映回去給你。當你不斷學習，這面鏡子會變得越來越清晰，而你便能感知到越來越深的層面。

塔羅占卜是奠基於一個前提：來自某種源頭的智慧將會透過紙牌傳遞給你。起先，你或許必須靠著信念來接受這一點，但是一段時日後，你將從你在生活中經驗到的結果找到你所需要的「證據」。如果你能以信任對待塔羅，你的占卜將會突飛猛進。祝你好運！

各課習題

Exercises

✕✕習題介紹✕✕

這些習題給了你機會演練課程中所呈現的概念。只要做那些吸引你的習題就好，用你自己的步調去進行。不需要做完習題才繼續後面的課程，它們完全是選修性質的。不過，較後面的練習的確是以較早的課程為基礎，所以最好不要跳過先做。

對於某些練習，我對可能的回應提供了範例，你可以在單元三〈習題建議〉中找到。我的建議並非答案，只是一些例子，告訴你能從塔羅牌中獲得什麼樣的洞見。就塔羅而言，無論你的直覺告訴你什麼，都是成立的。每個人都通過不同的透鏡看這個世界，你的目標就是知曉你自身獨特的透鏡是如何運作的。

｛第一課習題｝ 塔羅引言

習題 1.1　我相信什麼？

思考第一課中提出的概念，簡短寫下現階段你對於塔羅相信或不相信什麼。用以下標準評估你信念的百分比：

0%＝「除了好玩，我全盤質疑塔羅有什麼用處。」

100%＝「我絕對確信塔羅能給予我特殊的個人指引。」

習題 1.2　熟悉單張牌

洗好塔羅牌後選出一張，審視牌上的圖像一段時間，然後詢問自己以下問題：

1. 我在這張圖上看到了什麼故事？
2. 我感覺到何種情緒？
3. 圖片中的細節是如何加強這些想法的？
4. 整體的基調是什麼？
5. 我認為這張牌可能意味著什麼？

回答以上問題之後，翻到單元四討論這張牌的地方，閱讀「行為表現」的部分，將你的印象與之做比較。如果你的想法跟我的不相符，也不必擔心。你的直覺正在運作，而且已經給了你一些獨特的洞見！你可以重複這個練習，想練習多少張牌都行。

習題 1.3　我在「隨機」事件中參與了什麼？

從你的過去選出一個讓你覺得自己是某種不可抗力之受害者的事件，然後列出你確實促成此一事件的因素。曾有竊賊侵入我的公寓，偷走了我的照相機和打字機。我並沒有給竊賊地圖，但我的確：

1. 承租了容易侵入的公寓一樓；

2. 沒有把我的東西收好；

3. 花錢買了昂貴的物品；

4. 沒有花錢裝置防盜系統；

5. 當我覺得聽見有人時，並沒有前去查看。

這張表包括了我所做出和未能做出的抉擇。其中某些跟竊案有關，某些則關係到更大的議題。這些選擇都不算錯，但它們所產生的影響，都間接造就了所謂的「隨機」事件。

習題 1.4　天外飛來的答案

當你在圖書館或書店時，可以嘗試這個練習。想著一個你關心的問題，閉上眼睛，默默向你的「內在指引」尋求指點，請求它幫助你找到你需要知道的訊息。

現在，在通道間隨意行走，盡量避免注意你所在的位置，只要信任你內心的敦促來引導你。當你感覺準備好時，挑選一本書翻到某一頁。閱讀整頁的文字，試著將它與你的問題連結起來。你也許會訝異地發現這正是你所需要的訊息。如果書上的訊息看來並不相干，便假想這訊息被寫成了密碼，而你必須去破解它。去尋找微妙的意義。意義無所不在——但你必須去把它找出來。

習題 1.5　有求將有所應

在上床睡覺前，手中握著一張百元紙鈔，閉上眼睛，請求你在第二天能獲得指引，得知該如何使用這張鈔票來對自己或這個世界產生最大的效益。（百元鈔票是種實用的象徵，代表我們能夠用以實現自我生命目標的工具。）

將這張鈔票放在枕頭下，到了早晨，再度重複你的請求，然後將鈔票隨身帶著。在這一天當中，時時留心教你如何使用這筆錢的訊號。保持專注，以免忽略掉最細微的線索。當你感到一種小小的震顫時，就會辨識出這個時刻。如

果頭一天沒有任何事物打動你，就繼續一個星期。給世界充份的機會做回應。盡量不要忘記晨起和夜晚的請求，你的意願與承諾的力量是非常重要的。

稍後，思考這種做法對於這個世界的蘊意。只要你請求並且信任，生命將帶給你你所尋求的，但答案或許不是以你預期的形式出現！

〈第二課習題〉 大阿卡納牌

習題 2.1　研習大阿卡納牌

花上幾分鐘翻閱單元四〈牌意解析〉，好瞭解如何使用它。以我在課程中使用它們的方式，熟悉「關鍵詞」和「行為表現」的語彙。不必費神記憶任何東西，現階段的目標只是讓你熟悉這些資訊。

現在，選出一張大阿卡納牌，翻到解說該牌的那一頁。留意關鍵詞是如何彼此補強，共同創造出某種能量或焦點。同時留意「行為表現」中的片語是如何為關鍵詞增添血肉。閱讀關於該牌的描述，但「意義相對」和「意義加強」的部分只要約略讀過就好，關於這些你將會在第十五課學到更多。你可以隨意重複練習，練習多少張大阿卡納牌都無妨。

習題 2.2　愚人的旅程

「愚人的旅程」是一段關於大阿卡納牌如何象徵內在成長各個階段的闡釋。現在請閱讀〈附錄A〉的敘述，它或許會加深你對大阿卡納牌的瞭解，並幫助你認識它們做為人類情境之原型的力量。當你繼續研習後面的課程，記住這二十二張牌是如何以一整個單位共同運作的。你或許會對這些牌及其涵義發展出自己的想法，對這些可能性保持開放。

{第三課習題} 小阿卡納牌

習題 3.1　這些敘述是哪個牌組的特質？

審視〈附錄B〉的牌組特質表，它們描述了每個牌組某些正面及負面的表現。不用試圖去記憶這些表，它們只是為了讓你對每種牌組的能量有初步的感覺而設計的。當你準備好時，請閱讀下面的詞組，然後為每組詞彙標明你認為它們最適合的牌組，以及它們是正面或負面的表現。對於「可靠而謹慎」，你可能會寫下「錢幣—正面」。請參照我在第145頁的建議。當你的選擇與我不同時，試著想想為什麼。藉由這種方式，你會開始淬煉出自己對每個牌組的了解。你也可以請一位朋友從特質表中選出新的雙詞組合來測驗你。

1. 慍怒不快而懶惰
2. 呆板拘謹而缺乏幽默感
3. 機智風趣而消息靈通
4. 好批判而愛操控
5. 快活而大膽
6. 徹底周密而講求實際
7. 鎮定沉著而富同情心
8. 講求邏輯而直言不諱
9. 不負責任而傲慢
10. 忠實而腳踏實地
11. 好批評而傲慢自負
12. 全心投入而熱情
13. 陰晴不定而愛生悶氣
14. 敏感而深情
15. 有勇無謀而行事魯莽

16. 喜怒無常而意志薄弱

17. 頑固倔強而陰沉憂鬱

18. 誠實而客觀

19. 堅持不懈而穩定堅決

20. 冷漠疏離而盛氣凌人

21. 注重精神而富直覺力

22. 倉促草率而欠缺準備

23. 富創造力而具冒險精神

24. 過度謹慎而嚴苛死板

習題 3.2　牌組特質：明確的例子

　　日常生活的許多面向係反映某個特定牌組的能量。對於以下的每項活動，標明你認為該活動最適合的牌組，以及是正面或負面的表現，並指出幾項特質來支持你的選擇。從事特技跳傘或許是種「權杖－正面」的活動，因為你必須是「勇敢、精力充沛而自信」的。（或者是種「權杖－負面」的活動，因為它是「魯莽而不顧後果」的！）請參見我在第145頁的建議。

1. 總是要每件事情非怎麼樣不可

2. 在重要考試前夕喝醉

3. 言出必行，毫無例外

4. 破解一道數學難題

5. 使用塔羅牌

6. 鼓舞你的隊伍贏得勝利

7. 聆聽友人訴說其煩惱

8. 說出殘酷而譏諷的評論

9. 犯錯時拒絕道歉

10. 以輕蔑的態度對待那些「不如」你的人

11. 對一項計畫貫徹始終
12. 察覺他人的藐視而憂悶不已
13. 自願參與一項危險但重要的任務
14. 一怒之下辭掉工作
15. 仲裁爭端
16. 覺得骯髒的工作很討厭

習題 3.3　牌組特質：混雜的例子

在多數事件中，四種牌組的特質是混雜在一塊兒的。針對下列各項活動，就每個牌組舉出兩種能讓事情成功的正面特質，以及會招致失敗的兩種負面特質。例如：

1. 讓戀情持續……
權杖——熱情而熱烈，但不要缺乏耐心、性情急躁
聖杯——浪漫而深情，但不要常常悶悶不樂、暴躁易怒
寶劍——誠實而正直，但不要冷漠而好批判
錢幣——忠實而可靠，但不要平淡乏味而欠缺彈性

2. 統籌一項計畫……
3. 創作一件藝術作品……
4. 撫養小孩……
5. 讓銷售案成交……

習題 3.4　在你自身中的牌組特質

不同的牌組特質在每個人身上彼此結合，創造了此人獨特的人格。以這四類特質檢視自己，問問自己以下問題：

1. 有某種牌組特質特別強勢嗎？
2. 有某種牌組特質較不熟悉嗎？

3. 我各是在何種情況下會呈現某種特質？

4. 我反應的是正面還是負面的特質？

5. 我會吸引與我同類型的人，還是不同類型的？

你可以以另一個人為對象，重複這項練習。

｛第四課習題｝ 牌陣

習題 4.1　塞爾特十字牌陣

　　花幾分鐘閱讀單元五〈塞爾特十字牌陣〉，好了解它的排列方式。不必費神記憶任何東西，現階段的目標只是讓你熟悉這些資訊。

　　現在，用這種牌陣將你選出的十張牌排列出來，逐一閱讀關於牌陣中每個位置的說明，思索每張牌由於落在某個位置上會呈現何種意義。關於這些，你將會在稍後學到更多，但現在請先思考看看。

習題 4.2　設計牌陣

　　你可以依據自己的需要自行設計牌陣。現在請依照下列步驟，為自己創造一個由三張牌組成的塔羅牌陣：

　　1. 畫一張圖顯示牌陣的具體排列方式──每張牌應該落在哪裡。

　　2. 為每個位置編號，以顯示排列的順序。

　　3. 寫下一、兩個簡短的語句，描述每個位置的涵義。

　　以下是一個由三張牌組成的基本牌陣，可探討跨越一段時間的事件：

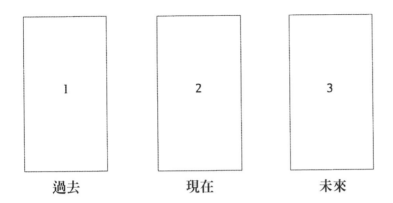

以下這個牌陣，當你屬於某個由三人組成的團隊，而你想知道每個成員（包括你自己）的期望時，便可以使用：

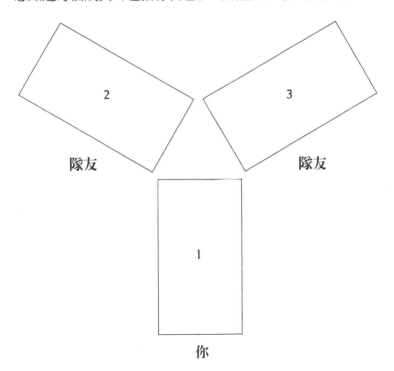

這三張牌形成一個「Y」字，牌的上端都朝內。這種形態暗示一種心靈的交會。設計你自己的佈局方式，使其能反

映各個位置的意義。你可以使用四張、五張,或是更多的牌來延伸這項練習。

{ 第五課習題 } 每日一牌

習題 5.1　逐一研習每張牌

藉著每天專注在一張不同的牌上,你可以變得更為熟悉每張塔羅牌。這項練習至少要花費七十八天,因此得投注相當的心力。但是,如果你堅持下去,當你完成時,你將對整副牌相當熟悉。

現在請決定在這個學習階段中你將如何選擇你的「每日一牌」。你可以有系統地進行(先是權杖,然後是聖杯,以此類推),或是隨興地選擇。你可以挑選吸引你目光的那張牌,或是似乎比較合乎當天事件的牌。每張牌研習一天就已足夠,但你也可以花上更長的時間,操之在你。

當你選好一張牌後,閱讀〈牌意解析〉關於該牌的部分至少一遍。寫下關鍵詞,並試著記住它們。它們將能幫助你快速記住一張牌的涵義。同時,請審視牌上圖像的各個細節。你可以把描述牌意的頁面複印下來,在這天當中隨時參照。但是我不建議你帶著牌到處跑,因為可能會搞丟或損壞。如果你願意,就開始記錄日誌。

習題 5.2　建立每日一牌的習慣

當你將所有的牌至少研習過一遍,請開始不經意識考慮地抽取塔羅牌。依循第五課中所列舉的步驟,如果你有記日誌的習慣,請持續為每天的牌做記錄。一、兩個月後,請計算牌組的分布和大阿卡納牌的數量。你是否注意到其中有著反映你處境的模式?是否有某些牌頻繁地出現?問問自己原

因可能是什麼。

｛第六課習題｝　占牌環境

習題 6.1　創造一個占牌的場所

　　花些時間思考你將在何處進行塔羅占卜。你可以考慮第六課提的一些建議，或是採用你自己的想法。不要覺得你必須創造一個像展示間的場所，只要看看你能夠做些什麼，好創造一個宜人而舒適的場地。

習題 6.2　尋求一個象徵

　　在這項練習中，你將要宣告你的意圖，去找到或創造一個將做為你塔羅占卜之個人象徵的物品。你可以購買、覓得，或是自行製作這項物品。一旦你找到了它，請將它放置在你占算塔羅的地點，做為你占卜的靈感來源。

　　閱讀關於「愚人」牌的說明。這張牌往往代表源自開始一項新冒險的喜悅與自由之感。你將要以這樣的精神去尋找你的物件。這項追尋象徵你正藉由學習塔羅追求更深層的了悟。

　　握住「愚人」牌，然後閉上眼睛。宣告你想要找到或創造一個塔羅象徵的渴望。全心投入這項追尋，直到找到為止。你賦予這項追尋的價值，將會提升你更大的追尋之價值。一旦你申明了你的意圖，就將它釋放出去。你將會找到你所尋求的。

　　這項練習將會加強你的信心與承諾，並給你一項對應著你目標的有形象徵。它同時也將幫助你學習到：在看似愚蠢的行為中，隱藏著生命做為一項冒險的經驗。

﹝第七課習題﹞ 撰寫問題

習題 7.1　撰寫塔羅問題

　　你將為你第一次的塔羅占卜撰寫問題。想一想你的生活，選出一個你有些困擾的領域。（放心，我們全都找得到！）避免一般性的掛慮，像是找到生命伴侶等。挑選特定一項目前正在家庭或職場中困擾著你的日常問題。選擇某件直接牽涉到你、而你個人也很在意的事。依照第七課的建議，撰寫一個有效的問題。撰寫問題時請記筆記，我們將在下一課用到這些筆記和你的問題。

習題 7.2　習題撰寫問題

　　生命將會提供你許多機會練習撰寫問題。不管什麼時候，當你面對一項難題，就花上片刻去創造一個關於它的塔羅問題。你可以在進行例行活動──像是乘車或做家事──時，一邊做這件事。

　　撰寫練習性的問題將能幫助你學會快速分析一項個人的問題，並認清你在各種情況中要的是什麼。同時，如果你決定針對這項難題做占卜，手邊就有現成的問題了。

﹝第八課習題﹞ 問題占卜

習題 8.1　做一次問題占卜

　　請你依照第八課中概述的程序（亦請參照〈附錄 F〉中的步驟概要），用塞爾特十字牌陣從頭到尾進行一次問題占卜。你將會需要一個等待被回答的問題，你可以用你在〈練習7.1〉中所寫的問題，或是重新寫一個。運用你的直覺，

以及〈牌意解析〉和〈塞爾特十字〉單元中的資訊，盡你所能地解讀這些牌。

頭一次解牌你可能會感到有些茫無頭緒——不確定自己是否每個地方都做對了。記住，所謂「正確的解讀」並不存在，你在牌中見到什麼，對你而言絕對是正確的。而且，無論如何，你都會獲得一些有價值的東西。在之後的課程中，你將會學到一些解牌的原則，它們將幫助你感覺更有信心。到那個時候，我們將會重新審視這次的占卜，看看你還能從中學到些什麼。

〔第九課習題〕占卜他人之事

習題 9.1　對新聞事件占卜

閱讀今天的報紙，選擇一個你感興趣的主題——找個令人好奇且有些爭議性的。短期的媒體事件是很好的選擇，因為你很快就能知道事情的後續發展。閱讀你能找到的相關訊息，然後寫下一個涵蓋該情境中某個面向的問題。依循第九課所提的程序做一次「占卜他人之事」，記下你的解讀以及你所預測的結果。

稍後，當此一情況稍微明朗後，審視你的解讀，並以之對照實際發生的狀況。如果你的解讀似乎不太符合實情，請再度審視你占得的牌，看看是否能在其中發現一些新東西。

習題 9.2　我是否涉入其中？

思索一個困擾著某個親密友人、親戚或同事的問題，選擇一個其問題對你而言很重要的人。以做「占卜他人之事」的方式，寫下一個關於這個狀況的問題。請刻意不要讓自己涉入其中。寫完之後，問問自己以下三個問題：

　　1.當我想到在此情境中的這個人時，是否感受到強烈的情緒？

　　2.我是否在此情境中有既得利益？

　　3.我是否希望這個情境有某種特定的結果？

　　若你對以上任何一個問題的回答是肯定的，請改寫原來的問題，讓它聚焦在你自己身上。這個練習是幫助你學會判斷什麼樣的問題直接牽涉到你、而什麼樣的問題則否。

習題 9.3　虛擬的情境

　　你可以為一個虛擬的人物設想一個麻煩的情境，針對它做一次「占卜他人之事」。你也可以從報章雜誌的讀者求助專欄借用一個情境——這裡是各種麻煩問題的好來源。

｛第十課習題｝開放式占卜

習題 10.1　做一次開放式占卜

　　在接下來的幾個星期，找個機會嘗試「開放式占卜」。建議你找個十分寧靜的日子，當你對生活感到平和，並能融入當下的時刻。它應該是這樣的一天：當你有時間也有意願稍稍退後，審視當時正影響著你的較大局勢。如果有生日、週年紀念，或是其他特別的日子落在這段期間，利用它做為你這次占卜的基礎。請參照第十課所描述的程序。

﹛第十一課習題﹜ 解讀單張牌

習題 11.1　你對一張牌的個人反應

從整副牌中選出任何一張，仔細審視它，然後寫下你的反應。如果你對這張牌已經很熟悉，並且知道它的意義，也不要緊。不論腦海中出現什麼，都將之視為你的個人反應。以下是幾項考慮的元素：

牌上的景象給我什麼感覺？

當我看見這張牌時，我自身起了何種感覺？〔註〕

我對這張牌感到受吸引、排斥它，或是中性的？

看見這張牌時，我生活中的哪個方面進入了我的腦海？

這張牌會讓我想起什麼人嗎？

這張牌上的哪些細節似乎是重要的？為什麼？

你或許對這張牌沒有任何反應，又或許只有輕微的感覺。試著留意任何快速掠過腦海的想法、感覺或是圖像，無論它們多麼微小。

習題 11.2　綜合意義的來源

在這項練習中，你將要練習結合牌意和位置的涵義。從整副牌中選出一張來，讀過它的關鍵詞和行為表現。試著對這張牌的基本意義獲得一種感覺。

想像這張牌是落在「塞爾特十字」牌陣的位置一上。落在這兒將如何調整該牌的意義？牌意和位置的意義是如何共同運作，創造出一個綜合體？

寫下一個句子，總結你的詮釋。不要試圖找出正確答案，因為正確答案並不存在。選出一個吸引你並且有意義的可能性。你的句子不一定非得跟自身生活扯上關係，因為這題目只是用來練習。舉例來說，「皇帝」牌代表：

父性	架構
權威	規則

這張牌落在位置一的意義，以下是一些可能的選擇：

1. 現在，*問題的核心*（位置一）是我的生活中有著太多的**架構**（皇帝）了。

2. 我*當前的環境*（位置一）相當受到**規範**和**控制**（皇帝）。

3. 現在成為**父親**（皇帝）的議題是我生活中的*首要因素*（位置一）。

這些句子各不相同，但它們都結合了皇帝和位置一的涵義。在真正占牌時，當你考量其他的因素，對你最適合的詮釋方式將會變得清晰。

接下來，用同一張牌為其他九個位置各寫下一個句子。如果你想多做些練習，可以為每個位置多寫幾個句子，或是選擇另一張牌重複這項練習。

習題 11.3　解讀塞爾特十字牌陣中的單張牌

利用你正在進行的塞爾特十字占卜，練習結合以下四種意義來源：

1. 個人的反應
2. 牌的意義
3. 位置的意義
4. 問題或情境

一開始請有系統地考量這四個領域的每一個，好讓它們成為你的第二天性。試著依照〈習題11.2〉描述的方式為每張牌寫下一個句子。當然，你不需要一直這麼做下去。稍後你可以放輕鬆些，只是單純地去反應，而不需要思考你的反應是從哪兒來的。

{第十二課習題} 大小阿卡納牌

習題 12.1 塞爾特十字中的阿卡納牌

在下面的牌陣配置中，只提供了大小阿卡納牌的分布狀況。單就牌的位置和大小阿卡納的因素，針對每種牌陣寫下一、兩個句子，描述你對它的感覺。如果你願意，可以核對我的建議。

如果你有實物可看，這個練習會比較容易做。拿兩副背面顏色不同的一般撲克牌，一副代表大阿卡納，另一副代表小阿卡納（如果沒有撲克牌，可以使用方形的色紙）。將適當顏色的牌牌面向下擺放在指定的位置，擺出你正在研究的牌陣。在「牌陣一」中，如果藍色的牌代表小阿卡納、而紅色代表大阿卡納，除了位置十是紅色之外，其餘所有的牌都是藍色的。

	位置編號									
	1	2	3	4	5	6	7	8	9	10
牌陣一	小	小	小	小	小	小	小	小	小	**大**
牌陣二	小	小	小	**大**	小	小	小	小	小	小
牌陣三	小	小	小	小	小	小	**大**	小	小	小
牌陣四	小	小	**大**	小	小	小	小	小	小	小
牌陣五	**大**	**大**	小	小	小	小	小	小	小	小
牌陣六	小	小	小	小	**大**	小	**大**	小	小	小

顯示大小阿卡納牌分布的塞爾特十字佈局

習題 12.2　比較大小阿卡納牌

從整副牌中挑出所有的大阿卡納牌，疊成一堆。為每張大阿卡納牌選出一張具有類似意義的小阿卡納牌。你可以自己選擇，或者若你願意，可以查對我的建議。將你選出的小阿卡納牌另外疊成一堆。

洗好那堆大阿卡納牌，切好牌後以塞爾特十字排出十張牌。找出對應的十張小阿卡納牌，然後在第一個牌陣旁邊排出第二個塞爾特十字。比較你對這兩組牌陣的印象，詢問自己以下問題：

1. 各個牌陣傳遞出的整體感覺為何？
2. 兩種牌陣的感覺一不一樣？
3. 其中一種牌陣，看來會比另一種容易瞭解嗎？
4. 其中一種看來會比另一種容易入手嗎？
5. 其中一種看來會比另一種扣人心弦嗎？

如果你願意，可以用另一組牌重複這項練習。

習題 12.3　只用大阿卡納牌占卜

在接下來的一個星期左右，試著只用大阿卡納牌做一次占卜。我建議你做「開放式占卜」，因為大阿卡納牌提供了適合這類占卜的廣泛性指引。你或許會發現對你而言這種技巧運作得很好。有些人偏好始終只使用大阿卡納牌，大阿卡納占卜能夠澄清在你生活中運作、具決定性的重要主題。

❴第十三課習題❵ 王牌

習題 13.1　王牌的能量

王牌具有未受環境因素稀釋的純淨能量，這個練習將幫助你體驗此種能量。首先，從你的塔羅牌中取出四張王牌，以下列方式在面前排成一列：

用一張紙寫下各王牌的四個關鍵詞，然後將之置於該牌底下。現在，逐一專注在各張王牌上，直到你覺得對它們十分熟悉。試著達到這樣的程度：當你看見某張王牌時，立刻就能感受到它強有力的存在。（每張王牌的頭一個關鍵詞都包含「力量」這個詞！）審視牌面圖像的細節，尤其是牌組的象徵符號。留意每種符號是如何捕捉該王牌的特質。

習題 13.1　用王牌做想像習題

王牌是用來做想像（visualization）練習的絕佳圖像。當你想要感受某張王牌的特質時，就用你內心的眼睛想像它的圖像。你可以簡化它的畫面，只要想像一隻手握著該牌組的標誌就行了。感覺自己正在召喚這張王牌的力量，彷彿避雷針般將暴風雨的能量引下來。你可以汲取的能量包括：

權杖王牌：勇氣，信心，創造力，熱情

聖杯王牌：愛，寬恕，洞察力，信仰

寶劍王牌：智識，堅毅，誠實，澄明

錢幣王牌：安全感，繁榮興旺，信賴，勝任的能力

當你學習到更多王牌的事之後，你將知道在任一情況下哪種王牌是最合適的，並且將擁有隨時接通其能量的技巧。

｛第十四課習題｝ 宮廷牌

習題 14.1　審視宮廷牌

將十六張宮廷牌全部取出來，以下面的列方式排列成四乘四的方陣：

侍衛 權杖	騎士 權杖	王后 權杖	國王 權杖
侍衛 聖杯	騎士 聖杯	王后 聖杯	國王 聖杯
侍衛 寶劍	騎士 寶劍	王后 寶劍	國王 寶劍
侍衛 錢幣	騎士 錢幣	王后 錢幣	國王 錢幣

花上片刻審視這些齊聚一堂的皇室人物，他們都是獨特的個人，卻也和屬於同一牌組（橫列）及階級（縱列）的其他牌擁有某些共通之處。複習〈附錄B〉中的牌組特質表以及每張牌的牌意描述，尋找這些牌之間的共通模式。

習題 14.2　國王牌

就底下每一種狀況，決定一種你可能採取的*行動*，以反映某特定國王的性格。你可參考我在第148頁的建議。以下是一個例子：

權杖國王：你被指控在考試中作弊，但你知道自己是清白的。

可能的行動：我會勇敢地對抗指控我的人，並要他提出證據。

1. 聖杯國王：你的配偶抱怨你週末總是不在家。
2. 錢幣國王：一個乞丐向你乞討三十塊錢。
3. 寶劍國王：你在女兒的大衣口袋裡發現了大麻。
4. 權杖國王：你室友一直「不告而借」你的車。
5. 錢幣國王：你朋友要你拋下工作跟他一起去釣魚。
6. 寶劍國王：你獲邀在一次會議中發表演說。
7. 聖杯國王：一位侍者連續兩次弄錯你點的東西。
8. 權杖國王：你因為你的團隊表現很差而感到洩氣。

習題 14.3　王后牌

就底下每一種狀況，決定一種能反映特定王后之性格的感受或想法。你可參考第148頁的建議。以下是一個例子：

權杖王后：你被指控在考試中作弊，但你知道自己是清白的。

可能的感受／想法：我有信心能證明自己的清白。

1. 聖杯王后：你發現你的表親得了癌症。

2. 錢幣王后：你把鑰匙鎖在車裡了。

3. 寶劍王后：公司要求你接手一項岌岌可危的計畫。

4. 權杖王后：你展開第一天的節食計畫。

5. 錢幣王后：你最好的朋友對你坦承他有不倫戀情。

6. 寶劍王后：你與一位很有潛力的新雇員面談。

7. 聖杯王后：你決定在午餐後做一次長途的散步。

8. 權杖王后：你參加一場你只認識女主人的派對。

習題 14.4　騎士牌

就以下每種場景，決定哪種騎士最能反映此一情境，然後寫下幾個句子描述對該騎士的警語。你可參考第149頁的建議。以下是一個例子：

你這半年來每天都工作十二個小時，這樣負荷太重了。

錢幣騎士：你工作太辛苦了，你把自己逼得太緊了，你從不玩樂。

1. 你總是感到沮喪，想要哭泣。似乎沒有人在乎你的感受。

2. 你吹噓自己認識許多要人，但其實並沒有。

3. 股市一直在上漲，而你所有的錢都存在毫無風險的儲蓄帳戶中。

4. 你總是對孩子們吼叫。他們不斷的打鬧快把你逼瘋了。

5. 你告訴你的新助理他的工作表現無可救藥地草率且不徹底。

6. 你覺得你的伴侶總是不斷跟別人打情罵俏，對此你非常不高興。

7. 你兒子不聽你的話，你無法容忍這點！你的話就是家

中的律法。

　　8.你拒絕考慮退休，即使你的配偶想要討論這件事。

習題14.5　侍衛牌

　　取出四張侍衛牌，將它們牌面向下放在你面前。將它們洗一洗，然後翻開其中一張。假設這張侍衛牌代表目前出現在你面前的機會，一個反映該牌組魔力的機會，你想它可能會是什麼？這個可能性令你興奮嗎？是否有什麼因素讓你躊躇不前？如果你腦海中沒有浮現任何事物，請在接下來的幾天留意是否有靈感出現。

習題14.6　宮廷牌反映現實生活人物

　　你越是了解你的人類夥伴，就越能瞭解宮廷牌。接下來的數星期，觀察你的親戚、朋友、同事，和其他相識之人，並思考明星名流、歷史人物，以及書籍、電視和電影中的人物，問問自己：

　　1.這個人擁有哪些特質？又欠缺哪些特質？

　　2.哪些特質對此人有所助益？哪些則並無助益？

　　3.這個人與哪張宮廷牌最為相似？又與哪張最不相似？

　　4.這個人怎麼個獨特？完全不像任何類型嗎？

　　5.在我的生活中，哪些宮廷牌的類型最為常見？哪些最不常見？

習題14.7　宮廷牌家族

　　「世界即舞台，男男女女不過是演員。」莎士比亞早已認識到，我們每個人都是扮演著許多角色的演員。我們的角色並不是自己本然的樣貌——這是個深奧的謎。它們只是我們在參與一齣叫做「人生」的大戲時，所呈現的變化萬千的人格。

運用宮廷牌的人格特質，創造出分屬四個家族——權杖、聖杯、寶劍，以及錢幣——的角色。每個家庭中都有父親（國王）、母親（王后）、男性或女性的青少年（騎士），和較小的孩子（侍衛）。

描述這四個家庭，顯現它們獨特的風格。每個家庭的成員都擁有共同的生活取向（牌組特質），但他們在家庭中有著不同的位置（階級）。錢幣家庭會選擇什麼樣的職業？權杖騎士會開別克還是野馬跑車？這裡有一些提示可以讓你為角色添加血肉：

1. 身體的特徵——體型，髮色／髮型，五官相貌
2. 住宅——地段，屋型，傢具
3. 教育及職業
4. 所有物——衣服，汽車，玩具
5. 休閒——假期，嗜好，運動
6. 偏好——食物，電影，歌曲，書籍，顏色
7. 習慣——長處，弱點，癖性

習題14.8　宮廷牌之行爲表現

針對以下各個場景，為指定的第一張宮廷牌寫出一、兩種詮釋。考慮該牌的意義、位置，以及當時的情境。若要做額外的演練，則以第二張宮廷牌重複此項練習。不要一起考慮這兩張宮廷牌，想像你是在兩次獨立的占卜中分別抽到它們。你可以參考第150頁的建議。

1. 三個月後你就要結婚了，但你未來的岳父對婚禮的安排多所挑剔，試圖加以掣肘。
寶劍騎士——位置五
權杖國王——位置九

2. 你打算買輛新車，但很怕碰上緊迫釘人的銷售員糾纏不休。

聖杯王后——位置六

寶劍國王——位置七

3. 你朋友請求你週末替她看小孩，你想幫忙，但又覺得她的孩子很難纏。

錢幣王后——位置一

聖杯侍衛——位置二

4. 你遇見一位有魅力的人，但他四個月前才剛離婚，你擔心會捲入麻煩中。

權杖王后——位置四

聖杯騎士——位置八

5. 你胸口疼痛了好幾個星期，而且越來越嚴重，但你卻不想去看醫生。

錢幣騎士——位置十

寶劍侍衛——位置三

6. 你有個改進工作的主意，可能會帶來很大的獲利，但你疑心你的上司會設法佔去這份功勞。

權杖騎士——位置二

錢幣國王——位置九

7. 過去一年，你感到焦躁不安而不滿足。過去覺得有意義的活動，現在似乎都變得很無聊。

寶劍王后——位置三

權杖侍衛——位置七

8.六個月前，一位朋友因為急用向你借了六千塊錢。現在他又要再借三千塊。

錢幣侍衛——位置八

聖杯國王——位置一

⟨第十五課習題⟩ 相對的牌

習題 15.1　大阿卡納間的固定牌對

下面是兩組打散了的大阿卡納牌，請在〈表二〉中為〈表一〉中的每一張牌找出一張你覺得與之形成固定牌對的牌。簡短註明各張牌的意義，以顯示彼此間的平衡關係。做這項練習時，試著先不要翻看〈牌意解析〉的章節。你可以參考我在第152頁中的建議。舉個例子：

魔法師（行動）——女祭司（不作為）

打散的大阿卡納固定牌對表

表一	表二
惡魔	死神
太陽	戀人
戰車	星星
皇后	世界
愚人	吊人
隱士	月亮
教皇	皇帝

習題 15.2　其他固定牌對

針對以下每張小阿卡納牌：

1. 選出該牌的一種意義。

2. 想出一種相反的意義。

3. 找出另一張具備其*相反*意義的牌（大小阿卡納皆可）。

4. 可翻閱關鍵詞摘要表及每張牌的「意義相對的牌」部分，尋找靈感。

權杖二	寶劍五
錢幣十	錢幣八
寶劍七	權杖八
聖杯二	聖杯九
權杖五	

習題 15.3　宮廷牌對

因為彼此的不同，人們*既*能互相幫助、*又*會惹惱對方。下面是十二組宮廷牌對，針對每組牌對：

1. 為〈甲〉選出一種該宮廷牌典型的人格特質。

2. 描述〈甲〉由於此種特質可能*幫助*〈乙〉的一種方式。

3. 描述〈甲〉由於此種特質可能*惹惱*〈乙〉的一種方式。

你可參考我在第152頁中的建議，以及〈附錄Ｃ〉和〈附錄Ｄ〉的圖表。以下是一個例子：

寶劍騎士

特質：直接的／莽撞的

幫助錢幣王后學會說「不」。

當他粗魯對待陌生人時，會惹惱錢幣王后。

宮廷牌對

	甲	乙
牌對一	聖杯騎士	權杖王后
牌對二	權杖國王	聖杯王后
牌對三	錢幣國王	聖杯騎士
牌對四	錢幣王后	權杖國王
牌對五	寶劍國王	錢幣國王
牌對六	聖杯國王	寶劍國王
牌對七	聖杯王后	寶劍王后
牌對八	權杖騎士	錢幣王后
牌對九	權杖王后	寶劍騎士
牌對十	錢幣騎士	聖杯國王
牌對十一	寶劍王后	權杖騎士
牌對十二	寶劍騎士	錢幣騎士

習題 15.4　意義加強的牌對

就以下每一張牌：

1. 選出該牌的一種意義。

2. 找出一張具有*相似*意義的牌（大小阿卡納皆可）。

3. 可翻閱關鍵詞摘要表及每張牌的「意義加強的牌」部分，尋找靈感。

權杖三	權杖八
錢幣四	錢幣九
節制	正義
寶劍三	聖杯六
聖杯五	

習題 15.5　偶然的牌對

找出下表中的每組牌對，將這兩張牌並排在面前，輕鬆地凝視一會兒。找出某種方式詮釋這兩張牌，讓它們的意義彼此*相對*或彼此*補強*。你可以參考我在第154頁的建議。以下是「皇后」和「聖杯三」之間的兩種可能性：

皇后——一個專注在自己身上的獨處女子。

聖杯三——一群專注在彼此身上的女人。

皇后——一位坐著的女人，她相當嚴肅，且不太活動。

聖杯三——一群跳舞的女子，生氣勃勃且無憂無慮。

若要做額外的練習，可自行隨機選擇兩張牌。

偶然的牌對

	牌一	牌二
牌對一	隱士	正義
牌對二	寶劍九	寶劍四
牌對三	錢幣二	吊人
牌對四	戰車	死神
牌對五	錢幣四	權杖六
牌對六	戀人	寶劍六
牌對七	教皇	惡魔
牌對八	權杖九	錢幣七
牌對九	太陽	寶劍十

習題 15.6　你的平衡議題

辨識出此時此刻對你具有意義的平衡議題。以下是一些可能性：

1. 掌控——放手
2. 自由——受限
3. 感到喜悅——感到悲傷
4. 締造和平——製造衝突
5. 工作——玩樂
6. 穩扎穩打——冒險
7. 緩慢地動作——快速地行動
8. 行動——等待
9. 聚集起來——分拆開來
10. 感到勝利——感到挫敗

找出兩張代表你的議題相對兩端的牌，在接下來的數星期間，不時想想這兩張牌。你比較接近其中一張牌嗎？或者是介於兩者中間？留意這些牌是否會在你的占卜中出現。

｛第十六課習題｝塞爾特十字牌陣中的相對位置

習題 16.1　塞爾特十字中傳統的相對位置

用一副塔羅牌中的任何十張牌，*牌面朝*下排出一個塞爾特十字牌陣。針對下面的六種情境進行以下步驟：

1. 想像你正在進行一次塞爾特十字占卜，而你抽到了列在（A）項下的兩張牌。

2.找出這兩張牌，將它們*牌面朝上*擺放在指定的位置。（取走原本在那兒的牌）

3.就這兩張牌所組成的牌對寫下簡短詮釋，用第十六課中的例子做為範例。

4.將這兩張牌翻過來，使牌面向下。

5.若要做更多練習，請用（B）項中的第二組牌重複上述步驟一到四。

你可參見我在第155頁中的建議。

1.你八歲的孩子眼淚汪汪地從學校回來。老師將他的家庭作業撕了，因為他沒有遵照指示，而且字跡太過潦草。

（A）聖杯侍衛（位置一）和錢幣騎士（位置二）

（B）錢幣二（位置一）和審判（位置二）

2.你擔心伴侶有外遇，你想要相信這不是真的，但又禁不住懷疑。

（A）聖杯六（位置三）和月亮（位置五）

（B）聖杯七（位置三）和寶劍國王（位置五）

3.你工作團隊中的一位成員沒有盡力投入，過去你睜一隻眼閉一隻眼，但是現在他的怠惰已經對團隊造成了傷害。

（A）寶劍二（位置四）和權杖三（位置六）

（B）權杖十（位置四）和力量（位置六）

4.過去七年，你和一位合夥人共同擁有並經營一家店舖。現在，她想要退股離開，你將必須賣掉這家店以買下她的股份。

（A）錢幣十（位置七）和死神（位置八）

（B）聖杯王后（位置七）和錢幣王后（位置八）

5. 你愛上一位你父母不會接受的人，到目前為止，你都秘密進行著這段戀情，但你不能永遠隱瞞下去。

（A）寶劍三（位置五）和世界（位置十）

（B）命運之輪（位置五）和愚人（位置十）

6. 你為一位公眾人物做了一次占卜（占卜他人之事），此人因財務上的不當行為而受到調查。（請注意，這兩組牌中第二張牌的位置有所不同）

（A）權杖二（位置九）和寶劍七（位置四）

（B）權杖八（位置九）和皇帝（位置八）

習題 16.2　塞爾特十字中其他的相對位置

以下是塞爾特十字中一些新的位置配對，請針對每一種組合，簡短描述你能從此一牌組中瞭解到什麼。可參考我在第157頁中的建議。例如：位置一──位置四＝過去所發生的某件事情（四）是如何影響著現在（一）。

位置一──位置六　　　　位置三──位置十

位置一──位置七　　　　位置四──位置八

位置二──位置五　　　　位置五──位置七

位置二──位置八　　　　位置六──位置十

位置三──位置四

習題 16.3　重新檢視你的塞爾特十字占卜中的牌對

根據你對塞爾特十字中牌對的新了解，重新檢視你在〈習題8.1〉占得的牌陣。你能發現任何新洞見嗎？檢視那些明顯的對應位置，但同時也尋找其他牌對。你或許會訝異

於自己所發現的訊息……或者你也可能完全找不到任何新東西。若要做額外的演練，可用此方式檢視其他牌陣。

﹛第十七課習題﹜ 逆位的牌

習題 17.1　一張牌的能量

以混雜正位和逆位的方式洗好牌，然後牌面朝下、用一隻手握住整副牌。翻開第一張牌，將它放在面前，然後回答下面的問題：

1. 此時此刻，對我而言，這張牌的能量是什麼？聆聽跳進你腦海的字詞或語句，不要試圖記起書上提的標準意義，就只是等待某個念頭進入你的意識。讓該牌的能量自行對你展現。

2. 這張牌的朝向，呈現出什麼樣的能量層次？正位的牌代表高能量，逆位的牌代表低能量。

3. 我是如何在這個層次上體驗此種能量？再次提醒，請讓念頭自行進入你的腦海。

以下是兩個例子：

權杖九——正位

1. 堅毅

2. 高層次

3. 我決定在學校得到好成績。

寶劍王后——逆位

1. 坐在審判的位置上（根據牌上的圖像）

2. 低層次

3. 我試圖不要對我妹妹有太多批判。

逐一翻開新的牌，繼續這項練習。你應該輕鬆愉快地進行，有任何疲累或焦躁的感覺時便停下來。沒有所謂的正確答案，因此你儘管接受腦中浮現的任何想法。

習題 17.2　解讀逆位牌

就以下各場景，想像你抽到了一張特定的逆位牌。寫下簡短的詮釋，顯示這張牌慣常的能量是如何處於低層次，或是應該要降低強度。你可以參閱我在第158頁的建議。以下是兩個例子，其中牌的意義是以**粗體字**表示，而逆位的效果則用*斜體*標明：

情境：我在一場車禍中傷到了背部，十分疼痛。
牌：權杖王后——逆位
解讀：這場車禍使我原本**強健的體魄**受損不少。

情境：即使我整晚熬夜，也不可能準時完成這項工作。
牌：錢幣九——逆位
解讀：我應該*停止試圖***每件事都親力親為**。

1. 我納悶我的感情生活為何停滯了這麼久。
權杖三——逆位

2. 我終於獲得了升遷，但家人卻不想（為此）搬家。
戰車——逆位

3. 我的朋友要我加入她對於用垃圾填地的抗議行動。
寶劍王牌——逆位

4. 我手上的案子一個接著一個成交，我現在真的是點石成金。

塔──逆位

5. 我的表兄要我投資他的新公司，但我有些猶豫。

寶劍騎士──逆位

6. 我再也不想見到我男友了，我也不知道為什麼。

聖杯四──逆位

7. 我女兒正在辦離婚，她想要在我這兒住上一陣子。

錢幣六──逆位

8. 我很愛我的寶寶，但我卻因缺乏睡眠而精疲力竭。

聖杯侍衛──逆位

9. 我再也受不了學校了，等這個學期結束我就要休學。

節制──逆位

10. 我的靜坐變得更有力量了，這讓我有些害怕。

死神──逆位

習題 17.3　逆位的意義

　　就下列每一張牌，簡短寫下一段在某方面與該牌慣常涵義相反的詮釋。使用基於扭曲、**翻轉**、改變、拒斥以及否定等而得出的概念。這段詮釋不一定要與你的生活相關，任何可能的狀況都可以。當你尋找靈感時，請看著那張逆位的牌。你可以參閱我在第159頁的建議。以下是幾個例子，其中相反的意義以斜體標示：

世界——逆位

1. 我的整個世界都*天翻地覆*了。

2. 她*拒絕*了外面的世界，想要*在自己的圈子裡遺世獨居*。（參見「世界牌」圖像）

聖杯國王——逆位

1. 我不信任她。我總覺得她不是那麼可靠。

2. 我*厭倦了*總是這麼圓滑得體！我要說出心裡的話。

1. 正義——逆位　　　　　6. 聖杯騎士——逆位

2. 寶劍侍衛——逆位　　　7. 寶劍六——逆位

3. 吊人——逆位　　　　　8. 教皇——逆位

4. 權杖四——逆位　　　　9. 錢幣三——逆位

5. 錢幣王牌——逆位

{ 第十八課習 } 編織故事

習題 18.1　意識流的述說

你可以在任何你覺得能夠自在地將想法大聲說出來的時刻（對多數人來說，這意味著獨處的時刻！）練習「意識流的述說」。當每個想法出現時，就把它如實說出來。這種做法的概念是去「聆聽」內在的想法，然後將它說出。說完一個念頭後，就接著聆聽下一個。

在接下來的數星期，試著盡量找機會做這個練習。努力做到能夠自然而無急迫感地述說。試著別讓思索這個程序的想法過度干擾你。要達到這種境地並不容易，但你的努力將會很有價值。

習題 18.2　塔羅即興創作

在劇場的即興演出中，觀眾會喊出幾種物品的名稱，演員就得根據這些元素編織出一齣小戲劇。在這項練習中，紙牌就是那些元素，而你則是必須將它們即興串連起來的演員。

用一般的方式洗牌切牌，將牌面向下握在一隻手裡。翻開最上面的三張牌，將它們排成一列。現在，就著這幾張牌創造出一個故事。不必試圖想出巧妙的情節，只要讓故事自然開展。在伊塔羅・卡爾維諾（Italo Calvino）的著作《命運交織的城堡》（The Castle of Crossed Destinies）〔註〕中，書中人物就是單憑塔羅牌的圖像對彼此講述故事的。

完成上述步驟後，將這頭三張牌放在一邊，再翻出三張來編織一個新故事。或者，你也可以留下這頭三張牌，翻出第四張，然後將這張牌整合到原來的故事中。藉著一次翻出一張新的牌，將故事持續發展下去。這項練習的精神在於隨興的遊戲，如果你感到任何壓力或緊張，就可以停下來。

習題 18.3　塞爾特十字的架構

以一般的塞爾特十字格式排出任何十張牌，閱讀單元五〈塞爾特十字牌陣〉關於此種牌陣解牌程序的描述，依照這些步驟創造一個故事。這種方法對你來說好用嗎？你會想要做哪些變更？

接下來，排出新的一組十張牌，用它們來實驗不同的故事架構。試著從「結果牌」（十號牌）開始，往前倒敘，或是圍繞著一組引人注目的牌對來建構故事。用幾組不同的牌來探索新的方法。你或許會在一種最喜歡的占卜方式上定下來，但是知道一些其他的可能性好在需要時可以使用，也是很有助益的。

〔註〕伊塔羅・卡爾維諾，《命運交織的城堡》，（New York: Harcourt Brace Jovanovich, 1969）。

｛第十九課習題｝ 占卜的正確態度

習題 19.1　再次思考「我相信什麼」？

在〈習題 1.1〉中，我曾請你簡短寫下你對塔羅相信和不相信什麼，並用下面的標準評估你信念的百分比：

0％＝「除了好玩之外，我全盤懷疑塔羅有什麼用處。」

100％＝「我絕對確信塔羅能給予我特殊的個人指引。」

現在先不要看你之前寫下的東西，將這個練習再做一次。完成之後，回頭去看看你原先的回答。停下來思考你開始研習這套課程後所學到和經歷的一切。

單元三

習題建議
Suggestions
for
Exercises

{習題建議} 第三課

習題 3.1　這些敘述是哪個牌組的特質？

1. 聖杯——負面
2. 錢幣——負面
3. 寶劍——正面
4. 寶劍——負面
5. 權杖——正面
6. 錢幣——正面
7. 聖杯——正面
8. 寶劍——正面
9. 權杖——負面
10. 錢幣——正面
11. 寶劍——負面
12. 權杖——正面
13. 聖杯——負面
14. 聖杯——正面
15. 權杖——負面
16. 聖杯——負面
17. 錢幣——負面
18. 寶劍——正面
19. 錢幣——正面
20. 寶劍——負面
21. 聖杯——正面
22. 權杖——負面
23. 權杖——正面
24. 錢幣——負面

習題 3.2　牌組特質：明確的例子

1. 錢幣——負面
   強迫的，過度有條不紊的，嚴苛死板的
2. 權杖——負面
   輕率不謹慎的，不負責任的，準備不周的
3. 錢幣——正面
   可靠的，可信賴的，負責任的
4. 寶劍——正面
   講求邏輯的，擅用心智的，善於分析的
5. 聖杯——正面
   直覺的，注重精神的，安靜的
6. 權杖——正面
   熱烈的，生氣勃勃的，全心全意的
7. 聖杯——正面
   有愛心的，親切和藹的，有同情心的，關懷的
8. 寶劍——負面

尖銳刺人的，愛批評的，
感覺麻木的

9. 錢幣——負面
頑固倔強的，固執頑強
的，絕不讓步的

10. 寶劍——負面
傲慢自負的，屈尊降貴
的，高壓跋扈的，擺出
高高在上的態度的

11. 錢幣——正面
頑強固執的，頑強堅持
的，徹底周密的

12. 聖杯——負面
過度敏感的，愛生悶氣
的，陰晴不定的，敏感

易怒的

13. 權杖——正面
英勇的，有英雄氣概
的，自信的，勇敢的

14. 權杖——負面
倉促草率的，草率行事
的，性急易怒的，衝動
行事的

15. 寶劍——正面
客觀的，公正的，不偏
不倚的，正直公平的，
具洞察力的

16. 聖杯——負面
過度嬌貴的，意志薄弱
的，脆弱的，懶惰的

｛習題建議｝第十二課

習題 12.1　塞爾特十字中的阿卡納牌

　　牌陣一：除了結果（位置十）之外，所有的牌都是小阿卡納。此一情境是個暫時性的個人戲劇，但其衝擊在某方面卻將是強大而有意義的。

　　牌陣二：唯一的大阿卡納牌是落在「過去」位（位置四），此刻的情境是過去某個重要事件的結果，或者某個曾經很重要的因素正在消褪中。

　　牌陣三：位置八——環境——是唯一的大阿卡納牌。該情況或許是更大事件架構的一部分，又或許外在的影響特別的強。

　　牌陣四：由於位置三是唯一的大阿卡納牌，在這兒，隱而不顯的潛在能量十分強大。表面上的事物可能是次要的，但在底下支撐它們的力量卻很強。

　　牌陣五：兩張大阿卡納牌位於牌陣的中心（位置一和位置二），不論是好是壞，兩股強大的力量會交會。其他圍繞在周圍的次要因素，則是這種核心動力的衍生分枝。

　　牌陣六：某人認為（位置五）他的角色（位置七）在此情境中十分重要，但真實的環境並不支持這種想法。

習題 12.2　比較大小阿卡納牌

愚人——權杖三（進入未經探索的領域）

魔法師——權杖二（擁有個人的力量）

女祭司——寶劍四（安靜地休息）

皇后——錢幣十（富裕，奢華）

皇帝——錢幣四（掌控）

教皇——錢幣八（學習，研究）

戀人——聖杯九（性的樂趣）

戰車——錢幣九（自制，紀律）

力量——權杖九（毅力，忍耐力，精神）

隱士——寶劍七（獨自一人）

命運之輪——權杖八（快速的步調，迅速的發展）

正義——權杖十（接受責任）

吊人——寶劍十（殉難，犧牲）

死神——聖杯五（損失，離別）

節制——錢幣二（平衡）

惡魔——寶劍九（絕望，缺乏歡樂）

塔——錢幣五（艱困時刻）

星星——聖杯六（善意，分享）

月亮——寶劍二（自我欺騙）

太陽——權杖六（喝采，卓越）

審判——錢幣七（決定之點）

世界——聖杯十（快樂，滿足）

｛習題建議｝第十四課

習題 14.2　國王牌

聖杯國王：我會跟配偶坐下來討論他／她的煩惱。（關懷的）

錢幣國王：我會給他一百塊。他或許比我更需要這些錢。（支持的）

寶劍國王：我會在做任何判斷之前，先聽聽我女兒的說法。（公正的）

權杖國王：我會在車上設下機關，如果我室友發動它，警報就會響起。（有創意的）

錢幣國王：我會對我的朋友說：「抱歉，我的工作需要我。」（可靠的）

寶劍國王：我會接受這邀請，因為我是個很棒的演說者。（辯才無礙的）

聖杯國王：我會微笑並耐心地第三次告訴他我點了什麼。（有耐心的）

權杖國王：我會召喚大夥兒聚攏，激勵所有的人重燃鬥志。（激勵人心的）

習題 14.3　王后牌

聖杯王后：我的表親將需要更多的愛與支持。（充滿愛意的）

錢幣王后：只要我用心去想，就能找出拿到鑰匙的方

法。（富於機智的）

　　寶劍王后：我被交付這項無望計畫的真正原因是什麼？
（精明機敏的）

　　權杖王后：減重後，我將會擁有更高的能量。（精力充
沛的）

　　錢幣王后：既然我的朋友信賴我，我要保守這個秘密。
（值得信賴的）

　　寶劍王后：我將開誠佈公地進行這次面談，好讓雙方不
致產生誤解。（誠實的）

　　聖杯王后：我可以利用這段時間沉思冥想，讓自己再度
集中於焦點。（注重精神的）

　　權杖王后：我知道我能很容易地交上新朋友。（有自信
的）

習題 14.4　騎士牌

　　聖杯騎士：你太愛生悶氣了，又過於敏感。你的情緒正
宰制著你。

　　權杖騎士：你在吹牛。吹噓並不能給人好印象。你太專
注於表象了。

　　錢幣騎士：你太過謹慎了。你安於比你應得的要少的東
西。你害怕冒險。

　　權杖騎士：你不經思考就行動。你太生氣了。你對爭端
火上加油。

　　寶劍騎士：你太直率、太愛批評了。人們是有感覺的。

　　聖杯騎士：你太愛吃醋、太過情緒化了。你在胡思亂
想、無中生有。

　　寶劍騎士：你太跋扈、太不顧慮別人的感覺了。你的兒
子不是你的奴隸。

　　錢幣騎士：你太頑固、太不肯妥協了。你害怕改變。

習題 14.8　宮廷牌之行為表現

這裡為每張牌提出兩種可能的詮釋，以**粗體字**標明的字句是該牌的意義，而*斜體字*則是位置的意義。

1. 寶劍騎士——位置五

a. 我的岳父太過**吹毛求疵、太專橫**了。他*佔據了我所有的心神，讓我完全沒辦法想別的事*。

b. 我的意願是告訴岳丈我對其干預的**真實想法**……**徹底跟他攤牌**！

權杖國王——位置九

a. *處理此事的關鍵是認清我的岳丈習慣*身**為注意力的焦點**。

b. *對我而言，進行此事的最佳方式是*自然地展現我自己的權威。

2. 聖杯王后——位置六

a. *在不久的將來*一位**有耐心而體貼的**銷售員將會出現。

b. 如果**我讓直覺引導我**，這樁交易*將來可能會進行得更為順利*。

寶劍國王——位置七

a. 如果我*仿效寶劍國王的典範*就可能成功——**研究相關資料**，這樣我便**知道自己在說些什麼**。

b. 如果我*採取*坦**誠**的態度，賣方也將會如此對待我。

3. 錢幣王后——位置一

a. *此一局面係以錢幣王后的才能為軸心*——**給予孩子愛和關懷**。

b. *此事的核心是*，我必須表現得**忠誠且值得信賴**。

聖杯侍衛——位置二

a. *其中次要的因素是*，此一情境是我對朋友**表達關心和體貼的機會**。

　　b. 這些**孩子**（侍衛）或許會*出乎我意料*的**甜美可愛**。
4. 權杖王后——位置四
　　a. 我遇見一位**性感而有吸引力的人**，但*我現在必須停止專注在這件事情上*。
　　b. 這個局面是有些冒險，但是*在過去*，我一向**能夠處理幾乎所有的狀況**。
　　聖杯騎士——位置八
　　a. 我必須小心謹慎，因為我陷入了一種**浪漫**的氛圍中，可能會蒙蔽了我的判斷力。
　　b. *這個人在*情感*上剛剛經歷了分離*，將會**特別需索關注且容易受傷**。
5. 錢幣騎士——位置十
　　a. 我的身體在告訴我，我*將必須***格外謹慎小心**。
　　b. 即使我現在逃避問題，我終究還是得**面對現實**。
　　寶劍侍衛——位置三
　　a. 問題的根源是，我必須**面對**關於我健康的**真相**。
　　b. *根本上*，此一情境是我必須以**堅毅和決心**來面對的**挑戰**。
6. 權杖騎士——位置二
　　a. 我必須留心我那位**厚顏魯莽**的上司，他可能會在此局面中與我*對抗*。
　　b. 我必須以**額外的信心**來*鞏固自己*。
　　錢幣國王——位置九
　　a. 我的*願望*是自己的想法能夠**產生效益**，為公司**賺錢**。
　　b. 我需要找到一個我能夠*仰賴*的人，好提供我**可靠的資訊**，讓我**有能力**處理這個局面。
7. 寶劍王后——位置三
　　a. 我或許有某種*未被承認*的需求，我必須去**面對應該要面對的**，即使那並不愉快。

　　b. 我感到不滿足的*深層原因*是，我開始**看穿**自己舊有生活方式的**虛假期待**。

　權杖侍衛──位置七

　　a. *我已經失去冒險的感覺了；我想要再度對生活感到熱情*。

　　b. 我那**活力高昂、富創造力**的性格面向，或許已不再能滿足我了。

8. 錢幣侍衛──位置八

　　a. *我的朋友期待我當他永遠可以仰仗的人*。

　　b. *此一情境的背景是樁與金錢有關的實際事務*。

　聖杯國王──位置一

　　a. *首要的考量是**幫助一位有需要的朋友***。

　　b. *我做出**明智的抉擇**決定怎麼做，是至關重要的*。

｛習題建議｝第十五課

習題 15.1　大阿卡納間的固定牌對

　　惡魔（絕望）──星星（希望）

　　太陽（啟蒙）──月亮（迷惑）

　　戰車（強硬的掌控）──吊人（放手）

　　皇后（母性）──皇帝（父性）

　　愚人（開始）──死神（結束）

　　隱士（抽離）──世界（投入）

　　教皇（群體信仰）──戀人（個人信仰）

習題 15.3　宮廷牌對

1. 聖杯騎士

　　特質：內省的／內向的

　　　　幫助權杖王后更加關注其內在生活

　　　　由於過度執著於自身的感覺而惹惱了權杖王后

2. 權杖國王

　　　　特質：強而有力的

　　　　幫助聖杯王后更有決斷力

　　　　由於他認定聖杯王后應該跟隨他，因而惹她惱怒

3. 錢幣國王

　　　　特質：穩定的

　　　　幫助聖杯騎士在壓力下能夠保持冷靜

　　　　由於他如此的一成不變，因而惹惱了聖杯騎士

4. 錢幣王后

　　　　特質：實際的

　　　　幫助權杖國王享受生活中的簡單事物

　　　　當她拒斥任何浮誇的事物時，便會惹惱權杖國王

5. 寶劍國王

　　　　特質：知性的

　　　　藉著妥善地解說問題來幫助錢幣國王

　　　　當他太過偏重理論時，便會惹惱錢幣國王

6. 聖杯國王

　　　　特質：寬容的

　　　　幫助寶劍國王以慈悲調和正義

　　　　當他原諒不義的行為時，便會惹惱寶劍國王

7. 聖杯王后

　　　　特質：有愛心的

　　　　幫助寶劍王后變得較為敏感

　　　　由於她不夠剛強而惹惱寶劍王后

8. 權杖騎士

　　　　特質：愛冒險的／靜不下來的

　　　　幫助錢幣王后偶爾做點瘋狂的事

由於他老是躁動不安，因而惹惱了錢幣王后
9. 權杖王后

特質：快活的

幫助寶劍騎士變得較為溫暖而外向

當她不因不稱職的表現而煩擾時，便會惹惱寶劍騎士

10. 錢幣騎士

特質：努力工作的／刻苦操勞的

幫助聖杯國王不僅關心他人，也專注於工作上

當他驅策人們太過時，便會惹惱聖杯國王

11. 寶劍王后

特質：誠實的

幫助權杖騎士開誠佈公地對待每一個人

由於不為權杖騎士的魅力所惑，而惹惱了權杖騎士

12. 寶劍騎士

特質：敏銳的／銳利的

幫助錢幣騎士直接命中要點

由於拒絕討論細節而惹惱了錢幣騎士

習題 15.5　偶然的牌對

1. 隱士：某個逃避法網、藏匿起來的人

正義：一位律法的使者

2. 寶劍九：無法休息

寶劍四：能夠平靜地休息

3. 錢幣二／吊人：這兩個人的腿部都彎曲著……或許膝蓋有問題？

4. 戰車／死神：這兩張牌都顯現一個強而有力的人物，準備碾碎路上遇到的一切事物。

5. 錢幣四：某個孤獨而愛錢的人

權杖六：某個熱愛人群且被人們包圍的人

6. 戀人：享受天堂的喜樂

　　寶劍六：被逐出天堂，去受苦受罪

7. 教皇：善

　　惡魔：惡

8. 權杖九／錢幣七：兩位停下工作稍事休息的工人

9. 太陽：日昇

　　寶劍十：日落

{ 習題建議 } 第十六課

習題 16.1　塞爾特十字中傳統的相對位置

粗體字代表牌的意義，*斜體字*則表示位置的意義。

1. 位置一——位置二

A. 聖杯侍衛——錢幣騎士

　　*我的兒子*是個**甜美可人**而**敏感**的孩子，什麼事情都悶在心裡。他的老師太過**嚴厲**而**欠缺彈性**了，她堅持一種不合理的**完美標準**，逼迫我的兒子太甚了。

B. 錢幣二——審判

　　*此事核心的衝突*在於，學校應該是**有趣**而**令人快樂**的，而不是一個給人嚴厲公開**審判**的地方。我可以幫助我兒子學習在學校**調適**得更好、更有**彈性**同時我必須確定自己的**判斷**是公平的。

2. 位置三——位置五

A. 聖杯六——月亮

　　表面上，我被**恐懼**和**疑惑**所困擾，或許我是在**欺騙**自己。*更深的真相*可能是這其中是存著**善意**的。我的伴侶很可能是**無辜**的。

B. 聖杯七──寶劍國王

　　問題的根源是，我讓自己的**想像力氾濫成災**了。我無法**分辨事實與幻想**。我必須找出**真相**，並且要公平而**誠實**，拒絕讓情緒蒙蔽**理智**。從另一方面來看，我是否在**關切真相之**餘，忘了要心懷愛意呢？

3. 位置四──位置六
A. 寶劍二──權杖三

　　*過去我忽略了*警訊，規避了問題，因為**處理它會不太愉快**。今後我將必須展現**領導力**，我的團隊仰仗我掌管全局、**指引方向**。

B. 權杖十──力量

　　我過去一直罩著這名員工，其他每個人都得**分擔他的工作**，十分辛苦。但是如果我有**耐心**，或許可以將他變成*未來的資產*。我必須**格外的堅毅果決**。

4. 位置七──位置八
A. 錢幣十──死神

　　*我想要*維持現狀。這家店很**成功**，且**根基穩固**，它讓我*覺得*安穩而快樂。但是*我的合夥人想要*結束我們的合作，**轉而去做別的事情**。

B. 聖杯王后──錢幣王后

　　對我而言，這間店不只是份工作而已。我已經**投入了我的心**，而我對我的合夥人也懷有同樣的**感情**。但*她的觀點較*為**實際**，*對她而言*，生意就是生意，轉換跑道並不是什麼涉**及感情的大事**。

5. 位置五──位置十
A. 寶劍三──世界

　　我**擔心**將會出現**可怕的**場面，導致我們分手。事實上，我的擔憂或許是沒有根據的。我們**最後**也許能夠**相處融洽**，而我也能**達成我的心願**。

B. 命運之輪──愚人

　　這兩張牌都暗示著這段愛情有某種**神秘的成份**，是我必須尊重的。我想，這段感情是個重要的**轉捩點**，是註定要發生的。如果我對自己的選擇有信心，並且**相信自己的心**，一切都*將會*順順當當的。這對我*將*是一個新的**開始**。

6. 位置九──位置四以及位置九──位置八

A. 權杖二──寶劍七

　　這位政客*過去*曾涉及某些**可疑**的事務，可能有某些**隱藏的不名譽之事**。事情的*關鍵*似乎在於他對**個人權力與影響力**的渴望。這位政客在追求想要的東西時，十分**大膽**而**直接**。

B. 權杖八──皇帝

　　一旦**新的資訊**被揭露，調查行動可能會加速進行。這位政客將要*面對***司法體系**的力量和權威。

習題 16.2　塞爾特十字中其他的相對位置

• 位置一──位置六

目前的情況（一）如何正將人或事引到你身上（六）

現況（一）在不久的將來（六）會如何進展

位置一──位置七

你的某個方面（七）是如何影響著目前的狀況（一）

你某個理想中的面向（七）可能如何改變當前環境（一）

• 位置二──位置五

某個變化的因素（二）正如何影響你的觀點（五）

某個相反的力量（二）可能如何導致另一種結果（五）

• 位置二——位置八

外在環境（八）中關於某個相對因素（二）之兩種訊息來源

他人的觀點（八）可能如何做為支持的元素（二）

• 位置三——位置四

來自過去的某件事物（四）是如何做為該情境的根本原因
（三）

某件需要被揚棄的事物（四）如何仍是未經承認的目的（三）

• 位置三——位置十

某種無意識的影響力（三）是如何衝擊著預期的結果（十）

某種潛藏的企圖（三）是如何導引著預期的結果（十）

• 位置四——位置八

某個來自過去的人（四）如何仍舊是週遭環境（八）的一部
分

其他人（八）是如何依舊期待你和過去（四）一樣

• 位置五——位置七

你的自我形象（七）是如何影響著你的態度（五）

你派給自己的角色（七）是如何塑造著你對未來（五）的期
待

• 位置六——位置十

短期（六）和長期的未來（十）將發生些什麼

如果你擁抱某種生存方式（六），最後（十）終將發生什麼

〈習題建議〉第十七課

習題 17.2　　解讀逆位牌

粗體字代表牌的意義，*斜體字*則表示逆位的效果。

權杖三——逆位

我的生活老是一成不變，鮮少**打破日常的例行公事**，*嘗試新的體驗*。

戰車——逆位

我想**按自己意願行事的渴望**受到了*阻礙*，但若是我的家人不快樂，我在職場的成功也*沒有多大的意義*。

寶劍王牌——逆位

*我不想太過投入*這項**主張**。

塔——逆位

我的好運氣**突然結束**的*機會很小*。

寶劍騎士——逆位

我的表兄**能言善道**，但他這個領域技術層面的**知識***不夠充份*。

聖杯四——逆位

我*開始*對這段感情**失去興趣**。我感到一股*微弱但卻日漸增長*的衝動想要**退出**。

錢幣六——逆位

我*不確定是否有足夠的***物質及情緒上的資源**支持我女兒在我家度過這個危機。

聖杯侍衛——逆位

我對寶寶的**愛**與**溫柔**，就快被我對睡眠的需求給淹沒了！

節制——逆位

我現在**耐性***非常有限*，很想採取*激烈的行動*。

死神——逆位

　　一項**重要的內在變化**正*掙扎著要發生*，但我的恐懼卻在*阻擋它*。

習題 17.3　逆位的意義

　　逆位的作用以*斜體字*表示。

正義——逆位

　　這項判決太瘋狂了！是非黑白根本*完全顛倒*了。

　　這項決定*讓天秤傾斜了*，對我很不利。（參見「正義牌」圖像）

寶劍侍衛——逆位

　　這孩子太叛逆了，她*處處反抗我*。

　　這些結果太不合邏輯了——*完全跟我們的預期相反*。

吊人——逆位

　　我不知道自己的處境是上是下，每件事情都和表象不同。

　　我犧牲了一切，但現在瞧瞧我！我又*腳踏實地、恢復元氣*了。（參見「吊人牌」圖像）

權杖四——逆位

　　這場慶祝會*遠遠不如我的預期*，令人掃興極了。

　　我*不可以太過興奮，必須沉住氣*。

錢幣王牌——逆位

　　我似乎*無法抓住我的錢，它就是會從我的指縫溜走*。（參見「錢幣王牌」圖像）

　　我覺得立足不穩，*地面不斷在我腳下晃動*。

聖杯騎士——逆位

　　今天我*意氣昂揚*，第二天卻*消沉低落*，這種情緒的擺盪真是難熬。

我*假裝*沒有強烈的情感，其實不然。

寶劍六——逆位

這艘「船」即將*翻覆*了。（參見「寶劍六」圖像）

我*拒絕*繼續消沉，我要去找些樂子。

教皇——逆位

我要*退學*了。

我*不再*以同樣的眼光看待我的信仰了。

錢幣三——逆位

這隊伍*變換*方向了。

我*不想*事先計劃，只想隨興而為。

單元四

牌意解析

Card
Descriptions

引言

在接下來介紹牌意的篇章中，你會看見下列的欄目：

⫻ 名稱及圖像 ⫻

該牌的名稱，以及採自「普及版偉特塔羅牌」的縮小圖像。

⫻ 關鍵詞 ⫻

關鍵詞是補抓該牌主要意旨的三到五個詞組，列於頁面的最上端。本單元並附有三個關鍵詞一覽表，以供參照。

⫻ 行為表現 ⫻

「行為表現」是描述每個關鍵詞的能量是如何展現的詞組。例如，「女祭司」牌的兩種行為表現是「尋求明顯表象背後之事物」，以及「感知秘密和隱匿之物」。這些都是體驗神秘事物的方式。此處採用動作的形式，以強調該牌是如何表現動態的能量。

⫻ 意義相對的牌 ⫻

一組意義相對的牌包含兩張可能具有相反涵義的牌。這裡列出幾張在某些情況下可能會與某張牌意義相對的牌。這些只是一些可能的例子。關於意義相對的牌組，第十五課及〈附錄 C〉和〈附錄 D〉中有更詳盡的說明。

⫻ 意義加強的牌 ⫻

一組意義加強的牌包含兩張可能具有相似涵義的牌。這裡列出幾張在某些情況下可能會與某張牌意義呼應的牌。這

些只是一些可能的例子。關於意義加強的牌組，第十五課中
有更詳盡的說明。

✕✕ 成對的宮廷牌 ✕✕

　　由於其獨特的人物，宮廷牌彼此之間很自然地形成牌
對。比較兩張牌的階級與所在的牌組，以了解其間的互動。
關於宮廷牌對，第十五課及〈附錄Ｃ〉和〈附錄Ｄ〉中有更
詳盡的說明。

✕✕ 成對的王牌 ✕✕

　　王牌牌對顯現的並非對抗，而是一種獨特的機會，往
「同時接通兩種牌組之能量」的新方向成長。

✕✕ 牌意解析 ✕✕

　　「牌意解析」包含了幾個段落，提供關於該牌的額外資
訊，以及它在占卜時暗示的意義。大阿卡納牌的解析比較概
括而富哲學性，而對小阿卡納牌的描述則較為具體且貼近日
常生活。

✕✕ 逆位的牌？ ✕✕

　　書中並沒有對逆位的牌另作解釋。逆位牌的涵義取決於
該牌正位時的意義。逆位牌顯示該牌的能量是存在的，但強
度較低。因為某種緣故，此種能量不能自由地、正常地或完
整地表達。它或許：

　　尚處於初期階段
　　力量和強度正在消退
　　被阻隔或限制
　　不完整

不適當

被否認

只存在於表象

關於逆位的牌，第十七課中有更詳盡的討論。

第一部

大阿卡納

⚔ 大阿卡納牌關鍵詞 ⚔

愚人（0）	魔法師（1）	女祭司（2）	皇后（3）
開始 隨性自在的 信心 表面的愚昧	積極行動 有意識的覺知 專注、聚焦 力量	無為 無意識的覺知 潛能 神祕事物	母性 豐足 感官 自然
皇帝（4）	**教皇（5）**	**戀人（6）**	**戰車（7）**
父性 架構 權威 規則	教育 遵奉體制 信仰體系 群體認同	關係 個人的信念 性愛 價值觀	勝利、凱旋 意志 自我伸張 強硬的掌控
力量（8）	**隱士（9）**	**命運之輪（10）**	**正義（11）**
力量 忍耐 同情 柔性的掌控	內省 追尋 指引 孤獨	命運 轉捩點 變遷 個人的願景	正義 責任 決定 因果
吊人（12）	**死神（13）**	**節制（14）**	**惡魔（15）**
釋放 逆轉 暫停 犧牲	終結 過渡、變遷 消除 無可抵擋的力量	節制 平衡 健康 結合	束縛 唯物主義 無知 絕望
塔（16）	**星星（17）**	**月亮（18）**	**太陽（19）**
突然的變化 釋放 墜落、垮台 啟示、了悟	希望 靈感 慷慨 寧靜	恐懼 幻覺 想像 迷惑	啟蒙 偉大 活力 篤定
	審判（20）	**世界（21）**	
	審判 重生 內在的召喚 赦免	整合 成就 投入 實現、滿足	

{0號牌} 愚人（The Fool）

- ·開始
- ·隨性自在的

- ·信心
- ·表面的愚昧

行為表現

·開始

進入新階段

踏上新的路途

開拓新天地

展開新的事物

展開冒險

踏上旅程

投入未知

·懷有信心

信任天意

保持開放

釋放憂慮和恐懼

感到被愛、被保護

活在喜悅中

重拾純真

相信

·隨興而為

活在當下

不抱預期

做出意料之外的事

依一時的衝動行事

感到不受羈絆

令某人驚訝

感到無憂無慮

·擁抱愚昧

接受你的選擇

選擇「愚蠢」的途徑

追逐某個白日夢

忠於自己

下一次「瘋狂」的賭注

信任你內心的渴望

意義相對的牌（一些可能）

教皇——遵循常規，例行公事

死神——結束，告終

惡魔——憤世嫉俗，缺乏信心

寶劍二——隔絕經驗，感到緊張，退縮

錢幣四——秩序和規律

意義加強的牌（一些可能）

吊人——懷有信心，順隨天命

星星——純真，信心，信賴

審判——重生，新的開始

權杖三——開拓新天地，進入未經探索的領域

愚人

牌意解析

　　做為○號牌，「愚人」是大阿卡納的起始，但也在某程度上與其他的牌有所區隔。在中世紀的宮廷，宮庭小丑（court juster）可以不必遵循其他人依循的規則，他可以冷眼旁觀，然後冷不防地冒出一句玩笑話。這使得「愚人」難以預測、充滿驚奇。他提醒我們蘊藏在每個時刻中無可限量的潛力和自發性。這張牌有種「凡事皆可能」的意味——沒有什麼是確定的或規律的。「愚人」為一個特定情境加入了新的和不熟悉的元素。

　　「愚人」同時也代表全然的信心，相信生命是善的、值得信賴的。也許有人會覺得愚人太過天真，但他的天真支持著他，並為他帶來喜悅。解牌時，「愚人」可能暗示一個新的開始，或是方向的轉變——這將引領你走上充滿冒險、驚異和個人成長機會的道路。他同時也提醒你要保持信心，相信自己自然的反應。如果你正面臨決定或疑惑的時刻，「愚人」牌告訴你，無論你的念頭看來是多麼瘋狂或愚蠢，都要相信自己、追隨自己的內心。

﹛1號牌﹜ 魔法師（The Magician）

- **積極行動**
- **有意識的覺知**

- **專注、聚焦**
- **力量**

行為表現

- **採取行動**

做必須做的事

實現你的潛力

將可能性化為現實

身體力行你所宣揚的

實行計畫

創造神奇的結果

運用你的天賦

- **有意識地**行動

知道自己在做什麼並且

　知道自己為何這麼做

承認你的動機

了解你的意圖

檢驗已知的情況

- **專注**

目標單純專一

百分之百地投入

運用你的意志力

感到心神集中

排除令人分心之事物

專注在一個目標上

- **體驗力量**

造成強烈的衝擊

具有活力

創造奇蹟

變得能量充沛

感到精力旺盛

創造力十足

意義相對的牌（一些可能）

女祭司——無為，直覺，接通無意識

吊人——暫停行動，不作為

聖杯七——缺乏焦點和投入

寶劍四——安靜地休息，貯存精力

寶劍八——迷惑而不確定，無力

意義加強的牌（一些可能）

戰車——聚焦，專注，強而有力

權杖二——個人的力量，行使強大的力量

權杖八——快速的行動，起而力行

錢幣八——專注而集中

牌意解析

魔法師

　　「魔法師」是積極、陽性原則的原型——是終極的成就者。他象徵汲取宇宙力量的能力，並運用這力量達成創造性的目的。注意他在圖中的姿勢——就像支避雷針——一手舉向天空，汲取天賜的靈啟；另一手指向地面，落實這強大的能量〔註〕。他的能力有時顯得十分神奇，因為他的意志能夠幫助他成就看似奇蹟的事物。

　　是什麼使得魔法師具備這樣的力量呢？首先，他不畏懼行動。他相信自己，並願意將這信念付諸檢驗。他同時也知道自己想做什麼、又為了什麼要做。他不會猶豫，因為他確切地了解自己的處境。魔法師能夠以毫無旁騖的決心專注投入，只要他記得自己力量的神性源頭，就始終會是造就奇蹟的完美導體。

　　解牌時，「魔法師」牌暗示，只要你能夠認清自己的力量，並帶著覺知和專注去行動，這種原始的創造力就屬於你。這張牌是個行動的訊號，而且現在就要行動，只要你確切了解自己要的是什麼、並下定決心要得到它。

〔註〕瑞秋・波拉克（Rachel Pollack），《七十八度的智慧，第一部，大阿卡納牌》（Seventy-Eight Degrees of Wisdom: A Book of Tarot, Part I: The Major Arcana），（London: Aquarian, 1980）。

｛2號牌｝女祭司（The High Priestess）

- **無為**
- **無意識的覺知**
- **潛能**
- **神祕事物**

行為表現

- 保持**無為**

  抽離而不涉入

  容許事件發展而不加干預

  對各種影響保持接受度

  平靜下來

  保持被動

  耐心地等待

- 接通**無意識**

  運用你的直覺

  從內在尋求指引

  信任你內在的聲音

  對夢境與想像保持開放

  覺知更廣闊的實相

- 看見**潛能**

  了解可能性

  對可能的事物保持開放

  看見你潛藏的才能

  順隨發展

  讓既存之事物綻放

- 感知**神祕**

  看見明顯表象以外的事物

  探測封閉的領域

  對未知開放

  記起某件重要的事物

  感知祕密和潛藏之物

  尋找隱藏的事物

  承認陰暗面

意義相對的牌（一些可能）

魔法師——有意識地行動，思考，已知及顯而易見的

權杖二——勇敢地行動

權杖七——進取的，好鬥的

權杖八——將計畫付諸實行

意義加強的牌（一些可能）

隱士——往內在看，抽離，尋求指引

吊人——暫停活動，等待

寶劍四——安靜地休息，沉思默想

牌意解析

女祭司是「無意識」的守護者。她坐在無意識的薄紗之前，而將我們與自己內在的風景隔離開來的，就僅只是這層薄紗。她自身懷藏著如何接通這些領域的秘密，並對我們發出無聲的邀請：「靜默下來，明白我即是神。」

女祭司代表陰性的原則，平衡著魔法師的陽剛力量。塔羅中的陰性原型被分割成女祭司和皇后兩張牌。女祭司是經常為女性所象徵的神祕未知，特別是在重視「有形」和「已知」的文化中；而皇后則代表女性做為生命孕育者的角色。

占卜時，「女祭司」牌提出一個挑戰，要你走向更深之處——超越顯而易見的表象，探尋那隱匿而晦澀的層面。她同時要求你喚起自身巨大的潛能，記起藏於內在的無限可能性。

女祭司牌可能代表一段等待與順任的時光。要達成目標，並不一定總要行動。有時它們可以透過靜默無為而實現，此種靜止給了欲望一個機會，讓它在時間的完滿中開花綻放。

女祭司

｛3號牌｝皇后（The Empress）

- ・母性
- ・豐足
- ・感官
- ・自然

行為表現

・**母性**

生育

滋養生命

培育並照顧他人

珍愛世界

表達溫情

與小孩相處

・**體驗感官**

給予或接受樂趣

聚焦在身體上

欣賞美

感到健康有活力

質樸的

從事身體活動

・**歡迎豐足**

享受豐饒

得到慷慨的報償

盡情享受

擁有的超過所需

感到富足

・**與自然互動**

與動植物產生聯繫

擁抱自然的事物

感到與大地連結

走到戶外

與自然韻律和諧一致

意義相對的牌（一些可能）

皇帝——父性，秩序與紀律，規律

死神——死亡原則

錢幣四——吝嗇的佔有

錢幣九——優雅，世故

意義加強的牌（一些可能）

　　戀人——性的滿足，享樂

　　星星——慷慨，自由流溢的愛

　　聖杯九——享受感官

　　錢幣七——物質的報償

　　錢幣十——富裕，奢華，肉體的安逸

牌意解析

皇后

　　在大阿卡納中，「皇后」和「女祭司」是女性原型的兩面。「皇后」代表賦予生命的多產母親，統治著自然的豐饒和大地的節奏。從她而來的，是一切感官的樂趣，以及各種各樣豐富的新生命。「皇后」牌鼓勵你加強與自然世界的聯繫，那是我們存在的根基。虛假的矯飾和享樂常常令我們遠離了自己的根。讓「皇后」牌提醒你，把雙腳牢牢紮穩在土地之中。

　　占牌時，「皇后」牌可指涉「母性」的所有層面。她可以代表一個真的母親，但是做為一張大阿卡納牌，她超越了「母性」的表象，而進入它的本質——透過充滿愛意的照顧與關懷，去創造並支持生命。

　　「皇后」牌也可以代表一切形式的慷慨豐富。她給予我們一只希臘神話中的神奇羊角，裡頭裝滿令人愉悅的事物，尤其是感官的愉悅——食物、享樂，以及美。她可能暗示物質的報償，但必然也帶來領會：豐饒是與慷慨而開闊的精神同在的。「皇后」牌要求你擁抱生命的原則，並享受它豐富的美善。

{4號牌} 皇帝（The Emperor）

- 父性
- 架構
- 權威
- 規則

行為表現

· 父性

建立家系

設定方向和基調

保護防衛

導引成長

帶來安全與舒適

提供解釋

· 行使權威

擔任領導的角色

發號施令

施加掌控

代表體制

居於有力的位置

與官方接觸

設定方向

· 強調架構

從混亂中創造秩序

分門別類

有系統、有條理

提供形體和形式

有組織的

運用理性

協調整合

貫徹計畫

· 規則

建立律法和秩序

從穩固的原則上運作

施行規則或方針

在法律體系內運作

制定行為標準

遵循一套規則

意義相對的牌（一些可能）

皇后——母性，自由流溢的豐饒

聖杯七——散亂，缺乏秩序

寶劍五——篡改規則，破壞律法

皇帝

意義加強的牌（一些可能）

　　　教皇──遵循規則

　　　正義──關心公正與合法性

　　　權杖二──擁有權威

　　　權杖三──擔任領導

　　　錢幣四──掌控，架構，秩序

牌意解析

　　「皇帝」的形象透露了這張牌的許多特質。我們看見一個威風凜凜的嚴峻人物坐在石雕的王座上。他的背脊挺直，直視著我們。他對自己完全的統治權威深具信心。

　　「皇帝」牌代表結構、秩序，以及規則──也就是「皇后」牌盡情流溢的慷慨豐富之平衡力量。他擁護方正刻板的世界，那兒的火車永遠準時，比賽都按照規則來，而發號施令的官員也都受到敬重。在混亂的情境中，「皇帝」牌可能在指出條理的必要。鬆脫的線頭應該打上結，難測不馴的元素也要受到掌控。而在已經過度控制的情況中，「皇帝」則暗示這些約束所帶來的侷限。

　　「皇帝」牌可能代表與權威打交道，或是取得權力與主導權。做為一個約制者，「皇帝」往往會跟任何形式的法律事務、懲戒行為，以及官場活動扯上關係，他也可能代表個別的父親，或是父親的原型──也就是他做為導師、保護者，以及供給者的角色。

{5號牌} 教皇（The Hierophant）

- 教育
- 遵奉體制
- 信仰體系
- 群體認同

行為表現

- 接受**教育**
  追求知識
  通曉訊息
  增加理解
  研究、學習
  探尋更深的意義
  發掘更多

- **遵奉體制**
  依循規則
  採取正統的方法
  待在習俗的框架中
  適應某個體系
  融入
  遵照程序進行
  做預期中的事
  成為體制的一部分

- 擁有**信念體系**
  分享某種文化遺產
  學習某種宗教傳統
  尊崇儀式和典禮
  認同某種世界觀
  遵循某種紀律
  知道該信仰什麼

- 認同某個**群體**
  投入某個目標
  將能量奉獻給群體
  加入某個組織
  做為團隊的一份子
  對他人忠誠
  處於體制化的環境下

意義相對的牌（一些可能）

愚人——身為「瘋子」或異端
戀人——個人的信念
權杖二——偏離群眾，做為先驅

寶劍七——獨行俠

錢幣二——有彈性，因時制宜

意義加強的牌（一些可能）

皇帝——遵循規則

聖杯三——以群體為中心

錢幣三——團隊合作

錢幣八——學習，研究

錢幣十——順從，遵循規則，保守

THE HIEROPHANT

教皇

牌意解析

除了極少數的情況外，每個人都是在文化體系下成長發展的。我們藉著與他人共同生活而學習。「教皇」牌代表這種體制內——特別是在群體之中——的學習。教皇是闡釋秘密知識的人，在這第五號牌上，我們看見正式教堂背景中的一位宗教人物。他穿著代表其神職的繁複法袍，任務是把兩位入門者引進教會，好讓他們能擔負起被指派的角色。

除了教會，我們還有學校、社團、團隊、公司，以及社會。這些全都是由「教皇」所代表，因為具有規則及被分派角色的結構性團體都是他司掌的領域。這樣的環境都強調信念體系——事實、規則、程序，以及儀式。遵守規範的成員將受到獎賞，他們發展出一種群體的認同。塔羅當中有三張牌是強調群體的，「教皇」便是其中之一。（另外兩張是「聖杯三」和「錢幣三」。）

占牌時，「教皇」往往代表跟隨專家或博學的師長學習。這張牌同時也代表體制及其價值。「教皇」象徵順從規則或固定情境的必要，當他在占牌中出現時，往往顯示你正在與一股非創新、不自由，或是非個人的力量抗爭。群體可以豐富你或是窒息你，端視情況而定。有時我們必須遵從規約或是擁抱傳統，但其他時候，我們則必須信賴自己。

┇6號牌┇ 戀人（The Lovers）

- ·關係
- ·個人的信念
- ·性愛
- ·價值觀

行為表現

- · 與他人產生關係

建立聯繫

感覺愛意

結合或結婚

承認親屬關係

與他人產生共鳴

接近

創造連結

彼此親密

- · 建立個人的信念

質疑接收的觀念

了解自己的立足點

對自己保持忠實

建立自己的哲學

遵循自己的標準

自己做出決定

- ·性愛

尋求結合

體驗慾望

做愛

對另一個人開放

以熱情回應

感到肉體的吸引

汲取內在的能量

- · 決定價值觀

與誘惑抗爭

在對與錯之間選擇

面對倫理或道德的抉擇

拒絕讓目的將手段合理

　化

找出你關心什麼

意義相對的牌（一些可能）

教皇——已確立的信念

隱士——獨自一人，不與人發生關係，節慾

聖杯五——關係中的失落

寶劍三——拒絕，分離

意義加強的牌（一些可能）

　　皇后——性的滿足，樂趣

　　聖杯二——結合，婚姻，連結

　　聖杯九——性的樂趣

　　聖杯十——家庭關係，聯繫

　　錢幣十——永久的結合，家庭關係

戀人

牌意解析

　　「戀人」是張容易記住的牌。愛與性是極具吸引力的主題，而正如你所預期的，這張牌兩者都代表。結合的慾望十分強大，而在其最高的形式中，它將帶領我們超脫自我。這就是為什麼牌中會有位天使祝福那男人與女人的結合。

　　解牌時，這第六號牌往往指涉奠基於深愛的關係——這是最最強烈的一種驅力。這關係或許不是性方面的，雖然它往往會是。更概括地說，「戀人」牌可以代表將任何兩個實體——無論是人、想法、事件、運動，或是群體——拉在一塊兒的吸引力量。

　　這張牌也可能代表困難的價值抉擇及隨之而來的疑問。有些塔羅牌〔註〕的「戀人」牌上畫著一個男人被兩個女子——一位處女和一名蕩婦——包夾、拉扯著。這個相當老調的三角關係，象徵我們遭遇對與錯的試探時所面臨的困境。

　　「戀人」牌也可能意指道德或倫理的十字路口——一個當你必須在崇高或卑下的道路間抉擇的決定之點。這張牌也可以代表你的個人信念，因為要做出這樣的決定，你必須知道自己的立足點。依循自己的道途，可能意味要抗拒那些慫恿你走上錯誤方向的人。

〔註〕例如「馬賽塔羅」（Tarot of Marseilles），（Turnhout，比利時：Carta Mundi, 1996）。U. S. Games發行。

｛7號牌｝戰車（The Chariot）

- ‧勝利、凱旋
- ‧意志
- ‧自我伸張
- ‧強硬的掌控

行為表現

- ‧獲致**勝利**
  達成目標
  贏
  成功
  宰制
  勝出
  擊敗競爭對手

- ‧**伸張自我**
  專注於自我
  建立身份
  知道你是誰
  感到自信
  對自己有信心
  爭取自身的權益

- ‧運用你的**意志**
  決心要成功
  集中你的意圖
  超越誘惑
  不讓任何事物分心
  貫徹努力
  聚集能量
  專注於一個目標

- ‧獲致**強硬的掌控**
  掌控情緒
  抑止衝動
  維持紀律
  壓抑憤怒
  遂行所願
  掌握權力
  展現權威

意義相對的牌（一些可能）

力量——柔性的掌控
吊人——接受神的意志，讓他人優先
塔——潰敗，受挫的經驗
寶劍八——困惑，自我懷疑

寶劍十——無力，處於困境，人先己後

意義加強的牌（一些可能）

魔法師——運用你的意志，專注

權杖二——握有權威，支配

權杖六——勝利，自信

錢幣四——控制

錢幣九——自我掌控，紀律

戰車

牌意解析

　　想像凱撒大帝乘著戰車，凱旋進入羅馬城。他擊敗了敵人，征服了廣闊的新領土。這就是「戰車」牌的精神。這第七號牌代表透過意志與自我掌控所能獲致的勝利。軍事性的圖像對「戰車」牌而言是妥貼的，因為這張牌代表的是與戰鬥相關的力量——紀律、膽識、決斷與魄力。

　　「戰車」牌代表「自我」的積極面向。一個健康的自我是堅強而自信的，它知道自己想要什麼、又該如何去得到它。當某個人的自我太過健康時，也許會令我們不快，但到了艱困的時刻，我們往往會指望這人帶領我們度過難關。我們知道他不會優柔寡斷。

　　在占牌時，「戰車」牌往往會出現在強硬的掌控明顯可見之處。在最佳狀況下，強硬的掌控並不是粗魯的，而是堅定而直接的。它的背後是堅強的意志，和強大的信心。「戰車」牌可能意味自我控制，或是對環境的掌控。這張牌同時也代表勝利。「贏」有很多種類型，戰車牌是那種有勝有負的。你的成功是來自打敗競爭對手，成為第一。在適當的情境中，這樣的時刻是十分榮耀的。

﹛8號牌﹜力量（Strength）

- ·力量
- ·忍耐
- ·同情
- ·柔性的掌控

行為表現

·展現力量

知道你能夠忍耐

具有俠義精神

懷有不可動搖的決心

不因挫折而喪失勇氣

堅忍不拔

堅若磐石

·具同情心

給他人許多空間

容忍

了解他人的感受

接納

原諒不完美

和藹仁慈

·堅忍

平靜地面對挫折

接受他人

從容行事

保持鎮定

拒絕發怒

展現自制

·獲致柔性的掌控

勸服

合作

間接地引導

能夠去影響

以仁慈調和力量

示現愛的力量

意義相對的牌（一些可能）

戰車——強硬的掌控

聖杯八——困乏，缺乏力量

寶劍六——無精打采，洩氣失志

錢幣五——健康不佳，虛弱

意義加強的牌（一些可能）

　　吊人──從容不迫，耐心

　　權杖九──堅毅，忍耐的力量

牌意解析

力量

　　通常我們會把力量想成具體的東西──堅實的臂膀、強壯的雙腿──但，另外還有內在的力量。內在的力量來自「心」肌的運作，它是堅忍、勇氣、決心，與沉著──這些幫助我們度過艱困時刻的特質。在過去，人們會說一個擁有內在力量的人是「有品格的」；在最黑暗的時候，人們可以企望於他。這第八號牌代表這種沉靜決心的能量。「力量」並不是一張耀眼的牌，但卻是堅實而可靠的。

　　這張牌同時代表耐心和同情。當事情不如人意時，發怒是很容易的，但要平靜地面對挫折卻需要很大的力量。接受他人和原諒錯誤也是。我們需要力量去柔軟地揉塑所處的局面。「戰車」牌是透過優勢和權威來掌控，而八號牌則比較微妙，甚至是懷著愛意的。注意圖中的獅子（牠本身就是個力量的象徵）是如何被那女子柔軟的雙手引導、馴服。

　　在占牌時，第八號牌會在我們需要其特質時出現。它可能是在提醒我們不要絕望或放棄。你具有內在的力量，能夠忍耐並且勝出。如果你操之過急，便需要暫時抽離，耐心以對。如果其他的人或外在環境快把你逼瘋了，記得愛與忍耐的力量。它將帶領你度過最艱難的時刻。

{9號牌} 隱士（The Hermit）

·內省　　　　　　　　·指引
·追尋　　　　　　　　·孤獨

行為表現

·**內省的**　　　　　　　· 接受／給予**指引**
仔細思索　　　　　　　求教於／擔任導師
專注於內心　　　　　　接受／提供睿智的忠告
對感官較不注意　　　　從學於／擔任上師
讓自己沉靜下來　　　　求助於／擔任受信賴的
從內在尋求答案　　　　　老師
需要了解　　　　　　　接受幫助／提供援助

·**追尋**　　　　　　　· 尋求**孤獨**
尋求更深的了解　　　　需要獨處
追尋某樣東西　　　　　渴望寂靜
不計代價追求真相　　　從俗世抽離
展開個人的追尋　　　　體驗與世隔絕的生活
需要更多　　　　　　　放棄令人分心之事物
渴望新的方向　　　　　退隱到私密的世界

意義相對的牌（一些可能）

戀人——處於一段關係中，性愛
世界——與世界產生關聯
聖杯二——締造連結，合夥關係
聖杯三——在群體中，與他人共處
聖杯九——感官的享樂

THE HERMIT.

隱士

意義加強的牌（一些可能）

　　女祭司──向內省視，抽離

　　聖杯四──抽離，內向

　　聖杯八──尋求更深的意義

　　寶劍四──冥思，保持安靜

　　寶劍七──獨自一人，與他人保持距離

牌意解析

　　傳統上，隱士的形象是個留著長鬚的孤僻人物，他過著遺世獨立的刻苦生活。第九號牌符合這種印象。「隱士」牌代表逃離社會俗務的渴望，轉而專注於內在世界。他往內心尋求答案，並知道這些解答只能透過寂靜和孤獨尋得。

　　當生命走到某個點，我們會開始質疑表象的一切。我們感覺有某種更深的真實，並開始尋找它。這多半是種孤獨的追尋，因為答案並不在外在世界中，而在我們自身之內。第九號牌上的隱士讓我們聯想到希臘的苦修者戴奧吉尼斯（Diogenes），據說他曾在大白天提著燈籠，要尋找一個誠實的人。戴奧吉尼斯是尋求真理的象徵，這也是「隱士」希望藉著剔除所有令人分心之事物而揭露的真理。

　　解牌時，隱士牌往往暗示獨處時間──將令人分心之事減到最低的一段沉思期──的必要。在充滿行動的高能量時期，他則代表靜止不動的中心，這中心必須被創造出來以維持平衡。他也可能暗示此時抽離或退出是明智之舉。此外，「隱士」牌可代表各種追尋，特別是尋求更深的了解或某個情境的真相。「尋求，你就會找到。」經典這樣告訴我們。因此「隱士」牌也代表指引。我們能夠從睿智的導師那兒得到幫助，然後，當我們進步後，也就能夠幫助別人。

﹝10號牌﹞命運之輪（Wheel of Fortune）

- **命運**
- **轉捩點**
- **變遷**
- **個人的願景**

行為表現

- **命定之感**

運用機緣所提供的

看見生命的脈絡交織在
　一起

在意外事件中發現機會

對機運開放

感到命運的運作

見證奇蹟

- 處於**轉捩點**

逆轉

朝不同的方向移動

扭轉事物

經歷命運的變化

變更目前的路線

訝異於事情的演變

- 感受**變遷**

歷經變化

生命的節奏加速

被捲入新的發展

重新加入活動的世界

涉入

- 擁有**個人的願景**

看見萬物如何連結

變得更具覺知

發現模式和循環

擴展你的視野

獲得更廣闊的角度

發現你的角色和目的

意義相對的牌（一些可能）

寶劍二──受困，陷於僵局

寶劍四──休息，安靜，緩慢的步調

錢幣四──受阻的改變，停滯不動

錢幣七──在改變方向之前先做評估

命運之輪

意義加強的牌（一些可能）

權杖八——快速的步伐，迅速的發展

牌意解析

希臘神話中有三位命運女神，她們負責在每個人出生時為他編織命運。命運女神會是紡紗的織女並不令人訝異，因為對於凡人命運難以捉摸的變幻，紡紗的轉輪的確是個適切的意象。這就是第十號牌的主題。

「命運之輪」是大阿卡納中少數不是以人類形象為焦點的牌。這是因為它的中心是凌駕於人的領域之上的——是在更高的層面（雲間）。在這兒，所有人的命運都交織在一起，成為生命的織錦。塔羅承認每個人的人生道路都是自己設定的，但同時受制於涵蓋著他的更大循環。我們會遭遇隨機事件，它們看來像意外，但其實是上天計畫的一部分。

在占牌時，「命運之輪」可能意指一種當頭棒喝式的了悟或啟示。如果你一直在跟某個問題或棘手的狀況纏鬥，這張牌可能暗示，若是你退後一步，從較為宏大的觀點來看每件事情，你就會找到答案。

「命運之輪」同時也代表出乎意料的相遇，或是命運的扭轉。你無法預測驚奇，只能在它迴捲著你的時候覺知到它。的確，第十號牌暗示輪轉般的行動——方向的改變、重複的循環，以及快速的運行。當「命運之輪」的能量到來，你將感到生命加快了速度。你被龍捲風捲了起來，它可能會把你丟到任何地方。「她不停地轉呀轉呀，會停在哪兒？沒人知道。」

{11 號牌} 正義（Justice）

- 正義
- 責任

- 決定
- 因果

行為表現

- 崇尚**正義**

  堅持公平

  依道德準則行事

  涉入法律事務

  正直誠實

  追求平等

  不偏不倚

  試圖做正確的事

- **承擔責任**

  償還舊債

  負責任的

  承認事實

  坦承涉入

  處理某個情況

  做必須做的事

- 為某個**決定**做準備

  權衡各個方面

  為未來設定方向

  平衡所有的因素

  決定正確的行動

  以充分的覺知做選擇

- 明瞭**因果**

  接受你所造成的結果

  看清你是如何選擇你的
  　處境

  承認業力的作用

  知道事出有因

  找出事件之間的關聯

意義相對的牌（一些可能）

寶劍二——規避真理，拒絕接受你的角色

寶劍五——不正直，不做正確的事

寶劍七——逃避責任

意義加強的牌（一些可能）

　　皇帝——正義，規則，法律議題

　　審判——決定，接受過去的行為／錯誤

　　權杖十——接受責任，負責任的

　　寶劍九——對過去感到內疚，承認錯誤

　　錢幣七——評估自己的處境，決定未來的道路

正義

牌意解析

　　在第十一號牌上，我們看見象徵正義的熟悉形象。她一隻手握著代表平等與公正裁決的天平，另一隻手則握著決斷的寶劍。在塔羅中，「正義」牌代表一種了悟：生命終究是公平公正的。雖然每天變幻無常的世事往往令我們懷疑這個事實，「正義」牌提醒我們神性的平衡仍然存在。注意「皇帝」與「正義」牌之間的相似性。這兩張牌都代表普遍性的秩序；「皇帝」牌在於基礎的架構，而「正義」牌則在於業力的作用——因和果。

　　這張牌給人一種嚴肅之感——一種法庭的氣氛。這張牌指涉各種法律事務，但並不侷限於此。法庭是做出審判、執行裁決的地方，司法體系是我們探討「正義」原則——公平、公正、追求真相——的官方場域。

　　占卜時，「正義」牌常會在你關切自己所作所為是否正確、或者是否得到應得回報時出現。這張牌也可能在你感受到過去錯誤或善行的衝擊時出現。你在某個時點種下的因，現在回到你身上結果了。

　　有時「正義」牌是種訊號，告訴你去做必須做的事。到了某個時候，你必須接受責任、結清帳目。如果你不承認錯誤並做出補償，過去將會持續糾纏著你。你將必須審慎權衡事態，或許還得對未來做出重大的決定。

{12號牌} 吊人（The Hanged Man）

- **釋放**
- **逆轉**
- **暫停**
- **犧牲**

行為表現

- **釋放**

情緒的釋放
接受現狀
臣服於經驗
終止抗爭
保持柔軟開放
放棄掌控
接受上帝的意志

- **逆轉**

扭轉世界
改變心意
推翻舊有的優先順序
從新的角度來看
顛覆舊有的秩序
一百八十度的轉變

- **暫緩行動**

暫停下來思考
感覺超脫時間
只是單純地存在
不再急迫
活在當下
等待最佳的機會

- **犧牲**

做個殉道者
放棄權利
將自身利益擺在一旁
以退為進
為了更高的目的而讓步
讓他人優先

意義相對的牌（一些可能）

魔法師——行動，作為
戰車——自我主張
權杖七——反抗，抗爭
權杖十——抗爭

錢幣四──堅持，掌控

意義加強的牌（一些可能）

愚人──信任，順隨波流

女祭司──暫停活動，等待

力量──耐心，給予時間

寶劍四──休息，暫緩活動

寶劍十──犧牲，殉道

吊人

牌意解析

「吊人」是塔羅當中最神秘的牌之一。它很簡單，卻也十分複雜；它很引人，卻也令人不安。它在無數層面上都自相矛盾。「吊人」之所以教人不安，是因為它象徵著我們生命中的弔詭。所謂「弔詭」，是某種看來自相抵觸、但卻又十分真實的東西。「吊人」向我們呈現某些真相，但這些真相是藏在反面的事物中的。

「吊人」主要的功課是：我們藉著放手來「掌控」──藉著認輸來「贏」。這張牌上的人物做了終極的臣服──痛苦地死在十字架上，但他卻同時散發出神性了悟的榮光。他犧牲了自己，卻以勝利者的姿態出現。「吊人」也告訴我們，我們可以藉由駐足不動而「前進」。藉著暫停，我們可以擁有全世界所有的時間。

占牌時，「吊人」提醒我們，處理問題的最佳方式不一定是那個最明顯的做法。當我們亟欲將自己的意志強加在別人身上時，就是我們該放手的時候；當我們最想要遂行自己的意願時，就是我們該犧牲的時候；當我們最想要行動的時候，就是我們該等待的時候。弔詭的地方就在於，藉著這些看似矛盾的行動，我們就能尋得所求。

《 13號牌 》 死神（Death）

- ·終結
- ·過渡、變遷
- ·消除
- ·無可抵擋的力量

行為表現

- ·終結

關上一扇門，開啟另一
　扇
結束某件事
完成一個篇章
結束未了之事
將過去拋在身後
到了抉擇之點、分道揚
　鑣

- ·經歷變遷

改變狀態
從已知走向未知
被拋進漂泊的狀態
在過渡的狀態中等待
在中途

- ·去除多餘的

刪去非必要的
揚棄固有的態度
只留下精髓
專注在要素上
回歸基本

- · 經歷**無法抗拒的力量**

捲入勢不可擋的變化中
被無可逃避的事物攫獲
經歷無法避免的過程
成為強大變動的一部分
順隨命運
接受不可避免的

意義相對的牌（一些可能）

愚人──開始
皇后──誕生
審判──重生，嶄新的開始

死神

意義加強的牌（一些可能）

　　塔——勢不可擋的衝擊，強大的力量

　　權杖八——結束，終結

　　聖杯五——失落，離別

　　聖杯八——繼續向前，終結

牌意解析

　　死亡！這是種多麼強大的能量！看見第十三號牌上那個黝黑的骷髏形體，誰能不感到幾分發毛？在這兒，我們看見自己最深恐懼的面貌——我們最大的未知。我們恐懼死亡，因為我們認為它是毀滅。但在塔羅中（我想在生命中也是），死亡並非永遠的終結，而是到達一種新狀態的過渡階段。生命的本體是永恆的，雖然它的形體不是。要成長，要前進，要繼續活——我們必須讓老舊的「死去」，好讓新的出生。

　　的確，在塔羅占卜中，這第十三號牌鮮少和肉身的死亡扯上關係，一位負責的占牌者絕不會如此解讀這一張牌，因為這種觀點太過狹隘了。「死亡」並不是在我們身上只發生一次的事件，它在許多層面上不斷地發生，而不單單是在肉體上。對「現在」而言，我們無時無刻不在死去，好讓「未來」展開。

　　占牌時，「死神」牌往往代表一個將開啟巨大變化的重要結束。它暗示一段時期的終結，或是一扇門將要關上。這樣的時刻可能伴隨著悲傷和不情願，但同時會帶來釋放和完成之感。「死神」牌也暗示著回歸基本。瀕臨死亡會讓你專注於重要的事情上，這張牌提醒你該摒除一切不必要的。「死神」牌也可能意味你將經歷不可抗拒的力量。死亡是無可避免的，有時某些事件也是逃不過的。當這樣的時刻來臨，最好的因應之道是順隨命運，看它將把你帶往何處。

｛14號牌｝節制（Temperance）

- **節制**
- **平衡**

- **健康**
- **結合**

行為表現

- **行事有節制**

找出中間立場

表現節度

避免過度

緩和嚴峻的態勢

尋求中庸之道

達成妥協

抵消極端

- **維持平衡**

體驗和諧

達成均衡

調解對立

承認各方

促進合作

感覺專注而寧定

- **體驗健康**

恢復能量與活力

療癒

享受安泰

痊癒、復元

興旺繁茂

- **結合力量**

聚合所需之物

加入他人

合併、鞏固

找到正確的組合

創造綜合體

結合全體

意義相對的牌（一些可能）

塔——極端，崩解

權杖五——不和，競爭，失衡

聖杯七——過度，耽溺

寶劍五——爭吵，缺乏和諧

錢幣五——健康不佳

意義加強的牌（一些可能）

世界——整合，綜合，結合

聖杯二——連結，共同合作

聖杯三——群策群力，共同合作

錢幣二——平衡，找到正確的組合

錢幣三——團隊合作，結合力量

節制

牌意解析

有些人會散發某種寧靜沉著的氣質。他們或許不多話，而以一種平靜從容的神態處理事務。他們的存在令人安心，因為他們是這麼的專注而寧定。在我看來，這就是「節制」的能量。

「節制」就是展現節度和自制。在一個充滿誘人耽溺之事物的世界中，找到「中道」常常是必要的。聽起來很明智，或許；但同時也有些乏味？節制的能量在表面上看來似乎很無趣，但它卻是颱風眼中的寧靜。四面八方都是迴捲的狂風，但在中央仍然有一個點，將一切帶入平衡。

占牌時，「節制」可能代表節度的必要，尤其是當有涵義極端的牌（例如「騎士」）伴隨出現時。這張牌也可能顯示平衡的必要。在衝突的情境中，「節制」牌暗示妥協與合作是至關重要的。尋求調停各方對抗勢力的任何機會。事實上，「節制」可以意指藉由加入新的元素去調節現況。藉著整合再整合，我們終將找到理想的組合或解決之道。「節制」同時也是象徵健康的牌，各方面的健康——身體的，心理的，以及情緒的。當你憂心疾病或不適時，「節制」牌給了你健康與活力的承諾。

｛15 號牌｝ 惡魔（The Devil）

- ·束縛
- ·唯物主義
- ·無知
- ·絕望

行為表現

- · 感到被**束縛**

接受並不想要的狀況

執迷

感到違背自己意志、受
　　到束縛

失去獨立性

容許自己被控制

耽溺，被奴役

屈從於他人

- · 專注於**物質**上

被外表所惑

只相信物質層面

忘記精神層面

取得與花用

過度耽溺於感官

- · 保持**無知**

不知不覺

在狹隘的範疇內運作

感受限制

選擇留在黑暗中

懼怕未知

受到表象的誘惑

- · 感到**絕望**

相信最糟的可能

絕望

缺乏信心

看見冷酷的世界

負面思考

預見黯淡的未來

懷疑

意義相對的牌（一些可能）

愚人——懷有信心，相信

星星——希望，信心，樂觀

權杖四——自由，釋放

聖杯六——善意，天真，單純的喜悅

聖杯十──喜悅，平和，賜福

意義加強的牌（一些可能）

聖杯七──過度耽溺，放縱

寶劍六──輕度的沮喪，無望

寶劍八──混亂，限制

寶劍九──絕望，欠缺喜樂

THE DEVIL.

惡魔

牌意解析

路西法（Lucifer）、曼菲斯特（Mephistopheles）、撒旦（Satan）、黑暗王子（The Prince of Darkness）。無論我們怎麼稱呼他，惡魔都是一切壞的、討厭的事物的象徵。我們將世界看成光明與黑暗的爭鬥。我們想要消滅惡的，好讓善的勝出。事實上，善與惡無法分離，正如我們無法將陰影與其來源切割。黑暗只是欠缺光明，而它是由掩蔽真理的錯誤所造成的。第十五號牌對我們示現了這些錯誤。

首先是「無知」──不知曉真理，也不明白自己不知曉。其次是「唯物主義」──相信除了物質就什麼也沒有了。做為屬靈的存在，我們渴望神性，但我們若是只信賴自己的感官，就會與這真理的源頭失去了接觸。此外還有「絕望」，它剝奪了我們的喜樂，阻止我們邁向光明。

傳統上，「惡魔」牌代表邪惡，但解牌時它並沒有這種可怕的意義。這牌讓你知道你陷入了不健康、沒有生產力的情境。你可能對某事一無所知──不知實情和它的蘊意。你可能明知（又或許不知）對你有害卻仍執迷於某個人、想法、物質或模式。有時這張牌反映出一種消極性，讓你懷疑自己和你的未來。我們很容易犯下許多錯誤，第十五號牌讓我們知道，這些錯誤已經嚴重到需要加以注意。當你看見「惡魔」牌，仔細檢視你的預設，確定你不是從對自己或所處情境的錯誤認知出發。堅持你對自己的最高願景。

{16號牌} 塔（The Tower）

·突然的變化	·墜落，垮台
·釋放	·啓示，了悟

行為表現

· 經歷突然的變化

遭逢劇變

計畫中斷

感到訝異

經歷危機

慣例遭到動搖

處於混亂中

· 釋放

爆炸

情緒上的爆發

怒氣迸發

自我防衛引起的衝撞

打破矯飾

放任一切

·墜落

銳氣受挫

失敗垮台

從高處塌倒

運氣轉衰

自我遭受打擊

· 得到啓發

突然間了解真相

揭露隱藏之事物

突然洞悉

看穿假象

獲得答案

電光石火間看清一切

意義相對的牌（一些可能）

戰車——勝利，掌控

節制——中間立場，妥協調合，泰然從容

星星——安詳，寧靜

權杖六——喝采，驕傲

聖杯十——平和，平靜

意義加強的牌（一些可能）

死神──壓倒性的衝擊，強大的力量

太陽──啟蒙，示現

錢幣五──艱困時刻

塔

牌意解析

「塔」是張令人不安的牌。火焰、閃電、墜落在巉岩上──看來準是有麻煩！對於不喜歡變化的人，這第十六號牌是不受到歡迎的。它代表一種突然的、戲劇性的激變，或是命運的逆轉。變化通常是漸進的，給我們時間去適應。但它有時也會是快速而具爆炸性的。這就是「塔」的效果。

在電影中，主角有時會猛甩醉酒或胡言亂語的人一個巴掌。在試過所有其他方法後，他只得訴諸猛烈的刺激，好把對方打醒。突發的危機是生命把你打醒的方式。某些事情不對了，而你卻毫無反應。你太過驕傲了嗎？等著自尊遭受打擊吧！你壓抑自己的憤怒嗎？期待水壩潰堤吧！你太墨守成規了嗎？等著意料之外的事發生吧！

「塔」牌所帶來的變化會有多難受，完全取決於你的回應。要認清這種變動之所以發生，是因為它必須發生。要你擁抱改變或許是強人所難，但請試著發掘它的光明面。事實上，當你最終被迫走上新方向，你也許會感到極大的釋放。你或許會突然洞悉所處情境，對它有更新一層的理解。

⟨17號牌⟩ 星星（The Star）

- 希望
- 靈感

- 慷慨
- 寧靜

行為表現

- **重獲希望**
對未來懷抱信心
正面思考
相信
細數你的幸福
看見隧道末端的光明
懷有遠大的期盼
期待成功

- **胸懷慷慨**
想要給予或分享
施予財富
敞開心胸
將你得到的給出去
讓愛自由流動
毫不藏私地給予
毫無保留

- **獲得靈感**
重拾動力
實現內在的力量
清楚看見道路
受到激勵更上一層樓
創造
得到答案

- **感到寧靜**
體驗心靈的平靜
放鬆
找到你如如不動的中心
保持不受干擾
體嚐全然的平靜
在煩擾中保持平靜
享受和諧

意義相對的牌（一些可能）

惡魔──無望，缺乏信心，悲觀
塔──動亂，混亂
月亮──不安，煩亂，焦慮

寶劍二——情感流動阻窒

寶劍九——苦惱，罪惡感

意義加強的牌（一些可能）

愚人——天真，信心，信賴

皇后——慷慨，自由流溢的愛

聖杯六——善意，分享

聖杯十——喜悅，正面的感情，賜福

THE STAR.

星星

牌意解析

　　人們一向仰望星星做為靈感與希望的泉源。閃爍的星光有種力量，能讓我們從自我抽離，進入一個更高的層面。當我們將目光投向天空，我們不再感到塵世的憂苦。「星星」牌讓我們想起女高音清澈高邈的歌聲。其中有種超塵絕俗的東西。日常生活的一切粗糙濃重被昇華了，只剩下最純粹的本質。經過「星星」的洗禮，我們感到被提升、被祝福。

　　就解牌而言，當我們為悲傷和絕望淹沒的時候，見到「星星」是最好不過了。在最黑暗的時刻，我們需要知道希望仍然存在……隧道的末端仍有光明。「星星」是「惡魔」的反面，後者剝奪了我們對未來的信心，這第十七號牌則給了我們承諾，承諾我們終能找到心靈的平靜。「星星」同時也提醒我們敞開心懷、釋放恐懼與疑惑。如果你在任何方面有所退縮、保留，現在是慷慨付出的時候了。

　　不過我們得記住，「星星」給人靈感和激勵，卻不是一張代表實際解決之道或最後答案的牌。的確，沒有希望，我們什麼也無法完成，但希望只是個開端。當我們見到第十七號牌，要明白你是走在正確的軌道上。你的目標和夢想是受到祝福的，但要實現它們，必須採取積極的行動。在努力的過程中，讓星星的光芒指引你吧！

﹛18號牌﹜ 月亮（The Moon）

- **恐懼**
- **幻覺**
- **想像**
- **迷惑**

行為表現

- 感到**恐懼**

  釋放內在的妖魔

  感到莫名的憂慮

  苦於恐懼症

  臣服於自我的陰暗面

  缺乏勇氣

  被焦慮擊倒

- 相信**幻覺**

  接受虛妄的圖像

  欺騙自己

  懷有不切實際的念頭

  誤解事實

  感受扭曲失真

  追逐幻想

- 刺激**想像**

  有著生動的夢境或幻覺

  對幻想開敞

  探索無意識

  懷有特異的想法

  光怪陸離

- 感到**迷惑**

  失去方向或目的

  難以清晰地思考

  變得困惑

  容易分心

  感到迷失方向

  漫無目的地遊蕩

意義相對的牌（一些可能）

星星——安詳，寧靜，平和

太陽——篤定，清明，啟蒙

意義加強的牌（一些可能）

聖杯七——幻影，不切實際的念頭，空想

寶劍二——自欺，看不見真相
寶劍八——迷惑，缺乏洞見

牌意解析

THE MOON.
月亮

如果你現在環顧屋內，你（也許！）會看見熟悉的人與物，令你感到安適欣慰。每樣東西都和你預期的一模一樣。你知道如果你閉上雙眼然後再睜開，這屋子還會和原來一樣。但是……你是否曾經失去這份熟悉，在原先的地方發現一個你甚至無法理解的奇異世界？這就是「月亮」牌的經驗。

多半時候，我們都住在一個「正常」小口袋裡，它像安全毯般包裹著我們。我們對外頭等待我們的神秘宇宙視而不見。三不五時，我們或許會透過想像偷窺一眼，或是藉著幻想或延展的覺知向外探險。我們也可能會毫無準備地被藥物、瘋狂或是戰爭這類極端的經驗推進那奇詭的世界。

月亮是那個境域的光——那屬於陰影與夜晚的世界。此處雖然令人敬畏，但並不一定就會教人害怕。在恰當的情況下，月亮能夠予人靈感、令人著迷。它提出承諾，你所想像的都可以是屬於你的。月亮引領你走向未知領域，如此，你便能容許不尋常的事物進入生活。

悲哀的是，我們往往懼怕月亮。解牌時，這張牌時常代表恐懼與焦慮——來自最黑暗夜晚的恐懼。這第十八號牌同時代表幻覺。在月光下，我們很容易迷失方向。小心別讓欺妄和謬誤的想法引你入了歧途。有時月亮是種信號，告訴你你迷路了、正漫無目的地遊蕩。你必須回到你的道路，並找回清晰的目標。

｛19號牌｝太陽（The Sun）

- 啓蒙
- 偉大
- 活力
- 篤定

行為表現

- 得到啓蒙

了解

找到混亂背後的意義

獲得新層面的洞見

在智識上獲得突破

直指事物的核心

了解真相

- 感受活力

變得精力充沛

洋溢熱情

體驗喜悅

感到生氣勃勃

獲得充電

享受極佳的健康

- 體驗偉大

成就卓越

獲得矚目

擁有個人的光榮時刻

樹立傑出的典範

燦爛地發光

展現非凡特質

成為注意力的焦點

- 篤定

感到自由而奔放

尊重你真正的自我

知道你能成功

懷有信心

相信你的價值

信賴你的能力

原諒自己

意義相對的牌（一些可能）

月亮——迷惑，迷失方向，幻覺

聖杯八——困乏消沉

寶劍六——沮喪，無精打采

錢幣五——困乏，疲憊

意義加強的牌（一些可能）

　　塔——啟蒙，揭示

　　世界——造詣，偉大的成就

　　權杖二——個人的力量，活力，才智

　　權杖六——喝采，卓越

太陽

牌意解析

　　光輝，燦爛，耀眼。我們有這麼多詞彙「反映」（又是一個！）著光的力量和輝煌。打開房間的燈時，我們就照亮了屋子，所有陰暗的角落都能看見了。而當我們打開自己心中的燈，就得到了啟發。我們能夠看清並了解真相。無論是內在或外在，光的能量都擴展了我們的極限，並且讓我們也得以發光。

　　自古以來，人們都尊崇太陽為光與溫暖的源頭。在許多文化的神話中，太陽神都是顯赫卓越的神祇——充滿了精力和勇氣。他是生氣勃勃的能量中心，有了他，地球上才可能有生命。在塔羅中，太陽也象徵著活力和光輝。「太陽」牌絕不是一張柔順而謙退的牌。

　　解牌時，如果你把自己想像成太陽神，你就會了解這第十九號牌。你會如何思考、如何感覺？你對自己有全然的信心，你不趾高氣揚，卻深信自己的力量。你擁有無限的能量，健康煥發。你優秀而卓越，在人群中耀眼而突出。此外，你能夠看見並了解在自己領域內發生的所有事。當你看見這張牌，就明白你所從事的一切都將成功。現在該是讓自己發光的時候了。

﹝20號牌﹞ 審判（Judgement）

- ·審判
- ·重生
- ·內在的召喚
- ·赦免

行為表現

- · 做出**審判**

  面對清算之日

  分清精華與糟粕

  做出誠實的評價

  選定立場而不再觀望

  運用批判的能力

  採取立場

  做出困難的決定

- · 聽見**召喚**

  辨識出你真正的使命

  感到內在的信念

  感到行動的衝動

  決定要有所作為

  感覺被吸引到新的方向

  知道你必須做什麼

  回應需求

- · 感到**重生**

  對可能性覺醒

  轉化

  享受新生的希望

  重新開始

  用新的眼光看待一切

  發現喜樂

- · 得到**赦免**

  感到被淨化、更新

  釋放罪惡及悲傷

  原諒自己和他人

  彌補過去的錯誤

  卸除自己的負擔

  感到罪過被清洗

意義相對的牌（一些可能）

死神──死亡，結束

聖杯五──悔恨，錯誤

寶劍九──罪過，責難，感到有罪

意義加強的牌（一些可能）

　　節制——整合，綜合，結合

　　太陽——功勳，成就

　　聖杯九——達成心中所欲

　　聖杯十——快樂，情感的滿足

　　錢幣十——富裕，物質的滿足

牌意解析

世界

　　時值感恩節。你剛享用完一頓美味的晚餐，手中捧著一杯熱騰騰的咖啡。親友們正在談論時事，小寶寶從桌子對面向你咿呀兒語，而你的腳正摩蹭著愛犬的肚皮。你很快樂、滿足，打從心底覺得感恩。（至少在必須洗碗之前！）此時此刻，這個世界和世上的一切都是你的。

　　我們全都認得這種感覺，它可能在任何時地出現，而且總是受人歡迎。無論我們是在院中耙枯葉，還是在世界舞台上接受諾貝爾獎，都有可能感受到它。它可能看來安靜而簡單，也可能是狂喜而榮耀的。這種感覺是什麼？又是打哪兒來的呢？這第二十一號牌將會幫助我們找到答案。

　　快樂的一個主要元素是「完整」——感到所有事物都一起和諧地運作著。它並非處於靜止的狀態，而是處於一種動態的平衡中。「投入」也很重要。要能快樂，我們必須感到與週遭事物相連結。還有「成就」——知道我們懷有目標，並成功地向它們邁進。當這些元素都結合在一起，我們就會感到滿足而幸福。

　　「世界」牌正代表這些時刻及它們所有的元素。解牌時，這是個非常正面的信號，暗示你正準備實現內心的願望。這對你會是什麼，乃視情況而定，但總會是種很棒的感覺。不過要記得，這張牌是積極貢獻和服務的象徵，要將世界握在手中，必須把自己付出給世界。這是真正幸福的源頭。

第二部

小阿卡納

✕ 小阿卡納牌關鍵詞（王牌～十）✕

	權杖	聖杯	寶劍	錢幣
王牌	創造力 熱情、熱忱 信心 勇氣	情感的力量 直覺 親密 愛	心智的力量 真理 正義 堅毅	物質力量 繁盛興旺 實際 信賴
二	個人的力量 勇敢 原創性	連結 休戰 吸引	受阻絕的情感 迴避 困境	耍雜耍 彈性、適應性 樂趣
三	探索 遠見 領導力	興高采烈 友誼 社群	心碎 寂寞 背叛	團隊合作 計劃 勝任
四	慶祝 自由 興奮	專注於自我 漠不關心 走向內心	休息 沉思 安靜的準備	佔有 掌控 改變受阻
五	意見不和 競爭 爭執、煩擾	失落 傷悼 悔恨	自利 不和 公開的不名譽	艱困時刻 健康不佳 拒絕
六	勝利 喝采 驕傲	善意 天真 童年	憂鬱 復原 旅行	有／無：資源 知識 力量
七	攻擊性 抗拒 信念	如意算盤 眾多選擇 放縱耽溺	逃跑、開溜 獨行俠的風格 隱藏的不名譽	評估 報償 改變方向
八	迅速的行動 完成 消息	更深的意義 離開、向前走 疲乏	限制 迷惑 無力感	勤奮 知識 細節
九	防衛 堅忍 毅力	願望實現 滿足 感官的享樂	憂慮 罪惡感 苦惱	紀律 自足 優雅
十	過度操勞 負擔 掙扎	喜悅 平安 家庭	谷底翻升 受害者心態 殉難	豐足 永恆 常規

ᐳᐸ 小阿卡納牌關鍵詞（宮廷牌） ᐳᐸ

	權杖	聖杯	寶劍	錢幣
侍衛	富創造力的 熱心的 自信的 勇敢的	感性的 直覺的 親密的 充滿愛意的	運用心智 堅忍剛毅 公平公正 誠信無欺	產生作用 務實的 興旺的 信賴／ 值得信賴
騎士 正面 特質	有魅力的 自信的 勇敢的 愛冒險的 熱情的	浪漫的 富想像力的 敏感的 優雅的 內省的	直率的 權威的 敏銳的 知識淵博 重邏輯	堅定不移的 小心謹慎的 仔細徹底 實際的 認真工作
騎士 負面 特質	膚淺的 傲慢的 有勇無謀的 靜不下來的 急躁的	過度情緒化的 好幻想的 喜怒無常的 過度矯揉的 內向的	莽撞的 逞威風的 銳利的 固執己見 冷酷麻木	頑固的 缺乏冒險精神 過分執著 悲觀的 刻苦操勞
王后	富吸引力的 真摯熱忱的 精力充沛的 興高采烈的 自信十足的	充滿愛意的 心地柔軟的 有直覺力的 超自然的 通靈的 心靈、精神的	誠實的 敏銳的 直率的 機智風趣的 經驗老到的	培育、滋養 慷慨寬大的 腳踏實地的 善於機變的 值得信賴的
國王	具創造力的 激勵人心的 強而有力的 魅力十足的 英勇無畏的	睿智的 冷靜的 有外交手腕的 關懷的 寬容的	知性的 分析的 善於表達的 公正的 講求倫理的	善於經營的 熟練的 可靠的 支持的 穩定的

權杖王牌（Ace of Wands）

- ·創造力
- ·熱情、熱忱
- ·信心
- ·勇氣

行為表現

·運用**創造力**

發明更好的方式

開展你的潛能

對更大的可能性開放

懷有夢想

表達自我

刺激你的想像

容許天份開展

找出解決之道

·表現**熱忱**

感覺熱切而受到鼓舞

創造興奮的氛圍

準備好面對世界

激勵他人

保持樂觀

全力以赴

·懷有**信心**

相信自己

確信自己的能力

確定會成功

自視甚高

對自己的道途有信心

知道事情將有好結果

·懷著**勇氣**前進

對付具挑戰性的任務

超越自我的極限

堅守自己的信念

敢於採取立場

面對恐懼

放手去做

成對的王牌

成對的王牌顯示某種新的精神正在進入你的生活。它汲取了「權杖王牌」的能量——創造力、興奮、冒險、勇氣、個人的力量，再加上以下之一：

聖杯王牌——深刻的感情，親密，協調，同情，愛

寶劍王牌——聰明，理性，公正，真實，清明，堅忍

錢幣王牌——繁盛，豐足，信賴，安全，穩固

權杖王牌

牌意解析

「權杖王牌」象徵在創造力、刺激、冒險、勇氣、個人力量等領域的可能性。占牌時，它顯示一顆大膽熱忱的種子已植入了你的生活，雖然你可能還沒辨識出來。當這顆種子發芽，它幾乎可能以任何形式呈現。它也許是個創造性的想法，一股樂觀的情緒，或是大膽行動的需要。在外在層面，它可能是一項提議、禮物、機會、遇合，或是同步的事件。

當你看見這張王牌，請檢視你的生活，看看它自信有力的能量能如何為你所用。要大膽，要勇敢。有時候你必須冒險，去得到你要的東西。尋找會讓你興奮、能推你超越極限的途徑。爭取主動，讓你的熱忱帶你到新的高度。

「權杖」是象徵個人力量與成就的牌組，這張王牌告訴你，一段熱情的時光正要開始。你將能夠展現最好的一面，讓所有的人都看見。

「權杖王牌」也代表創造力。在它的影響之下，你將能成為靈感與創新的傳導者。忘掉陳腐而過時的解答，你將有機會展現原創力。信賴你創造的潛能，你所能成就的將沒有止境。

權杖二（Two of Wands）

- ·個人的力量
- ·勇敢
- ·原創性

行為表現

· **擁有個人的力量**

引人注目與尊敬

指揮週遭的人

將世界掌握在手中

發揮影響力

發號施令

具有權威

影響他人接受你的立場

能夠達成目標

· **勇敢**無畏

敢於做想做的事

冒險

打賭事情會照你的方式
　演變

直接面對情況

採取主動

直言無諱

直接面對恐懼

正面迎擊對手

把握時光

· 展現**原創性**

做別人沒做過的事

創造自我的風格

擔任先驅

採取不同的做法

發明某種新事物

不從眾跟風

走不同流俗的道路

意義相對的牌（一些可能）

女祭司——被動，待在幕後

教皇——遵循成規，順隨群眾

寶劍八——無力感，害怕行動

寶劍十——被害者心態，無力感

錢幣十——順隨規則，遵循傳統

意義加強的牌（一些可能）

　　魔法師──個人的力量，行使強大的力量

　　皇帝──權威

　　戰車──個人的力量，指揮權

　　太陽──活力，光輝，偉大

權杖二

牌意解析

　　「權杖二」牌崇揚個人的勇氣與崇高。這張牌所汲取的能量與「魔法師」相同，但有個重要的差異。「魔法師」代表力量的原型──「創造」與「力量」的非個人能量。而「權杖二」則代表這種力量被落實到生活中，變得個人化了。個人力量是種鼓舞人心的動力，它會將你充滿，給你勇氣成就偉大功績。一個有力量的人就像磁石，會吸引一定範圍內的所有人。

　　真正的力量永遠來自上天，它通過我們流入這個世界。如果我們了解這種關係，我們就是有福的，因為這種流動將帶來無比的擴展與滿足之感。我們覺得自己彷彿能完成任何事情。但是當我們忘記自己並非力量的源頭、而僅是它的導體時，問題就產生了。我們必須小心，別讓這種伴隨力量而來的醉人感覺沖昏了頭，盲昧於自己真正的欲望和意圖。

　　占牌時，「權杖二」指出「力量」是當前情境中的主要議題。你或另外某個人擁有它，或是想要它。當你看見這張牌，仔細審視你的目標和行動，確定自己正明智地運用力量。別為了力量本身而支持力量，而要在力量為你有價值的目標效勞時享受它。接受這份禮物，正面地用它塑造環境。

　　「權杖二」也可以代表超乎尋常的膽識和創造力。當你看見這張牌，便要相信，現在正是採取令人耳目一新的大膽創意行動之適當時機。忘掉迂迴的手腕和老舊陳腐的做法，放手去做，你將對結果感到驚異。

權杖三（Three of Wands）

- 探索
- 遠見
- 領導力

行為表現

- **探索**未知

尋找未知的領域

追求新的冒險

拓展視野

放棄安穩的現狀

嘗試不同的事物

- 擁有**遠見**

具有遠見卓識

尋找更大的可能性

預先計畫

知道該期待什麼

預見徵兆

預期到障礙

將眼光放遠

- 展現**領導力**

為他人指引途徑

擔任主要角色

提供所需的指導

鼓舞跟隨你的群眾

接下擔負責任的位置

樹立楷模

出任代表

意義相對的牌（一些可能）

寶劍二──抗拒事實，陷於困境

錢幣十──保守，注重安全感

意義加強的牌（一些可能）

愚人──拓展視野，走入未知的領域

皇帝──領導，提供指引

聖杯八──上路，展開旅程

錢幣三──計畫，為未來做準備

牌意解析

　　在「權杖三」牌上，我們看見一個人站在懸崖邊，遙望大海彼端的山嶺。從這個高度，他可以看見前方的一切。這是一張代表卓越遠見的牌。若欲望遠，必得登高。藉著攀上高處，我們擴大了視野，將自己從切身的情境中挪移出來。我們抽離，以獲得洞察的能力。

權杖三

　　占牌時，「權杖三」可能是在告訴我們眼光要看得長遠，不要隨一時的熱潮起舞，而要退後一步，反覆思考，看看當前的情境在更大局面中的位置。這張牌要求你放遠眼光——超越眼前的限制去夢想。它也可能是指某種預兆，或是其他關於未來的直覺。

　　將眼光放遠是「領導力」的一個面向——這是「權杖三」的另一層意義。當我們看得更遠時，便有了知識，可引導他人走向最好的未來。知道路的人可以為跟隨者指引路途，當你看見「權杖三」，便要知道現在是接受你的願景的時候，並且要有信心，你可以帶領其他人朝它邁進。

　　一個領導者不僅看得遠，還願意在必要的時候身先士卒。「權杖三」同時也意味著探險。將這個人與同樣站在懸崖邊緣的「愚人」做個比較，「愚人」天真地踏出步伐，完全不知道將會有那命定的一墜；而「權杖三」中的探索者同樣願意邁出步伐，但他完全清楚自己在做什麼。他的勇氣或許不那麼渾然天成，卻是有憑有據的。「權杖三」鼓勵你勇敢無畏地邁向新領域，讓地平線上的船，載著你遠航進未知的海域。

權杖四（Four of Wands）

· 慶祝　　　　　　　· 興奮

· 自由

行為表現

· **慶祝**

歡慶喜慶事件

慶賀成功

慶祝紀念日、里程碑，

　　或是特別的時刻

慶賀工作圓滿完成

思量成就

享受應得的報酬

參加慶典或儀式

· 尋求**自由**

脫離壓迫的情境

掙脫束縛

解脫

對新的可能性開放

逃離令人不快的環境

主張自決

擺脫限制

· 感到**興奮**

洋溢喜悅

極為興奮激動

興奮地期待著

激動忘我，沖昏了頭

雀躍歡騰

品味當下時刻

感到驚喜

意義相對的牌（一些可能）

惡魔——束縛，缺乏自由

權杖十——負擔，處於受壓迫的情境

聖杯四——漠不關心，毫不興奮，冷淡麻木

寶劍六——輕微的沮喪，沒有可慶祝之事

寶劍八——限制，不自由

意義加強的牌（一些可能）

聖杯三——興奮，歡樂，慶祝

錢幣二——樂趣，興奮，歡聚

權杖四

牌意解析

你是否記得當你還是個孩子時，看見生日蛋糕上燃著蠟燭的興奮之情？或是等待坐上雲霄飛車的時刻？還是跟初戀情人跳第一支慢舞？這種心裡像是冒著泡泡、飛得像風箏一般高的興奮感覺，就是「權杖四」的核心。我兒子還在學步時，他會用他的「快樂之舞」表達這種心情，他在原地越跑越快，幾乎無法控制自己的興奮。當然，做為成熟的（！）成人，我們控制著這種情緒，但它始終不曾完全離去。我們每個人內在仍然有個興奮的孩子，等著掙脫束縛而出。

占牌時，「權杖四」往往代表造成興奮的事件或經驗。這些事件因人而異，但那種騷動的感覺並無二致。有時這樣的時刻會出乎意料地來臨，「權杖四」可能暗示一個驚喜，或是突如其來的興奮。在其他時刻，這張牌則代表經過計畫的慶祝，像是婚禮、週年紀念，以及勝利的派對。這些事件有其莊嚴的一面，但同時也是感受生之喜悅的機會。

「權杖四」往往也意味著自由。自由有許多形式，但它總會帶來欣喜振奮之感。當我們打破束縛我們的桎梏——無論是身體、心理或情緒的——我們都會感到歡欣鼓舞，並能進入一個成長與歡樂的新時期。如果你正感到受限或陷入困境，運用「權杖四」的能量讓自己邁向自由。不要害怕擁抱開闊的遠景，那原本就是屬於你的。

權杖五（Five of Wands）

- ·意見不和
- ·競爭

- ·爭執、煩擾

行為表現

·意見不和

感覺眾人離心離德

意見不和造成分歧

吵架，爭辯

捲入爭論

與他人有歧見

對細節吹毛求疵

·遭遇競爭

感到競賽的興奮

迎戰對手

迎接挑戰

投入競賽或運動

嘗試超越自己

爭逐獎賞

挑釁

棋逢敵手

遭到後起之人的挑戰

·爭執、煩擾

對要求感到惱怒

遭遇不很嚴重的挫折

必須關照細節

遇到惱人之事

為瑣碎之事煩擾

意義相對的牌（一些可能）

節制——均衡，一致，共同合作

世界——整合，合作

聖杯二——停戰，協議，交集

錢幣二——工作順利進行，結合眾人

錢幣三——團隊合作，同心協力

權杖五

意義加強的牌（一些可能）

權杖七——對抗，戰鬥

權杖十——爭鬥，煩擾，遭逢抗爭

寶劍五——不和，眾人不同心

牌意解析

當你起床要去洗手間時踢到了腳趾，你淋浴時發現肥皂用光了，吃早餐時你把果汁灑得滿襯衫都是，當你進了車裡卻發現電瓶沒電了。這將是一個可怕、恐怖、一無是處、極度糟糕的一天〔註〕。你被一堆瑣碎的麻煩圍攻——正因為這些小麻煩是如此的瑣碎，更是叫人生氣惱怒。

「權杖五」就是代表這樣的時刻，你四周的環境似乎都在跟你作對。沒有任何事情順利進行，每個人各行其是。這張牌上的人物全在互相攻擊，沒有協同的努力或共識。當這張牌出現時，準備面對一段顛簸的路途吧！你將特別需要耐心和堅忍，才可能完成一些事情。「權杖五」所代表的不是重大的障礙，而是許許多多令人惱怒的小麻煩。

這張牌同時也代表競爭。在適當的情況下，競爭是有益的。它激勵人們投注更多的努力，並帶來興奮刺激，激發最佳的表現。當「權杖五」在牌陣中出現時，檢視帶有競爭意味的元素。你可能將涉入某種比試、競賽，或者賽局。你可能會發現，有對手在反對你或質疑你的立場。你可能身處某種狗咬狗的情境中，而感到灰心沮喪（或是鬥志昂揚！）。究其核心，競爭是會造成分裂的，請務必確定它能幫助你和其他人達到真正的目標，否則，就努力促成合作吧！

〔註〕字句摘自茱蒂絲・維奧斯特（Judith Viorst），《Alexander and the Terrible, Horrible, No Good, Very Bad Day》，（New York: Atheneum, 1972）。

權杖六（Six of Wands）

- **勝利**
- **驕傲**
- **喝采**

行為表現

- **勝利**凱旋

春風得意

獲得肯定

抱走獎賞

戰勝所有的對手

拔得頭籌

獲致成功

贏得掌聲

獲得賞識

- 感到**驕傲**

享有健康的自尊

炫耀你所擁有的

高視闊步

自覺值得受注目

自視甚高

自覺高人一等

傲慢自大

屈尊降貴

妄自尊大

- 接受**喝采**

得到認可

受到讚賞

得獎或受褒揚

得到讚美或恭維

意義相對的牌（一些可能）

塔——謙卑，失去喝采

聖杯五——失落，挫敗

寶劍十——自貶，處於谷底

錢幣五——拒絕，缺乏認可

意義加強的牌（一些可能）

戰車——凱旋，自信

太陽──喝采，卓越

聖杯九──自滿，達成你想要的

牌意解析

權杖六

「權杖六」是小阿卡納中與「戰車」對應的牌。這兩張牌都代表勝利和凱旋的時刻。你可以在運動員、政治家或是其他優勝者步上受獎台時，在他們臉上看見這種夢想。一切都是值得的，我是最棒的，我贏了！占牌時，「權杖六」會在我們朝某個目標努力、而成功終於在望時出現。你尋求許久的認可終於是你的了。現在你可以接受喝采、榮耀，和你應得的獎賞。如果你現在並不覺得勝利就在眼前，便要知道，如果你能盡力而為，它終將到來。這張牌所代表的勝利並不一定是打敗別人，你可以戰勝自己、戰勝環境，或是戰勝種種橫逆。

「權杖六」同時代表一種健康的自尊。對自己的成就感到滿意是成功重要的一環，但太多的驕傲可能會導致傲慢和自我膨脹。當你看見這張牌，要檢討是否自覺高人一等。個人的成就不是來自個人；我們的才能來自上天，因為別人的愛與支持而得以發展，只是最後是透過我們來表現罷了。我們怎能沉溺在過度的驕傲中呢？

在但丁《神曲》的〈煉獄篇〉中〔註〕，他認為驕傲是第一樁、也是最大的罪過，靈魂必須克服它才能登上天堂。當「權杖六」出現，享受你的勝利，但也要記得但丁的話：

噢，有天賦的人們呀，因為拔得頭籌而洋洋得意

桂冠維持青翠的時間是多麼短暫呀

⋯⋯⋯⋯⋯⋯⋯⋯⋯⋯⋯⋯⋯⋯⋯⋯

虛名就只是一陣風

吹拂在地面上：一下吹到這兒，一下又到那兒

當它改變方向時，名字也就換人了

〔註〕但丁（Dante Alighieri），《神曲：煉獄篇》（The Purgatorio），譯者：John Ciardi。（紐約：新美國圖書館，1957），P.123。

權杖七（Seven of Wands）

- **攻擊性**
- **抗拒**
- **信念**

行為表現

- **具攻擊性、侵略性**
  追求想要的東西
  主張自我意志
  發動攻勢
  開啟戰端
  戰鬥
  強力表明自己的立場
  抓住優勢

- **抗拒**
  在壓力下支撐不屈
  護衛自己的立場
  對抗所有的挑戰者

反擊批評
拒絕屈服
說「不！」
反抗權威

- **展現信念**
  確信
  抱持堅定的立場
  展現堅強的性格
  為信仰的事物挺身而出
  知道自己是對的
  堅決地行動
  堅定不移

意義相對的牌（一些可能）

女祭司——被動，退讓
吊人——等待，放手
錢幣三——團隊合作

意義加強的牌（一些可能）

權杖五——反抗，戰鬥
權杖九——捍衛自己的立場，拒絕屈服

寶劍五──衝突，「我與他們對抗」的心態

牌意解析

權杖七

「權杖七」的重點在於採取立場。採取立場是種強有力的行動，不論是好是壞，它改變了世界的能量流動。多半的時間，我們就像在河上漂流般隨著人生流動，事件和感覺牽引著我們前進，不費什麼力氣。但是，有些時候，我們並不滿足於隨波逐流。我們想要抗拒這股波流，甚或全盤改變它的方向！

「權杖七」中的人物看來像處於一場戰鬥中。他不是在攻擊別人就是受到攻擊，或許兩者皆是。當我們決定採取某種立場時，就啟動了一種抗拒的能量。當我們採取堅決的姿態時，別人也會這麼做。「權杖七」同時代表攻擊和防衛，因為它們是一體兩面。你攻擊，你的對手防衛；他再回擊，然後輪到你防衛。

有些仗是值得打的，但有些只會製造麻煩。如果你被捲入一場衝突，問問自己這場爭鬥是否值得。它重要嗎？有價值嗎？其結果能否造福你或他人？如果可以，就英勇地作戰吧！捍衛自己的立場，拒絕屈服！倘若不然，何妨考慮止息這場紛爭。在此事上要對自己誠實。你會很想堅持自己的立場，尤其當你已經投入許多時間和精力。除非這場戰爭值得打，否則不要輕易開啟戰端。

「權杖七」也可以代表強烈的信念。要採取堅定的態度，你必須相信你自己和你的立場。你將需要人格的強度去堅持到底。如果你的目標是正當的，便運用「權杖七」的能量去造成影響吧！

權杖八（Eight of Wands）

- ・迅速的行動
- ・完成
- ・消息

行為表現

・ 採取**迅速的行動**

展開行動

趁熱打鐵

公開宣告你的意圖

將計畫付諸實行

衝進新的領域

轉換成高速檔

捲入變動中

・ 來到**完成**階段

完成一項工作

將所有元素集結起來

終止一項活動

經歷大結局

找到成功的解決方式

完成未完之事

・ 接獲**消息**

獲得重要的訊息

得到需要的資訊

找到缺漏的拼圖

發現真相

進行一番有意義的交談

獲悉更多

意義相對的牌（一些可能）

女祭司──等待，暫緩

寶劍四──不勿促地投入，預備

錢幣七──評估，在行動前先衡量情勢

意義加強的牌（一些可能）

魔法師──採取行動，執行計畫

命運之輪──迅速的步伐，快速的發展

死神──終結，結束

聖杯八——結束，終結一個篇章

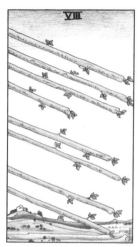

權杖八

牌意解析

在電影《十誡》（The Ten Commandments）中，摩西用他的手杖碰觸水源，引發了一場瘟疫。他的手杖是力量的媒介，讓事件開始發生。摩西的手杖讓我聯想到這張牌上的木棒，它們象徵行動的展開及其結果。在行動之前，我們會思索、想像、推測、談論，以及夢想。這是大氣的領域——天空。然後，我們終於決定採取行動了，我們將想法落實，將它們付諸行動。

占牌時，「權杖八」往往是個信號，告訴你現在該是宣告自己意圖的時候了。所有的元素皆已具足，只要你不猶豫不前，它們都將為你效勞。鐵已經燒熱了——那就快打吧！如果事件已在進行中，它們將會快速地進展。你可能會有種被捲進旋風的感覺，但塵埃很快便將落定，你就會看見你的計畫進展得如何。

「權杖八」同時代表消息或資訊的到來，你可能會看見或聽見某些重要的事情。這消息可能會以偽裝的面貌出現，所以你要保持警覺。在這段期間，對來到你身邊的每一件事物都要多加留意。

這張牌也可能意味著終結。或遲或早，所有行動都會走完全程。這張牌上的八根木棒不僅僅象徵事件的啟動，也象徵它們的完結。它們看起來也很像就要終結飛行，落到地面上。如果你在占牌時看見「權杖八」，也許現在就是你終結手邊事務的時候了。頌揚過去，但是同時也要準備迎向新的事物。

權杖九（Nine of Wands）

- · 防衛
- · 堅忍
- · 毅力

行為表現

- · 自我防衛

假定他人有敵意

期待最壞的可能

格外謹慎小心

偏執狂

戒慎提防

保護他人

記得過去的攻擊

- · 堅忍

不畏挫敗，堅持到底

拒絕得到否定的答案

將某事貫徹到底

被擊倒後重新站起來

保持決心

不斷地嘗試

- · 展現毅力

雖然疲憊仍然繼續

牢牢堅守

汲取隱藏的儲備能量

透過意志力挺住

展現肉體的力量

趕上步伐

意義相對的牌（一些可能）

聖杯三——友誼，信賴某人

聖杯六——天真，相信最好的一面

聖杯八——疲憊，疲勞

意義加強的牌（一些可能）

力量——堅忍，決心，意志

權杖七——捍衛某種立場，堅持

寶劍二——防禦自衛，封閉自我

錢幣八──堅持

牌意解析

權杖九

「權杖九」牌上的人物顯然經歷過一段艱困的時光。他的頭上和手臂上都紮了繃帶，倚靠在「枴杖」上。這位戰士身經多場戰役，但仍然挺立著！他受了傷，但沒有倒下。遭遇不好的經驗時，我們會感到疲憊、遍體鱗傷。即使我們身體上並沒有受傷，心靈卻有了創傷。我們的開放、天真和信任消失了，取而代之的，是小心戒慎的防衛心。

占牌時，「權杖九」可能是在提醒你要小心地前進。要保持警戒，因為你有可能受到傷害。如果你已有過受傷的經驗，就會知道這個人的感覺。生命的功課有時是艱難的，特別是當希望破滅時。在這樣的時刻，生起防衛心是很自然的，但請試著不要變得憤世嫉俗。你的經驗傷害了你，但它同時也讓你堅強起來。

「堅強」是「權杖九」的另一個面向。這位戰士非常強悍！儘管經歷種種挫敗，還是擁有肉體的力量和內在的驅力堅持下去。在電影《魔鬼終結者》（The Terminator）中，阿諾‧史瓦辛格（Arnold Schwarzenegger）扮演一位來自未來的機械人，他不達目的絕不放棄，在電影最後，他只剩下一個金屬框架，上頭有對閃閃發亮的眼珠，但他還是不斷撲來──在地上拖著自己的殘骸向目標逼近。這就是「權杖九」的精神。這張牌告訴你，無論如何都要不斷向前，即使現在每個人和每件事似乎都在和你作對，但是不要放棄。你所需要的致勝力量，就蘊藏在你的體內。

權杖十（Ten of Wands）

- 過度操勞
- 負擔

- 掙扎

行為表現

·過度操勞

試圖做得太多

拒絕說「不」

擔起所有責難

擔負他人的債務

做超多份量的工作

必須超時工作

肩負起所有的工作

挑起額外的擔子

·負擔

從沒有時間放鬆

覺得被綁在石磨上

被壓榨到極限

承擔責任

被寄予厚望

執行不愉快的責任

收拾爛攤子

被留下來背黑鍋

·掙扎

費力地抗爭

以艱難的方式做每件事

遭遇對抗

逆流而行

每有所獲都須辛苦爭取

發現沒有東西來得容易

辛勤勞苦

意義相對的牌（一些可能）

愚人——無憂無慮，活在當下

吊人——順隨，放手

權杖四——沒有負擔，逃離壓迫

寶劍四——放鬆，休息

寶劍七——規避責任

意義加強的牌（一些可能）

　　正義——接受責任，可堪依靠

　　權杖五——爭鬥，口角，抗拒

　　寶劍六——勉強過活，費力度日

　　寶劍九——憂慮

　　錢幣五——掙扎，艱困時刻

權杖十

牌意解析

　　在「權杖十」牌上，我們看見一個彎腰駝背的人試圖搬動十根沉重的木棒。這些木棒緊密地堆在他面前，以至於他連去向都無法看清。對這個人來說，除了他的責任和重擔，什麼都不存在。這對今天許多人來說是多麼真實呀！我們承擔了這麼多，試圖去做每件必須做的事。我們心想，只要能撐到週末（或是放假，或是學期結束）就可以輕鬆了。週末到了，工作超載的情況仍然持續著。

　　占牌時，「權杖十」可能是種徵象。告訴你，你把自己逼得太緊了。如果你的日子是永無止境的責任和工作，為了你的健康和幸福，你必須放鬆。減少工作量，多從事那些會帶給你樂趣的活動。如果你熱愛工作，但它卻耗盡了你的精力，或許你是太過狹隘地專注在一個領域了。用其他興趣平衡你的生活吧！

　　「權杖十」也可能代表你必須承擔超大份量之責任的時刻。你也許會遭到責難，或被留下來背黑鍋。另一方面，你也可能必須挺身而出掌控大局，因為你是唯一有此能力的人。且不問是否合理，總之收拾殘局的工作是落到你身上了。

　　「權杖十」顯示，在一段時間內，你的生活將會比平日辛苦許多。想要稍有收穫，你都必須費勁地爭取。每一步都像是在掙扎。當你看見這張牌，對自己好一點，盡可能減輕自己的負擔，讓別人幫助你。你不必親自處理每件事的。

權杖侍衛（Page of Wands）

- ·富創造力的
- ·熱心的
- ·自信的
- ·勇敢的

行為表現

·富創造力的
採取新穎的做法
富原創性
發明，創造
找到一種自我表達的新
　領域
運用你的技能
想出解決之道
走上新的方向

·熱心的
全心全意地投入
興奮起來
表露樂觀
率先自願參與
熱情的
讓自己熱血奔流

·自信的
迎接挑戰
說「是的，我可以」
相信自己
拓展你的範疇
克服疑慮，只管行動
專注在成功上
知道有志者事竟成

·勇敢的
冒險
大膽英勇
從事冒險
避免做沒有風險的事
採取決斷的行動
擔任領袖
克服恐懼

成對的宮廷牌

　　「權杖侍衛」可與任何其他宮廷牌形成牌對。比較這兩張牌的階級與牌組，來判斷這樣的對子可能代表什麼意義。

牌意解析

　　「權杖侍衛」是個帶給你機會發揮熱情的使者。他帶來真正的機遇，讓你體驗創造力、勇氣、魅力，以及靈感——也就是權杖牌組的奇蹟。占牌時，這位侍衛暗示一個時機或許正在展開，它將令你興奮、得以發揮才能，或是激勵你攀向高峰。當你看見這樣的機會，只管把握住吧！

　　「權杖侍衛」也可能代表一個小孩，或是心態年輕的成人。他與你的互動涉及了獨立、高昂的能量、冒險的行為，或是共同的熱情。

　　有時「權杖侍衛」暗示你所處的情境充滿了興奮與冒險的精神。在這樣的時刻，不妨盡情自在地展現你的獨特和力量吧！

權杖侍衛

權杖騎士（Knight of Wands）

- 有魅力的／膚淺的
- 自信的／傲慢的
- 勇敢的／有勇無謀的

- 愛冒險的／靜不下來的
- 熱情的／急躁的

行為表現

・有魅力的／膚淺的

外在具吸引力的／專注
於外表與時尚

能一笑化解對抗／有時
感覺遲鈍或欠缺考慮

性感而有誘惑力／追求
性的征服

引起魅惑和興奮／迴避
深刻或嚴肅的事物

說話動聽的／可能做出
從私利出發的言行

・自信的／傲慢的

完全欠缺自我懷疑／高
估自己的能力

具有進取的態度／可能
會誇口或吹牛

完全相信自己的才能／
誇張自己的成就

總是自信篤定／無禮而
急躁的

不為小事所煩擾／有時
冒昧而放肆

・勇敢的／有勇無謀的

毫不畏懼地冒險／魯莽
而輕率

為人所不敢為／讓自己
和別人涉險

遇到危險一馬當先／對
危險不懷敬畏

喜歡當英雄／魯莽衝動

勇敢前往沒人去過的地
方／蠻勇不怕死

・愛冒險的／靜不下來的

喜愛旅遊和新經驗／不
甘寂寞，靜不下來

追求新奇與變化／無法
紮根或締結深厚關係

讓事情發生／缺乏內在
的平和寧靜

迎接每個挑戰／不會停下來欣賞美的事物

自由自在，無拘無束／必須不斷尋求刺激

・**熱情的／急躁的**

容易被激起行動／輕易發怒

極度忠誠／太過容易投入戰鬥

對一切事物感受強烈／一受挑釁便暴跳如雷

立場鮮明且直言不諱／時常不經思考地行動

全力投入／隨時可能與人起衝突

KNIGHT of WANDS.

權杖騎士

成對的宮廷牌

　　「權杖騎士」可與任何其他宮廷牌形成牌對。比較這兩張牌的階級與牌組，來判斷這樣的對子可能代表什麼意義。

牌意解析

　　就正面而言，「權杖騎士」充滿能量與生命力，從不害怕嘗試新事物，並以高昂的興致追求所好。他很性感，令人難以抗拒，永遠是個萬人迷。就負面而言，他有點自信過頭，往往有些膚淺，行事也欠考慮，別指望他會給你什麼深刻的承諾。他同時是魯莽而不負責的，屢屢因暴躁的脾氣而捲入麻煩。占牌時，顯示該情境涉及他這種自信而熱情的風格，做為你、他人，或是整體氛圍的一個面向。你必須自問：「這位騎士的能量是有助益的，還是有害的？」

　　倘若他的風格很明顯，那麼平衡是必要的。你的自信事實上會不會是傲慢？你是否老是發脾氣或不耐煩？你是否毫無準備地投入某項冒險的計畫？也許是改變的時候了。

　　若這位騎士的能量付之闕如，一點熱情和勇敢或許是需要的。你是否墨守成規？試試新事物吧。你總巨細靡遺地計畫？下回放手做做看。你工作過度？去找點樂子吧。讓「權杖騎士」引領你進入他充滿冒險、刺激與興奮的世界！

權杖王后（Queen of Wands）

- 富吸引力的
- 眞摯熱忱的
- 精力充沛的
- 興高采烈的
- 自信十足的

行為表現

·富吸引力的

有魅力而受歡迎
創造強有力的第一印象
很容易跟人交上朋友
具有強烈的性吸引力
溫暖而直率

具有發自內在的活力
是個天生的運動好手

·興高采烈的

樂觀而歡快的
對每個人都能說出激勵
　的話
令所到之處滿室生輝
具有溫暖而陽光的性格
能夠輕易甩開憂慮

·眞摯熱忱的

充滿熱情
做事全心投入
任何情況下都全力以赴
開放而真摯
毫不保留

·自信十足的

安靜地表露自信
泰然沉著地處理局面
不會被輕易擾亂或激怒
失敗時能優雅以對
對自己的能力懷有信心

·精力充沛的

過著忙碌而活躍的生活
強健而有活力
散發健康活力的光采

成對的宮廷牌

「權杖王后」可與任何其他宮廷牌形成牌對。比較這兩

張牌的階級與牌組，來判斷這樣的對子可能代表什麼意義。

牌意解析

權杖王后

「權杖王后」的性格綜合了權杖牌組正面的火象能量與王后專注於內在的取向。她是被班上選為最受歡迎人物的那個女孩，總是富有吸引力，以古典的標準來看通常算很漂亮的。她溫暖的微笑和平易近人的態度，為她帶來許多朋友和崇拜者。她的活力深具感染性，而她的熱情則是毫無保留。無論被交付什麼任務，她總是戮力以赴，全心全意地投入。沒有任何事情會讓她沮喪，她總是樂觀而歡快，樂意找出事情的光明面。她的生活充實而忙碌，而她也寧願這樣。她喜歡活動，由於她全身散發健康與活力，因而能夠維持這樣的步調。她往往是個很好的運動員，天生強健而協調。雖然「權杖王后」從不傲慢，她對自己的能力卻深具信心。她安靜的自信來自於：她知道，只要下定決心，任何事情她都能做到。

占牌時，「權杖王后」要求你依照她的方式去思考與感覺。例如，你是否自覺有吸引力？是否相信自己？是否充滿活力？是否能夠甩開憂慮？是否對生活充滿熱情？

這張牌也可能代表一位與她相像的男性或女性，或是一種樂觀、自信而熱情的氛圍。占卜時，她告訴你，此時此刻她的特殊能量對你具有某種意義。無論這張王后牌是以什麼樣的形式出現在你的生活中，讓自己從她身上得到激勵吧！

權杖國王（King of Wands）

- ·具創造力的
- ·激勵人心的
- ·強而有力的
- ·魅力十足的
- ·英勇無畏的

行為表現

·具創造力的
發展創新的計畫和想法
開展新的經驗領域
具有天生的藝術才能
為有益的目的表達自我
主導、籌劃新的策略
原創而善於創造發明

·激勵人心的
傳達熱忱
創造興奮的氛圍
立下他人想仿效的典範
灌輸信心
是強有力的天生領導者

·堅強有力的
似乎掌控著整個局面
具有令人懾服的威儀

必要時能獨斷行事
贏得敬愛和順服
自然地流露權威感

·魅力十足的
往往很愛現而戲劇化
善於運用手勢、動作
自然而然成為注目焦點
像磁石般吸引他人
為人注意、模仿及談論

·英勇無畏的
無畏而堅毅
願意在高賭注下冒險
直接面對挑戰
敢於與眾不同
不在乎別人的想法
有勇氣捍衛自己的信念

成對的宮廷牌

「權杖國王」可與任何其他宮廷牌形成牌對。比較這兩

張牌的階級與牌組，來判斷這樣的對子可能代表什麼意義。

權杖國王

牌意解析

　　「權杖國王」的性格綜合了權杖牌組積極的火象能量與國王活躍外向的態度。他充滿了創造力，永遠不會安於老舊陳腐的做法。他相信自己的原創性，並容許自己的靈感成形實現。他滿懷熱忱，每當機會出現，就會挺身而出，領導群眾。當他信心滿滿地指出道路，人們就會跟隨他。他堅強有力地追求目標，絕不會當個安靜被動的觀察者，除非這樣的做法符合他的目的。他遇事總是一躍而起，主動創造結果。他充滿戲劇性，令人興奮。這位國王從來不會當個孤芳自賞的「壁花」，而常常是注意力的焦點。他大膽而無畏，總是避開安全容易的路徑，因為他擁有冒險並勝出的能量與信心。「權杖國王」有著貫徹信念的勇氣，並總是相信自己。

　　占牌時，「權杖國王」要求你採取他可能會採取的行動。例如：創造傑作、引領道路、從事冒險，或是引起騷動。

　　這張國王牌也可能代表一位擁有此種行事風格的男性或女性，或是一種興奮、大膽，而且戲劇化的氛圍。占卜時，他告訴你此時此刻他的特殊能量對你具有某種意義。無論這張國王牌是以什麼樣的形式出現在你的生活中，讓自己從他身上得到激勵吧！

聖杯王牌（Ace of Cups）

- ·情感的力量
- ·直覺
- ·親密
- ·愛

行為表現

· 運用**情感的力量**

與你的情感取得聯繫
讓你的心領路
與他人感同身受
表達深刻的情感
發自內心地回應

感到吸引力在增長
墜入愛河
與他人建立連結
發展出一段關係
與某人親近
進展到更深的層次

· 發展**直覺**

信賴你內在的聲音
回應來自內在的訊息
體驗直接的了悟
增強心靈的覺知
與自我協調頻率
依直覺反應行事

· 懷抱**愛意**行動

表達情感
對他人敞開自己
以同理心回應
讓你的愛發光
對需要的人施予
去除負面
原諒並忘記

· 體驗**親密**

成對的王牌

　　成對的王牌顯示某種新的精神正進入你的生活。它汲取了「聖杯王牌」的能量——深刻的情感、親密、協調、同情、愛，再加上以下之一：

　　權杖王牌——創造力，興奮，冒險，勇氣，個人的力量

寶劍王牌——聰明，理性，公正，真實，清明，堅忍

錢幣王牌——繁盛，豐足，信賴，安全，穩固

牌意解析

聖杯王牌

「聖杯王牌」象徵深刻的情感、親密、協調、同情與愛等領域的可能性。占牌時，它顯示有一顆情感覺知的種子已植入你的生活，雖然你可能還沒辨識出來。當這顆種子發芽，它幾乎可能以任何形式呈現。它或許是一股吸引力，或是某種強烈的情感、直覺的了悟，或是感同身受的反應。在外在層面，它可能會是一項提議、禮物、機會、遇合，或是同步的事件。

當你看見這張王牌，請檢視你的生活，看看它充滿愛意的能量能如何為你所用。這張牌往往意味「愛」是當下情境的核心。它或許是浪漫之愛，或許不是，尋找你能與他人開啟連結的方式。你是否該去原諒某個人？或者是你想要尋求寬恕？你能否拋開憤怒，尋得和平？你是否願意放棄矜持，讓情感流露？「聖杯王牌」告訴你，這樣的時候到了。

「聖杯王牌」也暗示內在的協調與靈性。「聖杯」是象徵心靈的牌組，這張王牌代表來自內心的直覺了悟。信賴你的情感所告訴你的一切。尋求探索自身意識的方式，並致力與「高靈」產生連結。容許你情緒的力量引導你走上新的方向。擁抱「聖杯王牌」所代表的愛。

聖杯二（Two of Cups）

- 連結
- 吸引
- 休戰

行為表現

- 締造**連結**

  與他人聯合

  慶祝婚禮或結合

  鞏固友誼

  建立合夥關係

  一同工作

  分享

  助人和接受幫助

  看見共通之處

- 要求**休戰**

  修復有裂痕的關係

  調解對立

  過去的就讓它過去

  達成令人滿意的協議

  宣告和平

  原諒並遺忘

- 承認**吸引**

  承認一段發展中的關係

  接受你的偏好

  讓自己受到吸引

  投向……

  感受正面的回應

意義相對的牌（一些可能）

隱士──獨處的需要，孤獨

權杖五──不合，保持分離，沒有和平

聖杯四──專注於自身，單獨一人

聖杯五──破裂的關係

意義加強的牌（一些可能）

戀人──結合，婚姻，連結

節制──連結，合作

聖杯十——親屬關係，家族聯繫，連結

聖杯二

牌意解析

　　要了解「聖杯二」牌，只消看看牌上的圖像。一男一女彼此凝望，正準備分享他們的杯子（情感）。這正是刻劃浪漫之愛與兩性吸引的畫面，這兩人之間的能量幾乎躍然紙上。「聖杯二」展現當兩個人結合時所創造的力與美。這是戀人們希望見到的牌，而事實上，在許多層面，「聖杯二」便是小阿卡納中與「戀人」對應的牌。

　　「聖杯二」還有更深一層的涵義。只要當兩股力量被吸引到一塊兒，就會產生連結的潛力。這張牌可以代表任兩個實體的結合——人、團體、想法，或是才能。占牌時，「聖杯二」告訴你去尋找生活中的連結，特別是那種一對一的關係。現在不是隔離或保持分離的時候，而是與他人結合、締造合夥關係的時刻。如果你正處於衝突中，去尋求和解，以及寬恕或被寬恕的機會。如果你正在兩個選擇或自己的兩種意向間掙扎，想辦法調解它們。

　　通常，「聖杯二」在占牌時是受人歡迎的，但它也可能帶來某種警告。「二」的能量可以是非常儡人的，如果你曾站在兩個戀愛中人身邊，就會知道我在說什麼。他們在彼此間創造了一個屬於自己的世界，外邊的人可能會感覺受到排擠。「兩人為伴，三人成眾」。小心別讓結伴的傾向為你的處境製造不和。

聖杯三（Three of Cups）

- 興高采烈
- 友誼
- 社群

行為表現

- 感到興高采烈
  洋溢著能量
  融入大環境的脈動
  慶祝
  歡欣鼓舞
  覺得身處世界頂端
  載歌載舞
  盡情開放自己

- 享受友誼
  跟喜愛的人相聚
  體驗同志之情誼
  施予／接受殷勤款待
  分享

  找到同伴
  信賴他人
  依靠外在的助力

- 重視社群
  加入支援團體
  發展團隊精神
  一同工作
  與他人結合
  形成團體的聯結
  彼此相助
  發現共同的目標
  敦親睦鄰

意義相對的牌（一些可能）

隱士——獨處，從群體抽離
權杖九——缺乏信任，警戒
寶劍三——孤獨，孤立，傷痛
寶劍六——悲哀，沮喪
寶劍九——痛苦，毫無歡樂

意義加強的牌（一些可能）

　　教皇——專注在群體上

　　節制——結合力量，共同合作

　　權杖四——興奮，慶祝，興高采烈

　　錢幣三——群體合作

聖杯三

牌意解析

　　塔羅中有三張強調群體的牌——各自從不同的觀點出發。「教皇」牌是合乎儀軌的做法；「錢幣三」是團隊合作；「聖杯三」，則是「情感」。跟其他人結合是什麼感覺？友誼和社群是什麼？這些是「聖杯三」所回答的問題。

　　在這張牌上，我們看見三位女子圍成一圈跳舞。她們的手臂朝彼此伸出，以連結自身的情感（聖杯）。在許多場合，都是由女人來創造並培養社交的黏膠，把人們維繫在一起。這些跳舞的女子便是在愛中相聚的象徵。（當然，這種情感並非僅限於女性。）

　　占牌時，「聖杯三」可能意指一位友人，或是與友誼相關的情感。這張牌也可能代表社群——我們與他人互動時所創造的支援網絡。它可以是其中成員感到彼此連結的任何團體。當你看見「聖杯三」時，從情感的觀點檢視你生活中對群體的依附。考慮放開心懷，去施予或接受援助。這張牌代表任何形式的支持，包括正規的援助，像是諮商或其他社會服務。

　　「聖杯三」中的女子同時也表達喜悅和歡欣。這樣的感覺不限於群體，但在群體中可能格外強烈。當人們覺得彼此連結、被愛而感到安全時，便自然而然地歡欣鼓舞起來。「聖杯三」可能代表一種讓你想要高歌起舞的情緒或經驗。

聖杯四（Four of Cups）

- **專注於自我**
- **漠不關心**

- **走向內心**

行為表現

- **專注於自我**

專注於自己的感覺

為自己而索求

未意識到他人的存在

付出很少

抑制情感

只看見自己的觀點

忽視贈禮和福氣

- **感到漠不關心**

被動地接受

失去興趣

覺得疏離

付出很少的努力

覺得生活乏味無聊

缺乏動機

不覺得有什麼慾望

- **走向內心**

內省的

沉思冥想

做白日夢

冥思

停下來思考

沉迷在幻想中

抽離而不介入

失去對外在事物的覺知

意義相對的牌（一些可能）

世界——投入，關心，參與

權杖四——興奮，高昂的能量，樂觀

聖杯二——連結，與他人分享

錢幣八——努力，辛勤工作

意義加強的牌（一些可能）

隱士——抽離，內向
寶劍四——沉思，獨處
寶劍六——無精打采，沮喪

聖杯四

牌意解析

喜愛泛舟或是其他溪流運動的人都知道，河流中有些區域的水流會打轉，十分危險。這些水流不往前流，反而會向後倒退。同樣的，有時候人也會陷入情緒的漩渦。「聖杯四」就是代表這種自我耽溺的時刻。

如果你把心思專注於自身，你會傾向把所有事情歸結到自己身上——你的興趣和你的欲望。在這張牌上，我們看見一個人對別人給他的杯子渾然不覺。因為他沉溺在內心世界中，所以錯過了這份禮物。占牌時，聖杯四可能意指你此刻正封閉在自我的世界中。

在某些情況下，你必須專注在自己身上。生活壓力太大時，你必須投注時間、精神關照自己，否則你將會感到疲於奔命。「聖杯四」可以代表一段自我反省與更新的正面時期，藉著花些時間走進內心世界，去夢想、沉思，以及反省，你將能恢復情緒的平衡。

「聖杯四」有時也代表冷淡、冷漠。你對任何事情都不怎麼關心，你的生活似乎變得陳腐呆板，因為你對過去能為你帶來樂趣的活動都失去了興趣。你沒什麼動機要在任何方向做出努力。在這樣的時刻，「聖杯四」可能顯示你情緒上陷溺了。你需要有東西讓你聚焦，讓你投注全副心力，令你沿河而下的道路重新變得清楚。對週遭的環境敞開自己，你將很快又能上路了。

聖杯五（Five of Cups）

- 失落
- 傷悼
- 悔恨

行為表現

- 承受失落

放棄某個希望

放棄勝利

遭遇挫敗

被打敗

擁有之物被拿走

道別

哀悼

感到悲傷

- 感到悔恨

對事情感到失望

為覆水難收之事哭泣

想要令時光倒轉

希冀可能發生、但卻沒
　有發生的事

相信自己做了錯誤選擇

承認錯誤

- 感到傷悼

結束一段關係

感覺被剝奪了愛

渴望重聚

意義相對的牌（一些可能）

戀人——建立關係

審判——赦免自己，釋放悔恨

權杖六——凱旋，勝利

聖杯二——關係

聖杯九——滿意，知足

意義加強的牌（一些可能）

死神——失落，告別

寶劍三──分離，失去愛，心碎

寶劍六──悲傷

錢幣五──拒絕，缺乏支持，失去認可

牌意解析

聖杯五

「聖杯五」是一張關於失落的牌。在這張牌上，我們看見一個披著黑袍的人沉浸在悲傷中。他佔據了這整張牌，使我們很難看見他以外的東西。有時候失落的痛苦相當的劇烈，而「聖杯五」就代表那樣的時刻。牌上這人只看見身前翻覆的杯子，此時此刻，他無法認知到還有兩個杯子是沒倒的。之後，當他的悲傷稍微減輕，他將能看見殘存的東西。

占牌時，「聖杯五」可能在提醒你失敗的可能，以及連帶而來的情緒──悲傷、悔恨，以及否認。這樣的失落可大可小，它可能是有形的（金錢、財產、關係、工作）或無形的（夢想、機會、前途、聲譽）。你可能已經知道這張牌代表什麼，但如果你不知道，就將它視為一種警告，它幫助你避開危險，或者至少降低損失。

你也許會因這張牌感到洩氣，但它也有光明的一面。每個損失都會開啟新的成長契機，因為每個失落都會啟動變化。失落會令人痛苦，是因為我們情緒上抗拒改變。無論我們理智上多麼能接受自己必須順隨生命的波流，但如果這波流令我們與所愛的事物分離，我們的情感就會說「不！」

《禪肉，禪骨》（Zen Flesh, Zen Bones）〔註〕這本書中有個故事記載，白隱禪師被人冤枉生了個孩子，令他在村裡的聲望毀於一旦，但他接受了這損失，並悉心照顧這孩子一年。一天，孩子真正的父親出現了，而白隱同樣欣然地將孩子交還給他，再度接受了一次損失。我們並非禪學大師，也許無法如此安然地順隨事件發展，但我們可以從這個故事學習。我們越是掙扎著想抓住失去的東西，就會更加受苦。

〔註〕保羅・瑞普斯（Paul Reps）編著，《禪肉，禪骨》（Zen Flesh, Zen Bones: A Collection of Zen and Pre-Zen Writings），（東京：Tuttle出版，1957），pp.7-8

聖杯六（Six of Cups）

- ·善意
- ·天眞
- ·童年

行為表現

- · 體驗善意

待人親切或慷慨

行善助人

分享你擁有的

擁有高貴的情操

接受一份禮物

感覺受到祝福

心懷良善的意圖

- · 享受天眞

感到單純的滿足

讓自己被善行、善意所
　　圍繞

幸福地處於無知狀態

擁有清白的良心

避免墮落腐化

被宣告無罪

享受單純的喜悅

- · 孩提時代

與小孩或年輕人相處

感到無憂無慮

受到照顧

心懷鄉愁

沉浸於玩樂中

享受年輕有朝氣的活動

生小孩

意義相對的牌（一些可能）

惡魔——負面，腐化，貪圖

權杖九——失去純真，相信最壞的可能

寶劍五——憤世嫉俗，懷有敵意，自私

寶劍七——欺騙，操弄

寶劍九——罪惡感

聖杯六

意義加強的牌（一些可能）

星星——善意，分享

聖杯十——感到受祝福，快樂，喜悅

牌意解析

在電影《溫馨家族》（Parenthood）中，有幕場景描述一個大家族的所有成員齊聚一堂，迎接寶寶出生。當鏡頭從一個人移到另一個人身上，我們彷彿頭一次注意到每個人的獨特之處。人們又說又笑，但是突然之間，他們的行動似乎變得那麼的不尋常。空氣中瀰漫著一股甜美氣息，而且越來越濃，直到我們看見它的具體化身——那個新生寶寶。這就是「聖杯六」的精神。

不消說，這世界的確有著暴力、憤怒和卑鄙。但是，世上也有許多善意和關懷。母親把飲料遞給孩子，朋友把車借給你度週末，同事在你生病時替你代班。這些小小的舉動幾乎不曾被留意，但卻是如此重要。「聖杯六」是張代表單純善意的牌，它鼓勵你要仁慈、慷慨，和寬容。

「聖杯六」也代表天真無辜——這個詞有許多層涵義。可以是法律層面嚴格來講的「無罪」，可以是「不知曉事實」——不知道某些祕密；可以是「不欺詐、不腐化」——不存別具用心的動機；最後，還可以指「正直或貞潔的」。這所有可能性都適用「聖杯六」，端視情況而定。

請注意，「聖杯六」牌上的兩個人看來都是孩子。這張牌常常代表某個嬰兒或小孩。在更廣泛的意義上，它涵蓋全部的孩提時期，以及我們與「青春」（理想上！）聯想在一起的所有感覺——無憂無慮、戲耍玩樂、安全，以及受到關愛。孩子是我們的珍寶，而「聖杯六」的甜美也是令人珍視的特質。

聖杯七（Seven of Cups）

- **如意算盤**
- **衆多選擇**
- **放縱耽溺**

行為表現

- **打如意算盤**

編織夢想

做白日夢

陷入假象

任想像失去約束

讓自己昧於事實

構築空中樓閣

守株待兔

缺乏焦點與投入

規避將想法付諸檢驗

- **擁有衆多選擇**

獲得許多選擇

面對眾多的選項

相信無限的可能性

馳望廣闊的田野

有機會撿擇

- **陷於耽溺**

過度沉迷

放任一切

變得散亂而無組織

過度吃喝玩樂

忽略你的健康

進入成癮的模式

傾向於懶散

怠惰

拖延

意義相對的牌（一些可能）

魔法師——聚焦與投入

皇帝——紀律，結構

節制——平衡，中庸

錢幣四——秩序，控制

錢幣八——勤奮工作，專心致志

錢幣九——紀律，克制，優雅

意義加強的牌（一些可能）

　　惡魔──放縱，耽溺

　　月亮──幻覺，不切實際的想法，空想

　　聖杯九──感官的放縱

牌意解析

聖杯七

　　當我這會兒環顧室內，將那不經意的凌亂收進眼底，我知道「聖杯七」正在對我說話。它說：「沒錯，秩序和努力工作是很好，但是……放任一切不是更有趣嗎？」放任一切正是「聖杯七」的旨趣。

　　崇拜整潔效率之神是很容易的。我們都喜歡整齊的草坪、按照字母順序排列的檔案系統，以及時間管理──這是「皇帝」牌的世界。我們崇拜各種形式的秩序，希望每件事情恰到好處。「聖杯七」提供了平衡。這張牌代表著草率、不實際，以及鬆散的一切。

　　當占牌出現「聖杯七」時，你必須仔細檢視所處的環境有多混亂。是否每件事都太過規律、控制有加？也許你需要稍稍讓事情鬆散些。當一個僵固的系統崩解，可能會釋放出強大的創造力。「聖杯七」圖中的那個人，便對眼前的許多選項驚異不已。

　　話說回來，如果你身處一個混亂的環境，一番打理或許是必要的。在一個瘋狂的環境中，沒有人會是快樂而有生產力的。規律能為生活帶來結構。若是走上極端，「聖杯七」的鬆散可能會導致頹廢、放縱與耽溺等有害模式。

　　有時候，這懶散也適用於你的念頭和夢想。期盼某樣東西是容易的，但讓夢想成真卻沒那麼簡單。當你看見這張牌，要確定你正在用工作和努力支持自己的計畫。整頓你的生活，致力去做達成目標所必須做到的事……即使那意味你得（唉……）清理屋子。

聖杯八（Eight of Cups）

- 更深的意義
- 離開，向前走

- 疲乏

行為表現

- 尋找**更深的意義**
　專注於個人的真理
　脫離俗世的競逐
　尋求解答
　專注於重要的事
　展開發現之旅
　找出事實
　投注更多時間在性靈上

展開一場不知為期多長
　的旅程
釋放，放手
結束並離開

- 變得**疲乏**
精疲力竭，疲於奔命
勉力度日
感到疲倦而無精打采
缺乏能量
失去希望
被憂慮壓垮
失去熱情

- **離開，向前走**
　了解目前的循環已結束
　放棄某個無望的情境
　讓自己解脫而出

意義相對的牌（一些可能）

　力量──忍耐，力量
　太陽──活力，高昂的能量
　權杖九──堅持，堅忍

意義加強的牌（一些可能）

　隱士──尋找更深的意義
　死神──向前行，離開

權杖三——展開旅程，邁進新領域

權杖八——終結，結束一個篇章

寶劍六——向前，展開旅程

聖杯八

牌意解析

一位心理學家友人曾告訴我，當一個團體快解散時，其成員會先釋放出微妙的訊號。他們會顯現出某種焦躁不安，會在聚會時遲到，溝通比較少，而且似乎心不在焉。在某種層面上，這些參與者知道拆夥的時候快到了，但他們需要一段時間醞釀那最後的一步。

這種過程在許多即將結束的情境中都會發生。生命中沒有什麼是恆久不變的，或遲或早，每件事物都將悄悄溜走……或者我們會從它溜開。「聖杯八」正代表著「我們徹底了解過去已經成為過去」的時刻。過去真實的，現在已不再真實，改變的徵象寫在我們的臉上，我們必須接受它。向前走的時候到了。

向前走可以意味實質上的改變，像是離開一份工作、場所，或是關係。它也可能意味內在的變化——釋放舊有的模式，尤其是那些曾經宰制我們思想和情緒的。在「聖杯八」牌上，我們看見一個人踏上旅途，他把舊日的情感（杯子／河水）拋在腦後，步上新的道路。有時向前行也可能意味著尋找更深的真相或現實。有一天我們醒來，會發現自己一直沉睡在生活中——活在一場不再令人滿足的夢境裡。

有些改變會讓人疲憊。結束並不總是那麼簡單，準備離開的訊號之一便是「缺乏能量」。當你感到疲倦洩氣，你就知道有些事情已經不對勁，該是變更方向的時候了。重新檢視你的生活和（對事物的）取捨順序，你將發現自己生活中需要重新出發的地方。

聖杯九（Nine of Cups）

- ·願望實現
- ·滿足
- ·感官的享樂

行為表現

·**願望實現**

成就你所渴求的

達成你的目標

得到你認為你想要的東
西

夢想成真

·**感到滿足**

沉浸於些許沾沾自喜中

享受現況

洋洋自得

得到你所希望的結果

感到一切順心如意

知足滿意

·**享受感官的樂趣**

體驗奢華

品嚐美味佳餚

欣賞藝術品

做愛

放鬆

體驗美感

享受身體的運用

意義相對的牌（一些可能）

隱士──不太注重感官

聖杯五──懊惱，悔恨

意義加強的牌（一些可能）

皇后──享受感官

戀人──性愛的快樂

世界──成就你所渴望的

權杖六──自傲，成就你所想要的

聖杯七——感官的放縱

牌意解析

聖杯九

　　「聖杯九」上這個人讓我聯想起「吃掉金絲雀的貓」。因為，金絲雀是種寵物，絕對不是飢餓的貓兒可以染指的。任何有辦法抓到金絲雀的貓兒都會對此感到沾沾自喜。這就是「聖杯九」的感覺——純粹的耽溺和自滿。

　　在肉體層面，「聖杯九」代表一切感官的享樂。聲，色，味道，感覺。這張牌鼓勵你追求享樂，在各個方面享受你的身體。你也可以跟自然的世界——「大地母親」的身體——融而為一。她同樣樂於分享她的豐饒。

　　在個人的層面上，「聖杯九」表示對於現況的滿足。注意圖中這個人是如何自信地坐著，雙手交抱胸前，臉上掛著微笑。他有了想要的一切，而且再滿意不過了。「瞧瞧我這些杯子！」他像是在說：「它們是不是很棒？」

　　有時候，放鬆歇息並且陶醉於「世上一切都盡如人意」的認知中是很美妙的，但是我要告誡你：你也許會受到誘惑，犧牲他人去縱溺自己的享樂（就像我們那隻調皮的貓兒！）。當時你也許會覺得很棒，但是或遲或早，你嘴邊的羽毛會被人發現，懊悔也就隨之而來。不顧後果地追求享樂，長遠而言是絕對無法帶來滿足的。

　　在許多塔羅傳統中，「聖杯九」被稱為「願望牌」（Wish Card）。它顯示你的願望將會實現。這是個很棒的預期，但請記得童話故事的教訓。你必須確定你知道自己到底要什麼，並接受伴隨願望而來的責任。如果是這樣，就好好享受你的好運氣吧！

聖杯十（Ten of Cups）

- 喜悅
- 平安

- 家庭

行為表現

- 感到喜悅

擁抱快樂

擁有幸福感

散發愛

因好運而欣喜

珍惜你的福氣

表達喜樂

- 享受平安

體驗寧靜祥和

化解敵意

恢復和睦

降低緊張和壓力

感到自在與滿足

要求談和

放輕鬆

- 重視家庭

為家庭的和諧而努力

進行家庭事務

重申家庭承諾

支援需要幫助的親屬

與家庭成員連結

原諒家族中的某個人

意義相對的牌（一些可能）

惡魔——缺乏喜悅或平安

塔——劇變，混亂

寶劍三——心碎，孤寂

寶劍九——痛苦，憂傷，絕望

寶劍十——跌落谷底，受害者心態

意義加強的牌（一些可能）

戀人——家庭關係，結合

星星——喜悅，正面的感覺，賜福

世界——快樂，情緒的滿足

聖杯六——感到受祝福，快樂，喜悅

聖杯十

牌意解析

在「聖杯十」牌上，我們看見一對深情的夫妻，以及他們無憂無慮的孩子。背景是他們的家，被綠樹和流水所圍繞。一道由聖杯構成的彩虹高掛天空，祝福著這幅景象。憤世嫉俗的人可能會嘲笑這浪漫的畫面，但我認為它是我們情感生活最佳狀態的象徵。這幅圖畫所代表的情感，是我們每個人都可能企及的理想。

首先，這裡頭有喜悅。喜悅超越了快樂、滿足，以及享受，它是我們在最深的層面知道自己與萬事萬物合而為一時會萌生的美好感覺。可惜的是，這種感覺並不常有！我們太常因生活的試煉而盲目，被生活中的種種挑戰所淹沒。儘管如此，喜悅的確存在，而且是我們與生俱來的權利。

「聖杯十」的另一個面向是「平安」——那種當所有元素都處於和諧狀態時的寧靜安詳。平安有內在的和外在的，兩者是彼此的鏡子。當你與自己和諧相處，就會在外在環境中體驗到和諧。當你看見「聖杯十」，就知道結束敵對是可能的。如果你身邊有某種爭鬥，它可能會止息；如果你正在跟自己搏鬥，你也許能找到平靜。

在占牌時，這張牌往往預告一段極為幸福的時光。它告訴你，你將能獲得你應得的滿足。尋找創造喜悅與寧靜的方法。你也許會在家庭中找到開啟快樂的鑰匙。你的家庭是你情感上依附的一群人——不論是好是壞！若你的家庭有了麻煩，努力去恢復和諧。現在該是讓家人更加親密的時候了。

聖杯侍衛（Page of Cups）

- ・感性的
- ・直覺的

- ・親密的
- ・充滿愛意的

行為表現

・感性的

被感動或觸動

讓你的情感展現出來

對美起反應

多情善感或羅曼蒂克

卸下疏離的外衣

讓你的心引路

・直覺的

接受來自內心的指引

依直覺行動

記得你的夢想

擁有超自然的經驗

體驗直接的感知

信賴你的直覺反應

・親密的

開始或重新展開戀情

遇見某個吸引你的人

與某人更加親近

超越拘謹的形式

擁有特別的契合時刻

鞏固一段友誼

分享私密之事

・充滿愛意的

做出體貼的舉動

表達同情與了解

原諒你自己

寬恕曾經傷害你的人

向你曾傷害的某人致歉

伸出雙手與某人接近

修補受損的關係

令某人過得開心

用關懷取代憤怒

拒絕去批判或譴責

成對的宮廷牌

　　「聖杯侍衛」可與任何其他宮廷牌形成牌對。比較這兩張牌的階級與牌組，來判斷這樣的對子可能代表什麼意義。

牌意解析

　　「聖杯侍衛」是為你帶來愛的機會的邱比特。他帶來真正的機遇，讓你體驗浪漫、深刻的情感，以及內心的世界——也就是聖杯牌組的奇蹟。在占牌時，這位侍衛暗示一個時機或許正在展開，它將攪動你的情緒，挑動你的心弦，或是帶給你極大的喜悅。當你看見這樣的機會，只管去把握吧！

　　「聖杯侍衛」也可能代表一個小孩，或是心態年輕的成人。他與你的互動涉及了情緒的需求、喜怒的變化、愛、親密，或是靈性的事物。

　　有時「聖杯侍衛」暗示你所處的情境充滿了愛與情感的精神。在這樣的時刻，不妨以輕鬆放縱的心情，盡情表達並享受你的情感吧。

聖杯侍衛

聖杯騎士（Knight of Cups）

- ·浪漫的／過度情緒化的
- ·富想像力的／好幻想的
- ·敏感的／喜怒無常的

- ·優雅的／過度矯揉的
- ·內省的／內向的

行為表現

·浪漫的／過度情緒化的

將情愛理想化／缺乏自制

重視感情／容易嫉妒

專注於生活的詩情／情感太
　過洋溢且戲劇化

記得特殊的時刻／感情起起
　伏伏

優美地表達情感／帶了鮮
　花，卻忘記給車子加油

·富有想像力的／好幻想的

能接通無意識的沃土／沉溺
　於無益的白日夢

目光能超越表象／有宏大的
　想法卻毫無結果

從不走世俗的道路／行事不
　切實際

編織神奇的故事／想像力過
　於活躍

富想像力、夢幻的／可能蒙
　昧於真相

·敏感的／喜怒無常的

能覺察情緒和感情／情緒容
　易起伏

幫助他人敞開心胸／有時候
　任性、愛鬧彆扭

對生命深刻回應／陷溺於憂
　鬱、沮喪

了解他人的痛苦／過度憂慮

圓滑而說話得體／容易感到
　被冒犯

·優雅的／過度矯揉的

欣賞各種形式的美／將骯髒
　的工作留給別人

追尋最精緻的／無法面對不
　愉快的事物

創造令人愉快的環境／身體
　不夠強健

了解微妙之處／文勝於質

溫文而優雅／易被壓力擊倒

・內省的／內向的

重視內在生活／過度專注於
　內心

試著了解原因／可能會避免
　積極的參與

看見表面之下的事物／與人

共處時無法放鬆

探究動機／強迫性地自我檢
　驗

尋求自我改善／誇大個人的
　缺點

KNIGHT of CUPS.

聖杯騎士

成對的宮廷牌

　　「聖杯騎士」可與任何其他宮廷牌形成牌對。比較這兩
張牌的階級與牌組，來判斷這樣的對子可能代表什麼意義。

牌意解析

　　就正面而言，「聖杯騎士」是個敏感的靈魂。他是詩
人，熱愛所有浪漫精緻的事物；能以不可思議的方式運用想
像力，且能感受最深層的情緒。他知道如何創造美，並與他
人分享。就負面而言，他時常有奇想與幻覺，情緒變化像煽
情劇般，時常會讓情緒左右一切。他太喜怒無常，且容易受
到冒犯。他無法忍受不愉快的局面，總是讓別人去應付。

　　在占牌時，「聖杯騎士」顯示該情境涉及他這種敏感的
風格，做為你、他人，或是整體氛圍的一個面向。你必須自
問：「這位騎士的能量是有助益的，或是有害的？」

　　倘若他的風格很明顯，那麼平衡是必要的。你的感情是
適度的，或是過頭了些？你的白日夢是否不切實際？某人的
情緒化是否讓你抓狂？你的家庭生活是受到情緒的宰制，還
是依循理智？也許是改變的時候了。

　　若這騎士的能量付之闕如，一點詩意或許是需要的。你
是否太過壓抑？表達你的感情吧。你總做出最實際的選擇？
試著放縱一點吧。你是否逃避內省？花些時間思考一下生活
吧。讓「聖杯騎士」引領你進入他充滿浪漫與美的世界！

聖杯王后（Queen of Cups）

- ·充滿愛意的
- ·心地柔軟的
- ·有直覺力的
- ·超自然、通靈的
- ·心靈、精神的

行為表現

·充滿愛意的

以關愛化解憤怒
無條件地接受
對他人的感覺很敏感
驅散憤怒與仇恨
有著無盡的耐心

被心靈所引導
信賴內在的真偽判斷
毋需詢問就能了解

·心地柔軟的

容易被他人的痛苦觸動
以敏感和同情回應
對所有生靈都仁慈和善
無法拒絕需要幫助的人
對別人的感覺感同身受

·超自然、通靈的

對無意識開放
具有良好的第六感
與他人有心電感應
擁有精細的覺察力
是個天生的靈媒

·有直覺力的

總是能接收情緒的暗流
感受某種情境中的氛圍

·心靈、精神的

感到與神和宇宙合一
對一切生命心懷崇敬
在天人合一中找到喜悅
了解生命更深層的意義
將世界視為神聖的所在

成對的宮廷牌

「聖杯王后」可與任何其他宮廷牌形成牌對。比較這兩張牌的階級與牌組，來判斷這樣的對子可能代表什麼意義。

牌意解析

　　「聖杯王后」的性格綜合了聖杯牌組正面的水象能量與王后專注於內在的取向。由於「聖杯王后」具有甜美、慈愛，以及敏感的天性，對每個人都會訴說溫柔的話語，從不以憤怒或不耐來回應。她身上有種溫柔的氣質，讓人感到安心而平靜。「同情」是她的格言，而她的情感導引著她對世界的一切反應。對於所有事情，她都讓自己的心來領路。她能感覺到情緒的波流，毋需開口詢問就能知道別人的感受。她從不喜怒無常，卻非常了解情緒及其影響力。她信賴自身的直覺，因此對未知的事物以及來自內的知識較為開放。

聖杯王后

　　「聖杯王后」常常被美的事物和生命的悲劇所感動，她的感受深刻，並且崇敬神所創造之一切層面。她的愛涵蓋並擁抱所有的人，以及萬物。

　　在占牌時，「聖杯王后」要求你依照她的方式去思考與感覺。例如，你是否能察覺情感的氛圍？是否充滿愛意？是否信賴自己的心？是否能接收直覺的訊息？在他人遭受痛苦時，你能否感同身受？

　　這張王后牌也可能代表一位與她相像的男性或女性，或是一種慈愛、接納並尊重情感的氛圍。在占卜時，她告訴你，此時此刻她的特殊能量對你具有某種意義。無論這張王后牌是以什麼樣的形式出現在你的生活中，讓自己從她身上得到激勵吧！

聖杯國王（King of Cups）

- ·睿智的
- ·冷靜的
- ·有外交手腕的
- ·關懷的
- ·寬容的

行為表現

·睿智的

給予好的忠告

對人性有深刻的掌握

透過溫情的關注來教導

知道他人成長的需要

直接看見問題的核心

了解許多層面的經驗

藉由微妙的影響力達成
目標

在正確的時候說正確的
話

·冷靜的

保持沉著鎮定

擁有令人平靜的影響力

情緒平穩而安定

在危機中保持冷靜

似乎從來不會緊張焦慮

·關懷的

回應情緒的需求

是個天生的治療者

採取行動幫助困苦的人

對不幸的人感到同情

從事志願或慈善工作

·寬容的

擁有開放且寬大的心胸

接受他人的侷限

與各種人都能自在相處

給予他人自由

在艱困環境中保持耐心

·具有外交手腕的

能夠平衡許多人的需求

讓每個人都愉快地合作

能夠化解緊張的局面

成對的宮廷牌

　　「聖杯國王」可與任何其他宮廷牌形成牌對。比較這兩張牌的階級與牌組，來判斷這樣的對子可能代表什麼意義。

牌意解析

聖杯國王

　　「聖杯國王」的性格綜合了聖杯牌組積極的水象能量與國王活躍外向的態度。他睿智而富同理心，對這個世界有著出自內心的深刻理解。他是位導師與領路者，用深情的關愛導引他的學生。他由衷地關心他人，並總是以同情回應他們的需求。他用溫柔的觸碰和平靜的話語治療創傷。在各種情況下，他始終保持沉著與悠閒，似乎直覺地知道在任何時刻需要的是什麼。人們向他尋求指點，因為他們知道他將會專注地傾聽。他身邊似乎總圍繞著某種寧靜平和，令他人有所感應。他對所有觀點都能容忍，在最艱困的情境中也保有耐心。他給予他人成長的自由，讓他們以自己的方式發展，而不求任何回報。

　　在占牌時，「聖杯國王」要求你採取他可能會採取的行動。例如：在危機時冷靜應對，運用外交手段而非蠻力，對人伸出援手，或是接受不同的觀點。

　　這張國王牌也可能代表一位擁有此種行事風格的男性或女性，或是一種關愛、寬容，以及理解的氛圍。在占卜時，他告訴你，此時此刻他的特殊能量對你具有某種意義。無論這張國王牌是以什麼樣的形式出現在你的生活中，讓自己從他身上得到激勵吧！

寶劍王牌（Ace of Swords）

- ・心智的力量
- ・堅毅
- ・正義
- ・眞理

行為表現

- ・運用心智的力量

  保持客觀

  想出方法

  找出事實

  分析局勢

  運用思維能力

  運用邏輯和理性

- ・追求正義

  矯正錯誤

  擁護一項目標

  為所當為

  確立真相

  接受責任

  爭取公平

- ・堅毅

  克服橫逆

  面對問題

  解決某個狀況

  找到致勝的力量

  超越障礙

  不因挫折而氣餒

- ・依眞理行事

  排除疑慮

  克服疑惑

  看穿假象

  有著清楚的了解

  誠實無欺

  發現實相

成對的王牌

　　成對的王牌顯示某種新的精神正在進入你的生活。它汲取了「寶劍王牌」的能量——聰明、理性、公正、真實、清明、堅忍，再加上以下之一：

　　權杖王牌——創造力，興奮，冒險，勇氣，個人的力量

　　聖杯王牌——深刻的情感，親密，協調，同情，愛

錢幣王牌──繁盛，豐足，信賴，安全，穩固

牌意解析

寶劍王牌

「寶劍王牌」象徵在智能、理性、公正、真實、清明、堅忍等領域的可能性。在占牌時，它顯示有一顆清明了解的種子已植入了你的生活，雖然你可能還沒辨識出來。當這顆種子發芽，它幾乎可能以任何形式呈現。它或許是一個吸引人的想法、追求真相的欲望、正義的召喚，或是誠實無欺的必要。在外在層面，它可能是一項提議、禮物、機會、遇合，或是同步的事件。

有時，這張王牌代表一項挑戰，它將會以某種方式測試你。生命從來不會平順太久，或遲或早，障礙就會出現，而「寶劍王牌」可能預告它的來臨。這張牌也提醒你，無論挑戰是什麼，你都要以勇氣、誠實和堅定的決心面對它。在每個挑戰中，都蘊藏著機會。

當你看見這張「寶劍王牌」，請檢視你的生活，看看它清淨明快的能量能如何為你所用。客觀地思考你的問題，找出不公或令人迷惑的狀況，下決心矯正它們。最重要的是，一定要堅持誠實和道德。這張牌告訴你，你確實擁有克服障礙並找出真相的能力。這就是「寶劍王牌」的承諾。

寶劍二（Two of Swords）

・受阻絕的情感　　　　　・困境
・迴避

行為表現

・阻絕情感　　　　　　　忽視警告的訊號
否認真實的感覺　　　　對發生中的事閉上雙眼
遏止自然的反應　　　　避免不愉快的事物
與他人保持距離　　　　選擇不要知道
隱藏苦惱
視而不見　　　　　　　・陷入困境
採取防衛　　　　　　　害怕採取行動
保持冷淡　　　　　　　遇到僵局
　　　　　　　　　　　被困住而無法動彈
・迴避事實　　　　　　　拒絕做決定
拒絕看清事實　　　　　不願攪擾現狀
假裝每件事都沒問題　　保持中立

意義相對的牌（一些可能）

愚人——敞開，不受約束
命運之輪——前進，讓事情進行
正義——接受真相，接受責任
星星——正面情感的自然流露
權杖三——向前行，正視事實

意義加強的牌（一些可能）

月亮——自欺，看不見事實

權杖九——防衛，封閉自己
寶劍七——逃離真相
錢幣四——僵局，封鎖

寶劍二

牌意解析

在「寶劍二」上，我們看見一名年輕女子橫劍當胸，屏障著自己。她僵硬的姿態告訴我們，她正努力控制自己的感情。她要擋開外界的所有東西。她似乎在說：「什麼都別進來，什麼都別出去。」

「寶劍二」是關於我們在自己與他人之間、以及自我內心當中所創造的屏障。就內在而言，我們封鎖住自己的情感，拒絕感受它們。我們迴避正視真相，假裝一切都沒問題。我們想著這樣，卻又覺得那樣。在無數層面，我們把自己的各個部分分割開來，並試圖維持這狀況，即使我們知道必須去協調它們。

占牌時，「寶劍二」往往會在你不願接受關於自己或所處情境中的某些真相時出現。你真正的感受是什麼？你是否在抗拒溫柔的情感，只因為害怕受傷？你是否嘴角帶笑，心中卻憤怒不已？你拒絕看見的是什麼？注意這女子是矇著眼的，她不能看見真相，甚且無法承認有了麻煩。

最常見的屏障是一顆封閉的心。當我們在情感上將自己割離時，我們就*割裂*了讓我們的愛向前流動的管道。有時這樣做是必要的，但它總會伴隨著很大的代價。每次我們封閉自己的心，想要再次打開就更難了。

人與人之間的另一種屏障是僵持不下的局面。當兩造人馬各就各位——與對方*隔絕*開來——僵局就形成了。要打破僵局，「對手」們必須從各自的利劍後面走出來，聆聽彼此說話。「寶劍二」的功課是：屏障並非答案。如果我們想要找到和平與完整，就必須保持開放。

寶劍三（Three of Swords）

- 心碎
- 寂寞
- 背叛

行為表現

- 感到心碎

令人心碎

承受情感的痛苦

內心受傷

傷心失望

接獲令人煩亂的消息

感情受到傷害

傷害他人的情感

得不到安慰

感到與所愛的人隔離

在需要的時刻遭受離棄

感到失落

- 遭遇背叛

發現令人痛苦的真相

發現自己信錯了人

對人感到失望

令他人失望

被人在背後捅刀子

反對某人

違背承諾

對抗

- 感到寂寞

分離，被拆散

離家遠遊

遭到摒棄或拒絕

意義相對的牌（一些可能）

戀人——親密，感到愛

聖杯三——伴侶關係，信賴

聖杯十——喜悅，愛，平安，和諧一體

意義加強的牌（一些可能）

聖杯五——分離，失去愛，心痛

寶劍九——苦惱，心碎
錢幣五——拒絕，分離，缺乏支持

牌意解析

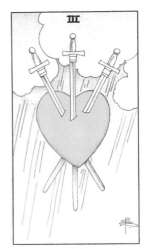

寶劍三

某天你推開門，發現愛人躺在別人懷中；你無意中聽見你最好的朋友在背後嘲笑你；你發現你的事業夥伴欺騙了你好幾年。突然之間你的世界天旋地轉，你震驚萬分，不敢相信，最後是感到心碎。

「寶劍三」牌上的圖像清楚地描繪這種突如其來的心痛。你真真實實地覺得像是有人拿了把刀子捅進你的心窩。即使像一句粗率的評語這樣的小事，都可能讓你有這種感覺。注意整個畫面只包含了一顆心和三把劍，當你的心破碎時，你覺得整個人就只剩下這個——一個裂開的傷口。

占牌時，「寶劍三」往往代表生命中有時會擲給你的險惡變化球。背叛、拋棄、拒絕、分離，還有命運的逆轉。這些傷痛之所以難以忍受，是因為它們是在你最沒有防備的時候擊中你。如果你抽到了這張牌，你或許知道它指的是什麼，但如果你不知道，「寶劍三」便是個寶貴的警告。你的生活可能有些事情出差錯了，但是你尚未察覺，或是不願承認。當我們看著別的方向時，變化球就會擊中我們。仔細檢視你所處的情境，與你生命中重要的人交談。不要把任何事情視為當然，聆聽你內在的聲音，它將幫助你找到問題。

也有可能是你在盤算要傷害別人。看見這張牌，記住我們每個人都能做出殘酷的事是很重要的。我們都是凡人，都會犯錯，有時還是嚴重的錯。到最後，我們所能做的就只有信賴生命的良善，並試著朝此理想邁進。當你犯錯時，原諒你自己，並也試著原諒別人。但是，更好的是，在麻煩來臨前就先將它攔截下來。

寶劍四（Four of Swords）

- **・休息**
- **・沉思**
- **・安靜的準備**

行為表現

・休息

暫停

給身體時間去療癒

避免過度操勞

尋找平安與寧靜

放鬆身體和心靈

輕鬆面對生活

從現況中抽離出來

檢視你的動機

評估你的處境

・安靜的準備

統合內在的資源

確定你的基礎是穩固的

對未來做好準備

與現況達成和解

綁好鬆脫的線頭

穩定下來

・沉思

獲得更佳的觀點

聆聽內在的聲音

花時間獨處思考

意義相對的牌（一些可能）

魔法師──活躍，聚焦於外在

命運之輪──快速的步伐，許許多多的動作

權杖八──採取行動，急進

權杖十──過度操勞，承擔太多

錢幣二──享受樂趣，在許多活動中取得平衡

意義加強的牌（一些可能）

女祭司──安靜地休息，冥思

隱士——沉思冥想，保持安靜

吊人——休息，暫停活動

聖杯四——冥思，花時間獨處

寶劍六——休息，恢復

錢幣七——停下來思考，評估

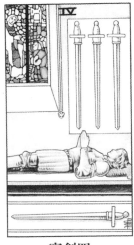

寶劍四

牌意解析

　　寶劍牌全都代表某種考驗，但「寶劍四」卻帶來平和與靜止的感覺。為什麼這張牌不一樣呢？因為它代表的是「安靜下來」的挑戰！有時候，休息和無為是最終極的挑戰。「活動」可以是一種很難打破的習慣，總是有那麼多事要做，而現代社會又以許多吸引人和令人分心的事物誘騙著我們。結果是，我們忘記要停下來、安靜不動。

　　占牌時，「寶劍四」往往是個信號，要你放慢腳步，稍事休息。如果你正在從病中恢復，給自己一些安靜的時間去療癒。即使你覺得自己完全健康，如果不稍事休息，便是在冒著罹病的風險。

　　「寶劍四」也代表不慌不忙地花些時間把事情想清楚。退後一步以獲得更佳觀點是很重要的。你面對考驗或重大事件時尤其如此。你需要安靜準備的時間，以積累氣力、集中能量。想像一位奧運跳水選手站在高台上，她不會爬上階梯然後就匆匆往下跳。她會先停下來，靜止不動，讓自己做好奮力一躍的準備。這是我們做出最佳表現的唯一法門。

　　有時候「寶劍四」是在暗示你正在或可能會把焦點從外在轉移到內在。當我們安靜時，要走入內心會比較容易。圖中的騎士看來像是在祈禱，或是在沉思。事實上，他看起來像是死了！對那些對活動上癮的人而言，休息和安靜可能就像死亡一般，但事實當然並非如此。寂靜自有其報償，但我們必須認出這些報償，並且去尋求它。

寶劍五（Five of Swords）

・自利
・不和

・公開的不名譽

行為表現

・ 以**自利**為出發點
把他人的利害擺在一邊
設法得到自己的利益
只想到自己的需求
知道須專注在自己身上
遭遇自私的行徑
耽溺於權力遊戲
幸災樂禍
追求你輸我贏的結果

・ 經歷**不和**
處於有敵意的環境
感到人們彼此抵制

選擇開戰
懷有人我對立的心態
認出惡意
經歷衝突

・ 見證**公開的恥辱**
失去了道德的準則
放任目的合理化手段
犧牲正直
看不清是非曲直
獲致可疑的勝利
知悉犯罪活動

意義相對的牌（一些可能）

皇帝——遵循規則，遵守律法
正義——正直誠實，為所當為
節制——與人合作，和諧，協力
聖杯六——天真，善意，親切

意義加強的牌（一些可能）

權杖五——不和，人們彼此衝突

權杖七——「人我對立」的心態，衝突

寶劍七——不名譽，與他人隔離

牌意解析

寶劍五

「寶劍五」是一張關於「自利」的牌。社會告訴我們要為他人設想，但我們卻會抗拒。我們怎能忽略自身的利害而仍能生存呢？這種困境來自於我們對「自我」的定義。如果我們將「自我」看成自身的人格與身體，我們的利益就變成那些與這個「自我」相關的東西。

我們也許會把關心的範圍擴及所愛的人，但是，我們怎能止於此處？長遠而言，我們跟每個人彼此連結。事實上，我們的「自我」就是這個世界。我們對這個世界做了什麼，就是作為在自己身上。這種理解相當的基本，但卻令人惱怒的容易日復一日地遺忘。

在占牌時，「寶劍五」可能意味你或另外某個人忘了這種「大我」的觀點。你把自身的利益界定得太過狹窄了。如果你試圖在孤立中前進，你的行為遲早會回過頭來糾纏你，不管是用何種方式。

有些時候，這張牌暗示你必須把自己的利益放在前面。如果你遭到剝削或利用，就必須掙脫開來。如果你被眾多要求搞得心力交瘁，就得照顧自己。輪到你出頭時，就站上前來，要求你所應得的。只是要留意，如果你在過程中傷害到他人，你的勝利將會有所缺憾。

「寶劍五」有時也代表敵意——小自言詞齟齬，大至戰爭。連結我們的繫帶斷裂時，我們就經歷到「失和」。這張牌也可能意指相當公開的不名譽。作弊、謊言、詭計、欺騙，甚至犯罪。你可能是接受的一方，也可能是作惡者。不管是哪種情況，記得抱持「大我」的觀點，找出對每個人——包括你自己——都最好的解決之道。

寶劍六（Six of Swords）

- 憂鬱
- 復原

- 旅行

行為表現

- 感到**憂鬱**

體驗輕度的悲傷

勉強過得去

勉力度日

感覺有點沮喪

心情不太壞也不太好

感到百無聊賴

只是混日子

- **復原**

處理創傷的後遺症

度過艱困時刻

收拾殘局，重新振作

開始調適

開始回復健康

邁向更光明的地方

重新燃起希望

- **旅行**

改變位置

從一地遷往另一地

展開旅程

體驗場景的改變

離開家園

上路旅行

進入一種新的心境

意義相對的牌（一些可能）

力量──滿懷勇氣，不可撼動的決心

太陽──活力，熱忱

權杖四──興奮，慶祝

聖杯三──歡欣鼓舞，生氣蓬勃

錢幣二──樂趣

意義加強的牌（一些可能）

　　權杖十──得過且過，勉力度日

　　聖杯四──感到無精打采，沮喪，漠不關心

　　聖杯五──悲傷

　　聖杯八──前進，展開旅程

　　寶劍四──休息，恢復

　　寶劍九──沮喪，悲哀

寶劍六

牌意解析

　　小說《天路歷程》中，主人翁「基督徒」（他也在進行一場愚人的旅程）陷入「絕望沼澤」。他掙扎了好一會兒，終於被「幫助」拖了出來。「幫助」告訴他：「……許多恐懼、疑惑，以及令人喪志的憂慮……都沉積在這個地方」〔註〕。

　　對「寶劍六」而言，「絕望沼澤」是個適切的名字。有時候這張牌代表一種遲鈍而百無聊賴的狀態，沒有多大的不對勁，但也不是真的很好。在圖片中，船上的人物顯得悲傷而疏離。在我們沮喪憂鬱時，人生實在不怎麼有趣。

　　從較正面的角度看，「寶劍六」可以暗示復原，特別是當你剛經歷一段艱困時光或心理衝擊時。在危機中，你會感到麻木而與世隔絕，什麼都無關緊要了。現在你將開始復原，慢慢重拾起生活。船中的旅人至少是在往前行，他們正航向新的地方，即使他們尚未準備好熱情地擁抱那片海岸。

　　事實上，「寶劍六」可以代表任何種類的旅程或移動。它可以意味真實的場景變換、位置改變或旅行，但並非必定如此。當我們從一種心境轉換到另一種心境，「旅程」也可以發生在內在的層面上。雖然「寶劍六」並不允諾巨大的喜悅，但它也避開了絕望的深淵。「沼澤」並非無底深坑，只是一種空洞或落陷。當你看見這張牌，要知道儘管情況並不理想，但你正朝著更光明的地方行進。

〔註〕約翰・班揚（John Bunyan），《天路歷程》（The Pilgrim's Progress）。摘自《諾頓英國文學選集：第一冊，第三版》（the Norton Anthology of English Literature: vol. 1, 3rd ed.）。（New York: W. W. Norton, 1974）。p. 1780。

寶劍七（Seven of Swords）

- 逃跑，開溜
- 隱藏的不名譽
- 獨行俠的風格

行為表現

·逃跑
逃避責任
開溜、離開
規避義務
害怕面對現實
採取簡便的脫身之道
逃避真相
因循拖延

寧可孤獨
保持疏離
想要獨自行動
與他人保持距離

·隱藏的不名譽
欺騙或被欺騙
隱匿行藏
在幕後操弄

· 做個獨行俠
覺得你不需要任何人
想要獨立
決定不伸出援手
不讓別人知道某事

表裡不一
讓他人受到指責
暗地操控
規避可恥的秘密
說謊或偷盜

意義相對的牌（一些可能）
教皇──在群體中工作
正義──接受責任，公正無欺
權杖十──接受義務，負責任的
聖杯六──純真，親切，開放，高貴

意義加強的牌（一些可能）

隱士——單獨，離群索居

寶劍二——逃避真相

寶劍五——不名譽，與他人隔離

錢幣九——依賴自己，獨力運作

寶劍七

牌意解析

　　「寶劍七」與「寶劍五」都跟與他人隔離有關。在「寶劍七」上，一名男子躡手躡腳地從社會中溜走，他手中抱著幾把寶劍，看來像是對自己成功的劫掠很得意似的。他給人的印象像是懷有某種獨自進行的秘密計畫。

　　這張牌有時代表「獨行俠」風格——想單獨行事、自由自在的欲望。電影中，獨行俠型的主角總是獨來獨往，只依靠自己的機智和應變能力發掘、調查，並解決每個問題。他相信他所以成功，是因為排除了普通人笨拙努力的干擾。

　　占牌時，「寶劍七」可以是種訊號，顯示你或另外某個人想當獨行客。你覺得，如果只靠自己，你會更加自在且更有效率。當你想避開沒有效率的團體或伸張你的獨立性時，這種做法是有用的，但它也可能帶來麻煩。若是對他人完全沒有付託，我們是不可能長久快樂並有生產力的。如果你想獨自行動，得先確定這種獨立真的對你有助益。

　　有時「寶劍七」意指你正逃避某事物——承諾、責任、辛苦的工作、愛。你也許正在因循拖延，放任問題惡化，因為你不想處理。有時候你就是得面對必須面對的。當你可能因逃跑而讓事情變得更糟時，「寶劍七」會讓你知道。

　　「寶劍七」也可能意味隱藏的不名譽——你或其他人所做的不符最高公義的某種選擇。人都會犯自己想隱匿的錯誤，當它發生時你內在的聲音會告訴你。看見「寶劍七」時，好好檢視作為，因為隱藏的恥辱將侵蝕你的快樂和自尊。

寶劍八（Eight of Swords）

- 限制
- 迷惑
- 無力感

行為表現

- 感到受**限制**

  被障礙所圍困

  待在一個受限的情境中

  感到為環境所困

  選擇很少

  對自由視而不見

  感到受迫害

- 感到**迷惑**

  不確定要轉往哪個方向

  感到迷失

  缺乏方向

感到不知所措

艱困地掙扎

需要指引與澄明

不知道發生什麼事

- 感到**無力**

  等待外援

  懷疑做任何事都沒用

  規避責任

  尋找救星

  感到受迫害

  接受無為的狀態

意義相對的牌（一些可能）

魔法師——感到有力量，明瞭情勢

戰車——自信，專注

權杖二——力量，勇敢

權杖四——自由，缺乏限制

錢幣三——勝任，知道做法，計劃

意義加強的牌（一些可能）

惡魔——混亂，限制

月亮——混亂，欠缺明晰

寶劍十——受害者心態，無力感

寶劍八

牌意解析

　　「寶劍八」上的女子既孤獨又失落。她看不見，因為她被蒙住了雙眼；她無法伸手，因為她被綁了起來；她不能自由移動，因為她被關在利劍築成的牢籠裡；她似乎遠離了家園——那遠處山上的安全所在。她要怎麼樣才能回去？她甚至不知道要往哪邊走。「寶劍八」代表那些你感到迷失、混亂和無力的時刻。救援與解脫似乎都遙不可及。

　　有時我們覺得受到環境的限制。某天醒來，我們發現自己身處無法忍受的情境中。沒有前途的工作，糟糕的關係，堆積如山的債務。這些是怎麼發生的？我們也不知道。即使是小問題也可以讓我們感覺身陷泥淖，似乎就是沒有出路。有時生活好像還不錯——表面看來。「我有了想要的一切，我應該很快樂，那麼問題出在哪兒呢？」我們就是不知道。我們既迷惑又慌亂。

　　占牌時，「寶劍八」往往暗示你正在走向（或是已經處於）一種讓你覺得缺乏自由或選擇的情境。這種情況十分棘手，因為你越是陷入其中，就越是感到被束縛。每踏一步，你的選擇似乎就變得更窄，直到你完全動彈不得。

　　當你看見這張牌，記得你還是可以選擇，你仍然有力量。無論感到多麼受限，你還是可以找到出路，只要你相信這是可能的。圖中的年輕女孩可以釋放自己。她可以扭脫繩索，拉掉眼罩，踢倒那些利劍。解決之道不是總那麼容易，但它們的確存在。找回你清明的思路和清楚的目標（寶劍的理想），運用它們踏出回家的第一步。

寶劍九（Nine of Swords）

- ・憂慮
- ・罪惡感
- ・苦惱

行為表現

・**憂慮**

懷疑一切是否會順利

憂悶地沉思

用煩惱折磨自己

不斷擔憂某件事情

感到焦慮而緊張

煩擾激動

・懷有**罪惡感**

懊惱某次過錯

拒絕原諒自己

想要倒轉時光

專注在你的「罪過」上

對自己嚴酷

否認自己已盡力而為

被懊悔淹沒

・感到**苦惱**

絕望

覺得自己已達到極限

輾轉難眠

感到沮喪

經歷靈魂的暗夜

忘記歡樂

想要哭泣

意義相對的牌（一些可能）

星星——安詳，心靈的平靜

審判——無疚，赦免

聖杯三——在世界的頂端，順隨波流

聖杯六——無辜，天真

聖杯十——歡樂，平安，欣喜

寶劍九

意義加強的牌（一些可能）

　　惡魔——絕望，欠缺歡樂

　　權杖十——擔憂

　　寶劍三——苦惱，心碎

　　寶劍六——沮喪，悲傷

牌意解析

　　「寶劍九」上的人物是坐在床上，這很有意思，因為在夜晚，我們的悲傷和懊惱會最強烈地襲上心頭。安靜的黑夜會剝去白晝的喧囂，留下我們獨自一人與我們的思想共處。誰沒有過凌晨躺在床上、心中滿懷揮之不去的憂慮的經驗？「寶劍九」代表的就是這種痛苦，它會在任何時刻襲來。

　　不像「寶劍三」似乎是來自外界的痛苦，「寶劍九」代表的是發自內心的苦惱。那是當我們被恐懼與疑惑淹沒時，自己逼自己承受的折磨。其中最普遍的，或許就是憂慮了。我做得足夠了嗎？每件事情是不是都會順利呢？我該做些什麼？這些念頭轉呀轉的——始終縈繞不去。

　　罪惡感是另一種痛苦來源。當我們做了某些自覺錯誤或傷人的事——或是未去做某些該做的事——那苦惱可以是非常真實的。若我們怎麼樣都無法釋懷那難受的感覺或將它趨開，那就更令人難受了。最後，就只剩下純然的痛苦。有時生命的痛苦是如此全面，我們唯一想做的就是掩面痛哭。

　　「寶劍九」雖不是最令人愉快的牌，但它也不總是代表重大的苦惱。它往往只是個信號，指出某種不快或麻煩的元素——你生命中的一個罩門。這張牌常常是來自你「內在指引」的警告，暗示你正在走的或許不是條容易的路。若你用這種心態看待「寶劍九」——視之為一種警告標誌——你將能建設性地運用它。仔細檢驗處境，確定你在做最好的選擇。即使是一個小小的改變，都能帶來大大的不同。

寶劍十（Ten of Swords）

- ·谷底翻升
- ·受害者心態
- ·殉難

行為表現

·谷底翻升

事情沒有壞下去的餘地

明白黎明前是最黑暗的

處於最低點

覺得事情不可能更糟了

準備向上翻揚

到達坑底

·覺得像是受害者

悲嘆你的命運

感到無力

覺得生命很不友善

遭到攻擊

納悶「為什麼是我？」

感到自憐

身為被動接受的一方

· 成為殉難者

將自己的利益擺在最後

自我貶抑

感到任人踐踏

寧居後座，抑己從人

讓他人優先

犧牲

意義相對的牌（一些可能）

戰車——自我伸張，力量，勝利

權杖二——力量，自信

權杖六——自我提升，處於世界的頂端

聖杯九——滿足，對現狀感到快樂

意義加強的牌（一些可能）

吊人——犧牲，殉難

寶劍八——受害者心態，無力感

牌意解析

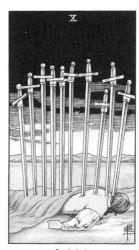

寶劍十

「寶劍十」看來像是張暗示可怕不幸的牌，但令人訝異的是，它所代表的麻煩往往帶點鬧劇意味，而非真正的災難。牌上這個人背上插了好多劍，一把不就夠了嗎？十把是不是有點過頭？也許這位男子所受的苦難——雖然真實——是有點兒誇張了。

「寶劍十」的涵義之一是跌落谷底。當災難接踵而至，我們先是覺得心力交瘁，但最後我們會揮起雙手，笑了起來。這太糟糕了，簡直到了滑稽的程度！看見「寶劍十」，你就可以期待事情自此好轉。

這張牌也可能指出你懷有受害者心態。你確信這整個世界挑上了你，要讓你日子不好過。我想像圖中這人抬起頭來，說道：「你覺得你很倒楣……割破了手指頭。我的背上有十把劍耶……你數數——十把耶！」然後他嘆了口氣，腦袋垂落回去。當我們懷抱受害者心態時，我們覺得每件事情都很糟糕、無望，而且不公平得離譜。

充當殉難者也是「寶劍十」最愛的活動之一。在這種時候，圖上這人會虛弱地揮揮手，說道：「不……你們走吧，好好去玩，不用管我。我會待在這兒，跟我背上這些劍一起……但是我要你們過得快活。」在這種意義下，當殉難者不同於義無反顧地為他人犧牲。上述兩種情況「寶劍十」都可能涵括，但毫無牽繫地行善助人，卻是更能令人滿足的。

我並非企圖把不幸輕輕帶過，畢竟世上有許多真實的悲劇。有時「寶劍十」意指一個悲哀事件，若是這情況，你會知道的，你心中將沒有半點嘻笑。但多半的時候，「寶劍十」有其輕鬆的一面，彷彿你的「內在指引」正輕輕取笑你怎麼處理個人的悲傷故事。當你看見「寶劍十」，檢視你的態度，並明瞭你已經來到一個點上，事情自此必將否極泰來。

寶劍侍衛（Page of Swords）

- ·運用心智
- ·堅忍剛毅
- ·公平公正
- ·誠信無欺

行為表現

·運用心智

分析問題

運用邏輯與理性

重新檢驗信念

發展想法或計畫

研究或探討事實

學習或教學

周詳考慮每一件事

·堅忍剛毅

直接面對問題

拒絕受到打擊而氣餒

用新生的能量迎戰橫逆

保持堅定的決心

擺脫沮喪

保持昂揚的意志

不斷嘗試

·誠信無欺

誠實行事

面對事實

停止欺騙

釐清任何混淆之處

揭露隱藏的事物

直言無諱

·公平公正

矯正錯誤

行事合乎道德

平等對待他人

擁護一項目標

盡力做到公平

做自己知道是對的事

接受責任

承認其他的觀點

成對的宮廷牌

　　寶劍侍衛可以與任何其他宮廷牌形成牌對。比較這兩張牌的階級與牌組，來判斷這樣的對子可能代表什麼意義。

牌意解析

　　寶劍侍衛是為你帶來挑戰的使者。他暗示將有一個成長的機會，可能偽裝成問題或困境出現。你可能並不喜歡這些挑戰，事實上，你也許想要說：「謝謝……不過，謝了。」

　　寶劍侍衛要求你擁抱這些艱困的情境。將它們想成考驗你毅力的試煉吧！如果你接受且克服了挑戰，將會變得更堅強、更有韌性。遭遇這些挑戰時，你應該善加運用寶劍牌組的工具——誠實、理智、正直和堅毅。

　　寶劍侍衛也可能代表一個小孩，或是心態年輕的成人。他與你的互動涉及了真誠、合乎倫理的行為、鼓勵，或是關乎心智的事物。呼應寶劍牌組的挑戰，這段關係可能會是困難或麻煩的。

　　有時寶劍侍衛暗示你所處的情境充滿了學習、發現，以及各種心智活動的精神。在這樣的時刻，請運用你的頭腦，去享受智識的愉悅吧！

寶劍侍衛

寶劍騎士（Knight of Swords）

- 直率的／莽撞的
- 權威的／逞威風的
- 敏銳的／銳利的
- 知識淵博／固執己見
- 重邏輯／冷酷麻木

行為表現

- **直率的／莽撞的**
直言無諱／粗率而不圓滑
一針見血／態度唐突
說話不經修飾／不顧慮他人的感受
讓他人知道自身處境／管不住自己的舌頭
給予誠實的回答／言行不夠謹慎周到

- **權威的／逞威風的**
說話篤定／盛氣凌人
博得眾人注意／強加觀點於他人身上
完全篤定地行事／期待立即的順從
自然地發號施令／不歡迎異議
擁有強大的影響力／以高壓的態度行事

- **敏銳的／銳利的**
擁有敏銳的心智／愛做尖刻的譏諷
直指核心／不夠敏感
簡潔地表達想法／有時太愛批評
敏銳機警／帶刺的機智
善於辯論／嘲弄愚昧

- **知識淵博／固執己見**
知道自己在說什麼／相信自己永遠是對的
任何主題都能侃侃而談／對不同觀點缺乏容忍度
被當成專家來諮詢／好為事情做結論
持有說理良好的立場／傲慢自負
擁有高度聰明才智／武斷而固執己見

・重邏輯／冷酷麻木

清晰地思考／輕忽直覺

善於分析資訊／把人當
　人頭對待

關注何者是正確的／講
　理不講情

能夠排除感情因素／隔
　絕感情

在混亂中理出頭緒／冷
　漠而疏離

寶劍騎士

成對的宮廷牌

　　寶劍騎士可以與任何其他宮廷牌形成牌對。比較這兩張
牌的階級與牌組，來判斷這樣的對子可能代表什麼意義。

牌意解析

　　就正面而言，寶劍騎士是邏輯與理智的高手，擁有敏銳
的智力，能掌握任何主題的精要；說話清晰、直接，且永遠
帶著權威；判斷篤定且不夾雜情緒。他人總仰賴他對問題與
解決之道的透徹分析。就負面而言，他不擅長交際，甚至完
全欠缺圓滑到了粗率無禮的程度。他相信自己的優越，對愚
蠢的容忍度極低。他期望他人遵從其看法，對他而言，情感
是不合邏輯且無關緊要的。

　　占牌時，寶劍騎士顯示該情境涉及他這種敏銳洞察的風
格，做為你、他人，或是整體氛圍的一個面向。你必須自
問：「這位騎士的能量是有助益的，或是有害的？」

　　若他的風格很明顯，那麼平衡是必要的。你是否總將自
身觀點強加在他人身上？是否常因想到什麼就說什麼而惹上
麻煩？你的同事是不是喜歡批評而不願給予支持？也許該改
變了。若其能量付之闕如，一點清晰的明見或許是需要的。
你是否過於情緒化？下回讓頭腦引領你。你是否太重視別人
的看法？信賴自己的判斷吧。你是否害怕得罪人？說出你內
心的話吧。讓寶劍騎士引領你進入他理性而自信的世界！

寶劍王后（Queen of Swords）

· 誠實的　　　　　· 機智風趣的
· 敏銳的　　　　　· 經驗老到的
· 直率的

行為表現

· 誠實的

面對事實，即便不愉快
坦誠面對每一個人
喜歡所有事情開誠佈公
遵循規則行事
避免謊言和欺騙

行事毫無虛矯詭詐
直捷了當不搞繁文縟節
必要時可以直言無諱

· 機智風趣的

擁有令人愉快的幽默感
用風趣的言辭化解尷尬
從不過度嚴肅看待事情
對每件事情幽默以對，
　　包括自己

· 敏銳的

迅速評估情勢
了解隱藏的動機和欲望
不容易被欺騙或愚弄
理解未曾明說的規則和
　　目的
迅速理解、領悟

· 經驗老到的

見多識廣，經歷豐富
經歷生命的打擊而變得
　　堅強
不做自以為是的評斷
懷著合乎實際的期待

· 直率的

待人接物直接而開放
直達問題的核心

成對的宮廷牌

寶劍王后可以與任何其他宮廷牌形成牌對。比較這兩張

牌的階級與牌組，來判斷這樣的對子可能代表什麼意義。

牌意解析

寶劍王后

　　寶劍王后的性格綜合了寶劍牌組正面的風象能量與王后專注於內在的取向。你永遠可以指望她告訴你事情的真相。她崇尚誠實勝過任何事物，而她也依循自己對真實的信念生活。她對謊言、詭詐和狡計毫無興趣，但她也不會輕易被愚弄。她對世情經驗老到，無論好的或壞的。寶劍王后能夠迅速地評估情勢，她了解人性的愚昧，卻不加以譴責。當人們耍奸使壞時，她會一眼看穿，但只會找個巧妙的方法躲開。她喜歡直捷了當，直來直往；她的意見公正坦率，但絕不傷人。事實上，這位王后有著令人愉快的幽默感，她喜歡盡情歡笑，並總能妙語如珠，機智地應答如流。寶劍王后知道生命不需要太過嚴肅地看待，她的直率不虛矯，著實令人耳目一新。

　　占牌時，寶劍王后要求你依照她的方式去思考與感覺。例如，你是否完全誠實？（先檢查這一項！）你能在身處的情況中看出幽默嗎？你是否能夠正中問題的核心？你是否能搞清楚事情究竟是怎麼回事？你會容許自己被愚弄嗎？

　　這張王后牌也可能代表一位與她相像的男性或女性，或是一種誠實並能直接溝通的氛圍。在占卜時，她告訴你，此時此刻她的特殊能量對你具有某種意義。無論這張王后牌是以什麼樣的形式出現在你的生活中，讓自己從她身上得到激勵吧！

寶劍國王（King of Swords）

- 知性的
- 分析的
- 善於表達的
- 公正的
- 講求倫理的

行為表現

知性的
在心智的世界悠遊自在
創造性地運用思想
快速且完整地掌握資訊
透過想法來激勵並挑戰
出色地執行研究
博學多聞

是能刺激心智的交談者
時常擔任團體的發言人
寫作、說話明晰易懂

善於分析的
克服混亂與心智的蒙昧
運用理性和邏輯
對遊戲和其他心智挑戰
　有天份
輕易地分解複雜的主題
善於討論和辯論
能夠很快的了解問題

公正的
做出誠實而具洞察力的
　判斷
了解並尊重事情的各個
　面向
關心真相和公平
以不帶情緒的眼光看待
　事情
客觀而不偏不倚

講求倫理的
是位道德／倫理領袖
崇尚高標準
反對腐化和不誠實
待人接物始終光明磊落
用最高的原則為人處世

善於表達的
精熟於語言和說話技巧
能夠成功地溝通想法

成對的宮廷牌

　　寶劍國王可以與任何其他宮廷牌形成牌對。比較這兩張牌的階級與牌組，來判斷這樣的對子可能代表什麼意義。

牌意解析

寶劍國王

　　寶劍國王的性格綜合了寶劍牌組積極的風象能量與國王活躍外向的態度。他是位才智非凡的人，能夠吸收並運用各種資訊。他富理性且長於邏輯，能夠輕易分析任何問題。他能夠快速找出解決辦法，並清楚明晰地向其他人解說。在雜亂無章的局面中，他能夠斬斷混亂，提供向前邁進所需的澄明。人們請求他代為喉舌，因為他口才流暢，且能洞察內情。他永遠信任他人，人們也能夠信賴他會公平誠信地處理所有情況。當人們需要裁決時，他能夠做出不偏不倚的公正決定。他無法收買，並以最高的道德標準待人處世。他鼓勵身邊的人也這麼做，而他們往往不負他的期望。

　　占牌時，寶劍國王要求你採取他可能會採取的行動。例如：實話實說，想出解決之道，善加溝通，或是公平地裁決。這張國王牌也可能代表一位擁有此種行事風格的男性或女性，或是一種理性、誠實，並崇尚高標準的氛圍。在占卜時，他告訴你，此時此刻他的特殊能量對你具有某種意義。無論這張國王牌是以什麼樣的形式出現在你的生活中，讓自己從他身上得到激勵吧！

錢幣王牌（Ace of Pentacles）

- 物質力量
- 繁盛興旺
- 實際
- 信賴

行為表現

- 運用**物質力量**
  專注於具體結果
  造成實質的衝擊
  與物質層面配合
  獲致有形的成果
  增進身體健康
  與自然打交道

- 行事**實際**
  運用常識
  腳踏實地
  善用有效的方式
  注重實際
  植根於真實世界
  接受手邊的工具

- **繁盛興旺**
  擁有達到目標的方法、
  　工具
  享受豐足
  吸引你所需要的
  繁榮興旺
  看見努力獲得報償
  增加資產
  體驗成長

- 抱著**信賴**進行
  相信別人的善意
  感到安全、受保護
  知道自己絕對安全
  於已知的位置運作
  擁有支援系統
  知道狀況穩定
  鞏固堅實的基礎

成對的王牌

　　成對的王牌顯示某種新的精神正進入你的生活。它汲取了「錢幣王牌」的能量——繁盛、豐足、信賴、安全、穩固，再加上以下之一：

權杖王牌——創造力，興奮，冒險，勇氣，個人的力量
聖杯王牌——深刻的感情，親密，協調，同情，愛
寶劍王牌——聰明，理性，公正，真實，清明，堅忍

牌意解析

錢幣王牌

「錢幣王牌」象徵在繁盛、豐足、信賴、安全及穩固等範疇的可能性。在占牌時，「錢幣王牌」顯示有一顆豐饒的種子已植入了你的生活，雖然你可能還沒辨識出來。當這顆種子發芽，它幾乎可能以任何形式呈現。在內在層面，它可能會是一種安定的感覺、想獲得成果的渴望，或是專注於實際事務的需要。在外在層面，它可能會是一項提議、禮物、機會、遇合，或是同步的事件。

當你看見「錢幣王牌」，請檢視你的生活，看看它堅實的能量能如何為你所用。現在不是空想、追求戲劇性或是冒險的時候，而是該實際並且專注的時刻。找出令你感到自在可靠的經驗，讓你感到安全。無論內在或外在，在你的生活中建造一個信賴的基礎。你的常識將會告訴你該做些什麼。同時，你應當親近自然，以幫助自己保持穩定。享受你的身體，以及物質世界的一切喜悅。

「錢幣王牌」同時還是你將實現夢想的徵兆。你的想法已經成熟，就要成為有形的東西了。找出能夠讓它成真的方法，你現在能夠吸引到所需的一切資財來啟動你的計畫。汲取「錢幣王牌」的物質力量，你將會成功興旺，而你所從事的一切都將蓬勃昌盛。

錢幣二（Two of Pentacles）

- ·耍雜耍、變戲法
- ·彈性、適應性
- ·樂趣

行為表現

- ·耍雜耍

讓所有事物保持平衡

應付各種需求

讓人們一起工作

確定每個領域都關照到

同時進行很多工作

平穩地向前行進

給各個方面同樣的重視

- ·有彈性

快速適應

自由嘗試新的做法

順隨波流

拒絕讓變化驚擾你

對發展保持開放

看見可能性

應付挑戰

能輕易變換方向

- ·享受樂趣

做你喜愛的事

從生活中得到樂趣

撥出時間玩樂

感覺興高采烈

工作的時候吹口哨

看見情境中幽默的一面

放鬆下來

意義相對的牌（一些可能）

教皇——遵循既定程序，依循傳統慣例

權杖五——懷有歧異的目的，做法不成功

寶劍四——休息，安靜，活動度低

寶劍六——憂鬱，無精打采

錢幣二

意義加強的牌（一些可能）

節制——平和，找到正確的組合

權杖四——樂趣，興奮，派對

牌意解析

在電影《第一武士》（First Knight）中，藍斯洛（Lancelot）接受了一項挑戰——從面前一排此起彼落的利刃間穿過。他成功了，因為他機警、敏捷，而且有耐心。他知道什麼時候該前進、什麼時候又該停住不動。他優雅地在危險中行進，享受這致命障礙賽的每個瞬間。藍斯洛已經掌握到「錢幣二」的能量。

保持優雅而有效率是一種獨特的感覺。在「錢幣二」牌上，我們看到一位年輕人一邊打理著俗世雜務、一邊還跳著舞。環繞著兩個錢幣的「無限大」符號，暗示他可以處理無限多的問題。在背景中，我們看見兩隻帆船輕鬆地乘風破浪——在生活的起起伏伏中自在航行。

解牌時，「錢幣二」讓你知道，你可以應付落在身上的種種要求。事實上你將享受越過每個障礙的興奮、刺激。如果你現在並沒有感覺到這種程度的自信，這張牌要求你相信自己。你已具足達成每個目標所需的一切。擁抱挑戰吧！

此外，「錢幣二」還提醒你要有彈性。如果你想克服挑戰，一定得要敏捷靈活，不要強渡關山。現在不是一成不變的時候，要知道，有時往旁邊跨一步，甚至往後退一步，才是最穩當的前進方式。

「錢幣二」同時是樂趣、歡笑，以及快樂時光的象徵。它肯定是張高能量的牌，當你感到疲憊或沮喪，這張牌可能是個訊號：你將擁有較多的活力。如果你已經感覺自己處於高速檔，「錢幣二」可能在警告你過度消耗了。確定自己得到充足的休息，如此，你才能享受這張牌的高亢能量。

錢幣三（Three of Pentacles）

· 團隊合作　　　　　　· 勝任
· 計劃

行為表現

· 團隊合作　　　　　　當隻螞蟻，而非蚱蜢
與他人協調　　　　　　事先評估
找到所有必要的元素　　考慮可能的問題
以一個單元運作　　　　做好準備
共同完成工作
對群體作出貢獻　　　　· 能夠**勝任**
合作　　　　　　　　　完成工作
群策群力　　　　　　　妥善執行任務
　　　　　　　　　　　達成你的目標
· 計劃　　　　　　　　證明你的能力
整合資源　　　　　　　成績超出預期
遵循計畫表　　　　　　知道該做什麼、如何做
在充分了解下運作　　　投入工作
敲定細節

意義相對的牌（一些可能）

權杖五──缺乏團隊精神，欠缺合作
權杖七──對立，抗爭
寶劍八──不想投入工作，缺乏方向
錢幣九──獨力工作，不專注於團隊合作

意義加強的牌（一些可能）

　　教皇——以團隊或群體方式工作

　　節制——結合力量

　　權杖三——計劃，為未來做準備

　　聖杯三——在團隊中工作

錢幣三

牌意解析

　　在電影《不可能的任務》（Mission Impossible）一開場，一群頂尖高手正在進行一項危險的任務。團隊成員排定策略，整合資源，並運用每個人的技術和智謀來完成這項任務。這就是「錢幣三」在起作用：團隊合作、計劃，以及足以勝任的能力。

　　「錢幣三」是塔羅牌中焦點擺在群體的牌之一（其他還有「聖杯三」和「教皇」牌）。由於錢幣牌是腳踏實地而實際的，這張牌代表一群任務導向的人們，正朝一個共同目標努力合作。很少工作是可以獨自完成的，我們需要他人的幫助以達成目標。有時「錢幣三」是個訊號，如果你跟其他人合作，將更有生產力。你不需要獨力做這件事。

　　這張牌也可能顯示計劃和準備的必要。現在不是莽撞行事、或是只有一點模糊的概念就展開行動的時候。你必須把每件事情徹底想過，考慮所有的可能性，確定一切細節都安排好了。做好你的功課，你所從事的工作就會成功。

　　「錢幣三」另一個特質是「勝任」——能夠完成工作的能力。這在今天是何其稀有呀！這張牌告訴你，你擁有所需的技能和知識。你能吸引有能力的人才，並創造成功的環境。明白情況都在（或者「將會在」）妥善的掌控中，但務必要專注於追求工作的卓越。對你的工作及做事的方法感到驕傲，然後就能完成你那「不可能的」任務。

錢幣四（Four of Pentacles）

- 佔有
- 掌控

- 改變受阻

行為表現

- 想要佔有

保住你所有的

得到你的一份

取得物質財貨

抓緊某人

貪婪

錙銖必較

宣告所有權

儲蓄

- 維持掌控

想要當家作主

否認弱點

指揮

要求順從

堅持自己的做法

強加框架

設定界限與規則

創造秩序

- 改變受阻

維持現狀

想要一切維持不變

拒絕考慮新的做法

淤塞沉滯

阻礙新的發展

固守現狀

抗拒潮流

意義相對的牌（一些可能）

愚人——隨心所欲，衝動行事

皇后——心胸開闊，慷慨施與

命運之輪——移動，快速的變化

吊人——釋放，不試圖控制

意義加強的牌（一些可能）

　　皇帝——控制，結構，秩序

　　戰車——掌控

　　寶劍二——僵局，封鎖

　　錢幣十——喜愛現狀，保存

錢幣四

牌意解析

　　與兩歲的幼兒相處，你很快就會聽見「錢幣四」的聲音：「不！」和「我的！」這些是「自我」（ego）的呼喊，而這正在幼兒身上發展著。「自我」藉著伸張其意志來試圖掌握權力，而掌控的欲望，正是「錢幣四」的正字標記。

　　某些掌控是很有價值的。在混亂的局面中，我們需要一隻鐵腕提供架構和組織。然而，掌控的欲望常常會過了頭，窒礙了創造力與個人的表達。在解牌時，這張牌要你仔細權衡所處情境中的掌控程度。

　　「錢幣四」也可能代表「擁有」的議題。或許你涉入了獲得、保有金錢或其他財貨的狀況，或許你有著佔有或妒忌方面的問題。運用這張牌的能量去維護和防衛，但不要去佔有。人們需要自由，好決定自己的人生。

　　「錢幣四」同時也暗示變化受到阻礙，彷彿牌上那個頑固的小人兒正阻撓你的每一個行動。反抗或許來自那些想維持現狀的人，也可能來自你自己。你是不是在抗拒一些確實有必要的改變？我們常會固守著熟悉的事物，即使我們知道那並不是最有益的。

　　「錢幣四」的教訓是，掌控是不可能的。我們在這世界上，就像是身處汪洋大海，誰能駕馭或擁有如此的力量？不被滅頂的唯一方式就是順隨波流。只要我們隨著水流泅泳，海洋就會支撐著我們。

錢幣五（Five of Pentacles）

- 艱困時刻
- 健康不佳

- 拒絕

行為表現

- 歷經**艱困時刻**

物質上的煩惱

失去工作或收入

沒有安全感

捱過一段困頓的時期

缺乏所需

捉襟見肘

感到精疲力竭

接受醫療

濫用自己的身體

- 遭到**拒絕**

缺乏支援

吃閉門羹

接受不受歡迎的職位

遭到放逐

感到被排斥

孑然孤立

遭受非難

- 苦於**健康不佳**

感到疲憊困乏

拒絕照顧自己

忽略身體的需要

意義相對的牌（一些可能）

力量——力量，精力

節制——健康良好

太陽——活力，強健體魄

權杖六——喝采，認可

錢幣七——物質的報償

意義加強的牌（一些可能）

塔——艱困時刻

權杖十——勉力平衡收支，困苦時刻

聖杯五——拒絕，缺乏支持，失去認可

寶劍三——拒絕，分離，缺乏支持

錢幣五

牌意解析

「錢幣五」牌上的兩個人看起來貧病交迫，疲乏不堪。他們讓我們看見一無所有——缺乏生命中的基本要素——是什麼感覺。這鬼魅糾纏著無數的人——是極為切身的現實。也許有人沒體驗過這樣極端的狀況，但我們還是識得苦難。當我們得不到需求之物時，就會感到痛苦。

占牌時，「錢幣五」可以代表好幾種匱乏。首先是欠缺健康，這時，要應付生命的挑戰是很困難的。這張牌可能是個訊號，告訴你忽略了身體的需要。你可能正逐漸遠離完全健康的狀態，所以必須採取行動發現並矯治問題。

這張牌也可能是物質或經濟挫敗的信號。當我們沒有錢或是像樣的工作時，日子無疑難過得多。當我們掙扎著要讓收支相抵，所有其他問題都會被放大。即使我們境況寬裕，還是可能有不安全感，害怕厄運會把辛苦所得的一切奪走。

「錢幣五」也可能代表拒絕或不被接受。我們是社會性的動物，當我們被群體排斥時，便會感到痛苦。我們希望被接納，不僅只為了情緒上的安樂，也是為了相互的支援。遭到拒絕也可能意味著物質上的困乏。

「錢幣五」與物質的匱乏有關，但它也有精神性的成份。從圖上的彩色玻璃窗，我們可以猜出這兩個人正在一座教堂外頭。安適近在咫尺，但他們卻未能得見。教堂象徵我們的心靈，它在各方面都是完美而圓滿的。我們本該在生活的每個領域都享受豐足，但有時我們會忘記這是我們與生俱來的權利。每當你經歷艱難困苦，記住它只是暫時的。尋找那將會接納你、給你庇護的精神中心吧！

錢幣六（Six of Pentacles）

有／無：　　　　　　　　·知識
·資源　　　　　　　　　·力量

行為表現

·**擁有／缺乏：資源**　　　提供／接受忠告
施／受　　　　　　　　　傳授／學習經驗或竅門
照顧／被照顧　　　　　　知道／不知道某個秘密
贊助／被贊助
支持／被支持　　　　　　·**擁有／缺乏：力量**
給予／接受禮物或報酬　　領導／跟隨
得到／沒得到所需要的　　宰制／順服
　　　　　　　　　　　　行使權威／遵從
·**擁有／缺乏：知識**　　主張／否定你的願望
教／學　　　　　　　　　強迫／被迫
給予／接受資訊　　　　　有發言權／只有聽的份
成為／找到導師

意義相對和加強的牌（一些可能）

　　就「錢幣六」而言，意義相對與加強的牌運作方式和一般不同，因為這張牌可以代表同一議題的正、反面意義——有或沒有。同一牌陣中的其他牌可以幫助你決定在你的情況中它是代表哪一面的意義。以下這些牌也是探討此一議題：

　　皇后——豐富，物質的安適
　　世界——富裕，物質的滿足
　　權杖十——勉強糊口，艱困時刻
　　錢幣五——匱乏，欠缺

錢幣七——物質報酬，擁有

錢幣十——富裕，擁有

錢幣六

牌意解析

「錢幣六」是張難以描述的牌，因為它落在「錢幣五」的匱乏與「錢幣十」的豐裕之間的幽暗地帶。這兩張牌代表「有」和「沒有」兩個極端，而「錢幣六」則涵蓋廣大的中間地帶，在這兒，誰究竟擁有什麼並不清楚。

在這張牌上，一位富裕的紳士正扔給乞丐幾個銅板，還有一個乞討者等在一旁。施予者手持正義的天平，彷彿宣告有權決定誰值得賜福，而誰卻不配。在這圖中，我們看見一體的兩面：施與受，支配與屈從，高高在上與低低在下。誰有、誰沒有似乎很清楚，但真是這樣嗎？生命沒有那麼簡單，而時運的輪轉又何其的快。

解牌時，「錢幣六」要你非常深入地探究這整個議題：「擁有」到底意味著什麼，無論是在物質（資源）或非物質（知識、權力、愛）上。你也許看見自己處於這一端、或是另一端，但這張牌要你重新思考。想想那些一夜之間宣告破產的成功企業家、透過自己的衰弱宰制他人的殘病者、從學生身上學到東西的老師，還有藉著給錢來控制孩子的家長！

「錢幣六」的關鍵詞中，每個意義都涵蓋了「有」和「沒有」兩面。有時候這張牌很清楚地代表了這面或那面的意義。你將會得到禮物、給予忠告，或是聽從他人。不過，在所有狀況中，你都應該質疑顯而易見的表象，探究更深的層面。你為何會處於這樣的情境，而它又將如何演變？誰真正在當家做主？事情究竟是怎麼回事？

錢幣七（Seven of Pentacles）

- ·評估
- ·報償

- ·改變方向

行為表現

- ·**評估**

估量現狀

思考目前的進展

評量完成了什麼

暫停以檢驗結果

確定自己是在軌道上

搞清楚自己的位置

評估狀況

- · 獲得**報償**

終於看見一些成果

享受第一批果實

投資獲利

獲得酬勞

得以稍事放鬆

到達某個里程碑

- · 考慮改**變方向**

衡量不同的做法

思考替代的選擇

考慮改變

對新的策略開放

質疑自己的選擇

站在十字路口

意義相對的牌（一些可能）

命運之輪——移動，行動，改變方向

權杖八——快速的行動

錢幣五——缺乏報償，艱困

意義加強的牌（一些可能）

皇后——物質的報償

正義——評估處境，決定未來的道路

審判——決定之點

寶劍四——休息，審慎考量

牌意解析

在「錢幣七」牌上，我們看見一個在園中辛勤工作了很長時間的人。花開了，葉茂了——他的辛苦似乎得到了報償。現在他正稍事休息，欣賞自己工作的成績。看見這麼棒的結果多麼令人滿足啊！甜美的成功是多麼教人欣慰！

錢幣七

「錢幣七」是一張「暫時叫停」的牌。它代表我們在忙碌的活動之後停下來喘口氣審視週遭的時刻。圖中那人暫停下來，思忖著自己辛勞的果實，但他也可能會摘取那果實。解牌時，「錢幣七」可能暗示報償即將來臨，特別是以你努力的成果之姿出現。接受並享受它吧！

這張牌同時也是種召喚，要你去做些評估。忙碌的時候，我們未必總有時間思考自己所做的事情、思考自己為什麼這麼做。我們仍在正確的道路上嗎？我們會得到想要的結果嗎？如果你未能在關鍵時刻評估狀況，便可能產生嚴重的問題。在占牌時，這張牌建議你花些時間確定自己正在朝目標邁進。

「錢幣牌」也可能意指十字路口。在生活中，我們傾向於持續熟悉的慣例。走上新的方向並不容易，「錢幣七」可能是在告訴你，該去想想是否需要修正道路，甚至徹頭徹尾地改變。你還沒有確定方向，但也許很快就會。改變仍然是可能的。

「錢幣七」並非代表結局或是最後決定的牌。賽局尚未結束，只是暫停一下。一旦你緩過氣來，檢視了你的策略，就要準備好重新投入，甚至比先前更加賣力。

錢幣八（Eight of Pentacles）

- **勤奮**
- **知識**
- **細節**

行為表現

- 展現**勤奮**

努力

勤勉工作

全力投入

專注於某項計畫中

全心投入某個任務

埋頭苦幹（苦讀）

產出穩定的成果

- 增進**知識**

選一門課

學習新技術

接受訓練

追求更深刻的理解

研究

找出事實

精進專技

- 注意**細節**

辛勤仔細的

格外謹慎小心

有條理地進行某項工作

認真處理問題的核心

處理未了的零星問題

檢查再檢查

注意小細節

意義相對的牌（一些可能）

聖杯四——缺乏興趣，漠不關心，冷淡

聖杯七——懶惰，缺乏動力

意義加強的牌（一些可能）

魔法師——集中和專注

教皇——學習，研究

權杖九——固守，堅持

牌意解析

錢幣八

　　在「錢幣八」牌上，我們看見一位年輕人正鎚打著錢幣。他已經完成了六枚錢幣，還剩下一枚要做。他顯然正在進行一項工作，投注了他全副的注意力。他將自己與其他人（背景中的城鎮）隔絕，好讓自己專心致志。在這副景象中，我們看見了「錢幣八」的基本要素：努力工作和專注於細節。

　　這張牌往往意味著一段高度勤奮、專注的時光。它建議你全力處理當下的事務，無論是工作計畫、家庭問題、個人目標，或是煩人的責任。有些時候，幸福會從天而降，但其他時候，我們必須投入巨大的努力以獲得它。「錢幣八」代表你必須付出百分之一百一十的時刻。全力以赴便是。幸運的是，這樣的工作令人振奮，而且會獲致非凡的成果。「錢幣八」的辛勞是令人深深滿足且富有生產力的。

　　「錢幣八」也象徵學習的衝動——用個老套的詞來說，就是「去開拓你的視野」。有時我們需要發展新技能，我們會去研究、去挖掘事實，或是尋求專門的知識或技術。「隱士」尋求的是內在的知識，而「錢幣八」中的人則是尋求外在知識——物質世界的運作規則和原理。

　　這張牌也可能顯示注意繁瑣細節的必要。一絲不苟、苦幹實幹的人往往會被認為瑣碎、拘泥，但他們額外的努力確保了每件事情恰如其分。這是種謹慎的做法——花時間檢查細節。現在不是散漫或隨便的時候。找出錯誤，綁好鬆脫的線頭。成功的關鍵是超乎尋常的努力，無論你的任務是什麼，「錢幣八」都告訴你，各個方面都要全力以赴。

錢幣九（Nine of Pentacles）

- 紀律
- 自足

- 優雅

行為表現

- 有紀律的
  發揮自我控制
  展現節制
  駕馭衝動
  為達成目標而犧牲
  堅守計畫
  採取按部就班的做法

- 依靠自己
  獨立處理狀況
  獨自行動
  一切靠自己
  獨力完成

想要獨自一人
確定自己採取的方式是
　最好的

- 追求優雅
  達到舒適的生活方式
  避免粗糙、不體面的
  圓滑而具外交手腕
  追求高尚的活動
  享受生活中美好的事物
  記得要親切優雅
  享受悠閒

意義相對的牌（一些可能）

皇后——世俗的感官享受
聖杯七——無紀律的，自我耽溺的
錢幣三——團隊工作，與他人合作

意義加強的牌（一些可能）

戰車——自我控制，紀律
寶劍七——仰賴自己，獨自行動

牌意解析

在「錢幣九」牌中，一位婦人正在她的莊園中悠閒地漫步。她顯然是位優雅而有教養的貴婦，所以她左手上的那隻鷹看來有些不搭調——那是被訓練來捕殺獵物的猛禽。馴鷹對一位貴婦而言，是種不尋常的嗜好，但它卻是這張牌牌意特質的關鍵。

錢幣九

從一方面來說，「錢幣九」代表著最優雅、高尚、文明的一切。藝術、音樂，以及其他形式的美，是我們物質世界（錢幣）非常重要的一環。這張牌上頭有許多錢幣，但它們的位置是靠近地面的。生活的俗務很重要，但我們不必永遠專注在實際的層面上，還可以享受生活中較為美好的事物。解牌時，「錢幣九」可能暗示在這些領域的興趣。它也可能是種信號，示意你也許必須摒棄粗糙或令人不悅之事物，轉而追求最高的層次。

「錢幣九」也可能是紀律和自制的訊號。這位婦人之所以能享受優雅的生活，是因為她已經降服了較為卑下的本能。她的衝動能為她所用，因為它們宰制不了她。那頭獵鷹象徵著人性中所有的陰暗不馴；我們的陰暗面也能為我們服務——但只在它受到導引之時。有時候，「錢幣九」暗示，如果你想獲致最大的成果，就必須展現節制和自我掌控的能力。你也許必須暫時有所「犧牲」，但結果會是值得的。

這張牌也是自我依靠的標記。有時你必須信賴自己的能力去處理某個狀況。抗拒他人代勞的誘惑。你必須將事情交在自己手中。我們這位優雅的貴婦就是這樣，她信任自己的勇氣與決心，現在她得以享受生命所給予的最好的一切。

錢幣十 （Ten of Pentacles）

- 豐足
- 永恆
- 常規

行為表現

- 享受**豐饒**

享有物質的豐足

免於金錢的煩惱

享受事業成功

在財務上感到安穩

看見事業蓬勃發展

交上好運

- 追求**恆久**

尋求可持續的解決之道

創造持久的基礎

對現狀感到安全

關心長遠之計

享有井然有序的家庭生
活

脫離權宜的安排

敲定計畫

- 依循**傳統成規**

安於既定的指導方針

依照規則行事

參與傳統

成為體制的一份子

保守

信賴經過驗證的真理

持續已知的模式

意義相對的牌（一些可能）

權杖二——具原創性，避免墨守成規

權杖三——探索，走向未知的領域

錢幣五——艱困時刻，物質上的匱乏

意義加強的牌（一些可能）

皇后——豐饒，奢華，肉體上的舒適

教皇——遵從，依循規則，保守

戀人——永久的結合，家庭關係

世界——豐富，物質的滿足

錢幣四——享受現狀，固守

牌意解析

錢幣十

在許多牌上，我們都看見遠方有一簇房舍，而在「錢幣十」牌，我們終於來到了村落中——在市集的中央。我們看見一家人正在進行日常生活的事務，一位長者穿著華麗的袍子，正一邊撫拍著獵犬、一邊看著年輕的一輩。一男一女正在交談，他們的孩子則在腳邊嬉戲。空中還掛滿了錢幣（金錢）。

「錢幣十」代表世俗及物質成就的極致。有時我戲稱它為「肥貓」牌，因為它會讓我想起圍繞著富裕商賈的興旺氛圍。如果你想知道你最新的事業將如何發展，你會希望看見這樣一張牌。財富和豐足是屬於你的。

當我們獲致了物質的成功，自然希望它持續下去。這就是「錢幣十」保守、重視體制的一面。如果生活已經很好了，為什麼要去搖晃船隻呢？在解牌時，這張牌往往代表常規——遵循已確立的方針，並維持現狀。有錢的肥貓鮮少會是激進份子，他們熱愛傳統以及久經試煉的真理。有時信賴已知的模式是重要的，但只限於改變並非明智的時候。

「錢幣十」也與「恆久」有關。「變化」是生命不可避免的一部分，但不斷的改變卻令人不舒適。我們需要穩定，需要為生活建構穩固基礎的機會。占牌時，這牌也許是在告訴你該專注於長遠之計。努力尋求持久的解決之道。現在也許是安頓下來、為長遠的未來做安排的時候了。

錢幣侍衛（Page of Pentacles）

- ·產生作用
- ·務實的

- ·興旺的
- ·信賴／值得信賴

行為表現

·產生作用

實現你的計畫

塑造物質的世界

運用你的身體

體驗大自然

達成有形的結果

依照夢想行動

讓事情動起來

·興旺昌盛的

吸引你所需要的

增加你的資財

成長與擴張

豐富自己

迎向成功

尋求豐足

變得有安全感

·務實的

採取實際可行的方法

運用手邊的工具

找出有效的解決之道

運用常識

停止做白日夢

運用你所擁有的

專注於有效的事物

·信賴／值得信賴

接受掌控中的解決之道

信任他人

包容不確定性

接受他人的說法

信守承諾

證明你是可靠的

堅守承諾

建立信用

成對的宮廷牌

　　「錢幣侍衛」可與任何其他宮廷牌形成牌對。比較這兩張牌的階級與牌組，來判斷這樣的對子可能代表什麼意義。

牌意解析

錢幣侍衛

　　「錢幣侍衛」是為你帶來繁榮興旺機會的使者。他帶來真正的機遇，讓你體驗財富、豐足、安全感，以及具體的成就——也就是錢幣牌組的奇蹟。在占牌時，這位侍衛暗示一個時機或許正在展開，它允諾了富足、安適、信賴，或是實現夢想的機會。當你看見這樣的機會，只管去把握吧！

　　「錢幣侍衛」也可能代表一個小孩，或是心態年輕的成人。他與你的互動涉及了穩定、信賴、承諾、安全感，以及物質的需求。

　　有時「錢幣侍衛」暗示你所處的整個情境充滿了物質享樂的精神。在這樣的時刻，不妨以輕鬆的心情，盡情享受你的身體、技能，以及財物所帶來的樂趣，於此刻沉浸在塵世的歡樂中吧！

錢幣騎士（Knight of Pentacles）

- ·堅定不移的／頑固的
- ·小心謹慎／缺乏冒險精神
- ·仔細徹底／過分執著
- ·實際的／悲觀的
- ·認真工作／刻苦操勞

行為表現

·堅定不移的／頑固的

頑強追逐目標／頑固不知變通

永不放棄／死守立場

遭遇對抗堅定不移／一定要照自己意思行事

固守選定的道路／拒絕聽從理智

忠於個人的信念／抗拒妥協

·小心謹慎／缺乏冒險精神

反覆檢查／過於保守

事先考量每個角度／因等待而錯失機會

緩慢而小心地進行／不願嘗試新事物

偏愛安全已知的道路／滿足於安穩微小的收穫

謹小慎微／害怕冒險

·仔細徹底／過分執著

關照每一個細節／不知何時該停止

一絲不苟／吹毛求疵

綁好所有的線頭／要求凡事一定得怎麼樣

工作從不半途而廢／缺乏彈性且強制的

不辭辛勞／堅持完美

完成起頭的每一件事／非盡善盡美不肯罷休

·實際的／悲觀的

願意審視事實／專注在出錯的地方

面對真相／覺得別人都在做白日夢

不為虛假希望所惑／覺得杯子半空而非半滿

誠實地評估情勢／抱持悲觀的看法

事先預料到問題／從一開始就看衰某個計畫

・認真工作／刻苦操勞

全力投入一項任務／太狹隘地專注在工作上

勤奮不懈／可能不幽默而且嚴厲

一人可抵兩人用／將休閒視為浪費

積極處理瑣碎惱人的差事／過分驅策他人

孜孜不倦，不屈不撓／忘記生活應該要有趣

錢幣騎士

成對的宮廷牌

　　「錢幣騎士」可與任何其他宮廷牌形成牌對。比較這兩張牌的階級與牌組，來判斷這樣的對子可能代表什麼意義。

牌意解析

　　就正面而言，「錢幣騎士」堅毅過人、全力以赴，總是把每件工作做到最後的細節。他謹慎小心，從不浪費，且能明辨事實，對虛假承諾完全免疫。就負面而言，他太過乏味無趣了，永遠把工作擺第一。他往往缺乏彈性，對細節太執著，且過分頑固，即使犯錯也不願讓步，而這點他打死不肯承認。他不喜歡改變或冒險，而且總抱持最悲觀的看法。

　　占牌時，「錢幣騎士」顯示該情境涉及他這種謹慎小心的風格，做為你、他人，或是整體氛圍的一個面向。你必須自問：「這位騎士的能量是有助益的，或是有害的？」

　　倘若他的風格很明顯，那麼平衡是必要的。你是否工作過度？你生活中是否有個完美主義者？你週遭氛圍是否陰鬱沉悶？也許是改變的時候了。若其能量付之闕如，一點審慎持重或許是需要的。你是否花費過度？或許該省儉點了。你工作是否常粗疏草率、遲交，或不夠完整？下定決心做好它吧。讓「錢幣騎士」引領你進入他審慎而堅毅的世界！

錢幣王后（Queen of Pentacles）

- 培育、滋養
- 慷慨寬大的
- 腳踏實地的
- 善於機變的
- 值得信賴的

行為表現

·培育、滋養
給予愛和支持
創造溫暖、安全的環境
讓人舒服愉快些
與自然世界互動
精於園藝
對小孩和動物很有一套

·慷慨寬大的
願意為他人做任何服務
很好說話
總是帶著歡迎的微笑敞
　開大門
大量而慷慨地給予
溫暖、慷慨而不自私

·腳踏實地的
實事求是地處理問題
容許別人做自己

沒有矯飾或虛偽
採取簡單合理的做法
欣賞所有的感官樂趣

·善於應變的
能為手邊所有東西找到
　用處
靈巧而多才多藝
能讓少許的資源發揮大
　大的功效
避開所有的障礙
提供需要的事物

·值得信賴的
能夠保守秘密
忠誠而堅定不移
在緊要關頭化險為夷
對他人信守承諾
說話算話，說一不二

成對的宮廷牌

　　「錢幣王后」可與任何其他宮廷牌形成牌對。比較這兩張牌的階級與牌組，來判斷這樣的對子可能代表什麼意義。

牌意解析

錢幣王后

　　「錢幣王后」的性格綜合了錢幣牌組正面的土象能量與王后專注於內在的取向。如果你去拜訪錢幣王后，她看見你的頭一句話會是：「進來，快進來。見到你真是太好了，先喝碗湯吧！」沒有人比她更好客、更關懷人了。她最大的樂趣就是照顧別人——確定大夥兒都很快樂、很安全。她家裡永遠滿是小孩、寵物、植物，以及不拘形跡的訪客。她對每個人都溫暖而慷慨，處理日常事務時，總是明理而實際。她沒有許多時間做精細的計畫和其他瘋狂事兒，如果有什麼事情需要做，她就只管去做，不會小題大作、勞師動眾。必要的時候，她能用少少的資源搞定一切，並總能安然度過緊急的時刻。她腳踏實地、實事求是，總是那麼忠誠而穩定。由於她生性信任別人，別人也全然信賴她。當你傷痛或需要幫助時，「錢幣王后」將會撫平你的恐懼、分擔你的煩憂。

　　占牌時，「錢幣王后」要求你依照她的方式去思考與感覺。例如，你是否滿懷溫情、關照他人？你的言行是否合情合理？是否信守諾言？是否慷慨大方？在艱困的時候，你是否能夠依靠？

　　這張王后牌也可能代表一位與她相像的男性或女性，或是一種溫暖、信賴而安全的氛圍。占卜時，她告訴你，此時此刻她的特殊能量對你具有某種意義。無論這張王后牌是以什麼樣的形式出現在你的生活中，讓自己從她身上得到激勵吧！

錢幣國王（King of Pentacles）

- ·善於經營的
- ·熟練的
- ·可靠的
- ·支持的
- ·穩定的

行為表現

·善於經營的

讓任何事業都能成功
在每個地方都發現機會
吸引財富
採用一個構想並且讓它
　收效
天生的管理者和生意人
能夠點石成金

·熟練的

通曉實際的事務
具有廣泛的天賦與才能
具有快速的反應能力
雙手靈巧熟練
有能力處理任何局面

·可靠的

做到所有的保證與承諾

承擔責任
可靠而從不令人失望
處於危機時能被仰賴
做眾人倚靠的中流砥柱

·支持的

鼓勵他人獲致成就
隨時準備伸出援手
是個慈善家
慷慨地付出時間和關注
贊助值得做的計畫

·穩定的

以堅定的決心邁向目標
避免情緒與行為的起伏
保持規律的習慣與活動
維持冷靜、平穩的態度
發揮影響力以帶來穩定

成對的宮廷牌

「錢幣國王」可與任何其他宮廷牌形成牌對。比較這兩張牌的階級與牌組，來判斷這樣的對子可能代表什麼意義。

錢幣國王

牌意解析

「錢幣國王」的性格綜合了錢幣牌組積極的土象能量與國王活躍外向的態度。我們不妨稱他為財神爺國王，因為他能夠點石成金（各種各樣的財富）。他在每個地方都能發現機會，一旦決定要做什麼，便一定能夠成功。他富有進取心且熟於世事，無論從事何種工作，都能運用他廣泛的技能和實用的知識，勝任愉快地處理它。每個行業他都涉獵，且都能精通。他永遠負責可靠，人們全心地仰賴他，因為他從不讓他們失望。他總是慷慨地給予時間和資源，因為他知道，施予越多，回報也越多。他鼓勵人追求成就，並總在需要的地方給予支援。他擁有穩定而平和的性情，能為任何局面添加安定的元素。當他為自己訂下目標，便會以堅定的決心去追求它，直到成功。

占牌時，「錢幣國王」要求你採取他可能會採取的行動。例如：信守承諾、修復裂痕、賺錢，或是贊助一項新事業。這張國王牌也可能代表一位擁有此種行事風格的男性或女性，或是一種穩定、可靠而稱職勝任的氛圍。占卜時，他告訴你，此時此刻他的特殊能量對你具有某種意義。無論這張國王牌是以什麼樣的形式出現在你的生活中，讓自己從他身上得到激勵吧！

單元五

塞爾特十字牌陣

The
Celtic Cross
Spread

塞爾特十字簡介

⊁⊀介紹⊁⊀

「塞爾特十字」或許是最古老且最為流行的塔羅占卜牌陣。它之所以流傳了這麼久，是因為牌陣的配置很簡單，卻極具威力。由於多年來許多人使用過它，這個牌陣周圍已積聚了強大的能量。

你可以把「塞爾特十字」想成是由兩個部分組成：左邊的「圓圈／十字」（六張牌），以及右邊的「柱杖」（四張牌）。

塞爾特十字牌陣

圓圈　十字　　　　　柱杖

左邊的圓圈／十字是模擬遍佈於愛爾蘭的塞爾特十字架（Celtic cross）。這種十字架上有個圓圈，連結四根成直角的幅條。這圓圈和十字象徵精神與物質的結合，以及所有事件在時間中的合一。

環形區塊的陰性能量與柱杖區塊的陽性能量共同運作，這塞爾特十字的兩個部分反映出實相界的二元本質——人類心靈中無處不在的兩極性。

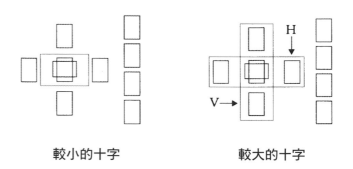

較小的十字　　　　　　　較大的十字

　　圓圈／十字部分是由兩個十字所組成——一個較大的十
字（六張牌）中央又藏著一個小十字（兩張牌）。這個小十
字代表事件的核心——占卜當時對你最為重要的因素。它是
你的生命之輪繞以旋轉的轂軸。

　　較大的那個十字包含兩條軸線，環抱著較小的十字。水
平的軸線顯示時間的推移，從左邊的「過去」進入右邊的
「未來」；垂直的軸線則代表你的意識，從下方的「無意
識」，推移到最頂上的「明意識」。這六張牌合在一起，提
供了你占卜當時內外在環境的一張快照。

　　柱杖區域的四張牌超然於你切身的情境之外，為你的生
活下了評註。在這兒，你的「內在指引」幫助你了解圓圈／
十字區域所顯現的訊息。你接收到關於自己、他人、你生活
中的功課以及未來方向的指引。

　　塞爾特十字有好幾種版本，差異之處通常是在三－四－五
－六號牌。我用的是環形的配置，以強調「無意識」和「過去」
（三號牌及四號牌）是如何通往「明意識」和「未來」（五號牌
及六號牌）。此外我也為九號牌添加了一些意義。在傳統上，
這個位置意味著「希望與恐懼」，但我也將它用作代表「功
課」或「指引」的牌。只要你在占牌前就決定好要做哪些改
變，你永遠可以調整牌陣以適應自身的特殊需要。

這是穆爾達克（Muredach）
的塞爾特十字架。

（摘自Derek Bryce所著
《塞爾特十字架的象徵意義》
（ Symbolism of the Celtic
Cross）一書。York Beach, ME:
Samuel Weiser, 1995, p.113）

╳解讀塞爾特十字╳

以下是解讀塞爾特十字的一個方法：

一、檢視「圓圈／十字」區域的六張牌。它們顯示占牌
當時你生命中發生了什麼狀況。

二、兩兩一組地檢視紙牌，或許可依以下順序進行：

a.檢視一號和二號牌，找出核心的動力。

b.檢視三號和五號牌，找出你不同意識層面的狀況。

c.檢視四號和六號牌，看看人物與事件是如何穿流於你

的生活。

　　根據這六張牌，創造出你目前處境的描述。

　　三、檢視「柱杖」區域的四張牌，或許可以依照下面的順序進行：

　　a.檢視七號牌和八號牌，發掘出更多你與環境之關係的訊息。

　　b.檢視十號牌──「預測的結果」。你對它有什麼感覺？它在對你說些什麼？

　　四、回顧這些牌，找出導致這項結果的因素。看看是否有一張牌特別突出，成為全局之關鍵。同時：

　　a.比較「預測的結果」（十號牌）與「另一種可能的結果」（五號牌）。

　　b.思考「近期的未來」（六號牌）是如何導致「預測的結果」（十號牌）。

　　c.看看第九號牌是否告訴你一些你需要知道的事情。你是否懷有與此相關的希望或恐懼？

ᚷ 塞爾特十字牌陣各位置關鍵詞 ᚷ

位置一	位置二	位置三
問題的核心 當前的環境（外在） 當前的環境（內在） 首要的因素	抗衡的因素 變化的因素 次要的因素 強化的因素	根本原因 無意識的影響 深層的意義 未知的因素
位置四	**位置五**	**位置六**
過去 消退中的影響 已解決的因素 將要釋放的特質	態度與信念 明意識的影響 目標或目的 另一種可能的未來	未來 趨近中的影響 未解決的因素 將要擁抱的特質
位置七	**位置八**	**位置九**
目前的你 可能的你 你所展現的你 你眼中的自己	外在環境 他人的觀點 他人的期待 他人所見的你	指引 關鍵的因素 希望與恐懼 被忽略的因素
	位置十	
	結果（整體） 結果（內在狀態） 結果（行動） 結果（效果）	

塞爾特十字・位置一

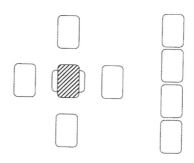

・問題的核心　　　　　　・當前的環境（內在）
・當前的環境（外在）　　・首要的因素

・問題的核心　　　　　　・當前的環境（內在）

核心的議題　　　　　　　內在因素
主要的考量　　　　　　　你如何感受某個情境
基本的憂慮或煩惱　　　　關鍵的個人特質
首要的重點　　　　　　　基本心態
焦點　　　　　　　　　　情緒狀態
根本的問題　　　　　　　你內在發生的事

・當前的環境（外在）　　・首要的因素

「包圍著你的一切」——　主要的影響
　—傳統用法　　　　　　具支配性的特質
週遭的環境　　　　　　　特別突顯的特徵
手邊的問題　　　　　　　最重要的元素
你身邊發生的事　　　　　最顯著的特質
你正在處理的事
外在因素

塞爾特十字・位置二〔註〕

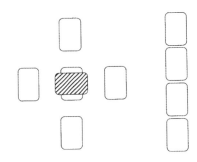

・抗衡的因素	・次要的因素
・變化的因素	・強化的因素

・抗衡的因素

「與你交會的一切」
　　——傳統用法
對立的元素
抗拒的來源
相平衡的趨勢
調和的影響力
對手或顛覆份子

・變化的因素

局外的事物
不可預期的因素
新的考量
破壞平衡的力量
驚喜
擾亂現狀之事物

・次要的因素

稍有相關的考量
其他的消息來源
與正題無關的議題
從屬的問題
較不重要的因素

・強化的因素

支持性的特質
附加的強調
協力的人物
額外的吸引物
擴大的力量
相關的議題

〔註〕牌的擺法：
第二號牌的正確擺法，是把
牌順時鐘旋轉九十度，放置
在一號牌上。如果牌的圖像
上端是朝著左邊，這張牌便
是逆位的。

塞爾特十字・位置三

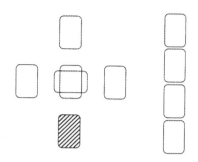

・根本原因　　　　　・深層的意義

・無意識的影響　　　・未知的因素

・根本原因

問題的根源

某個局面的基礎

事情之所以如此的原因

童年或過去生（業力）

　　的影響

事件背後的原因

起點

・深層的意義

較大的圖像

基本的模式

涵蓋一切的觀點

靈魂（精神本質）的目

　　的

底層的前因後果

真實發生的狀況

・無意識的影響

「在你底下的」

　　——傳統用法

未被認出的動機

未曾承認的目標

最基本的衝動

驅動的需求或慾望

被否認或拒絕的自我面向

・未知的因素

潛藏的影響力

未獲承認的貢獻

未被發現的參與者

隱藏的目的

幕後的運作

塞爾特十字・位置四

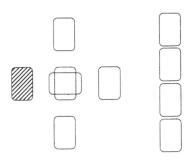

・過去
・消退中的影響

・已解決的因素
・將要釋放的特質

・**與過去相關的**
特質
人物
信念
事件
機會
取向
關懷
希望
恐懼

・**已解決的因素**
已經完全實現的特質
已完成的任務
已收工的事物
可以撇開不論的因素
已經受到關照的事物

・**消退中的影響**
逐漸喪失重要性的特質
消退中的考量
先前的焦點
正在離去的某人／某事
殞落中的星星

・**將要釋放的特質**
過時的做法
不再有用的東西
不必要的包袱
不再需要的某人／某物
將被擯除的因素

塞爾特十字・位置五

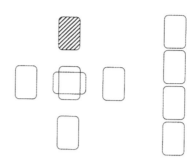

・態度與信念
・明意識的影響

・目標或目的
・另一種可能的未來

・態度與信念
你接受為真的事物
假設
信念
你如何看待發生中的一
　切事情
錯覺或假象
你賦予信任的所在

・目標或目的
志向，抱負
你企圖成就的
對未來的期望
你打定主意想要的
偏好
希冀的結果

・另一種可能的未來
「可能發生的」
　——傳統用法
可能的發展
不同的可能性
另一種選項
你認為將會發生的
你有意識地預期的未來

・明意識的影響
你心中所想的
你所專注的
你所擔憂的
你所執迷的
你所承認的
已知的

塞爾特十字・位置六

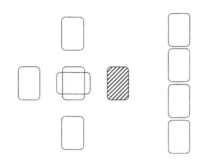

・未來
・趨近中的影響

・未解決的因素
・將要擁抱的特質

・**與未來相關的**
特質
人物
信念
事件
機會
取向
關懷
希望
恐懼

・**未解決的因素**
尚未實現的特質
尚未完成的任務
懸而未決的事物
必須列入考量的因素
需要被關照的事物

・**將要擁抱的特質**
有效的做法
將會有用的東西
令人希冀的特質
被需要的某人／某物
將受到歡迎的因素

・**趨近中的影響**
重要性逐漸增加的特質
發展中的考量
將來的焦點
正在來臨的某人／某事
明日之星

塞爾特十字・位置七

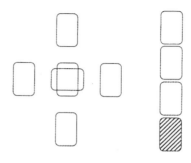

・目前的你　　　　　　・你所展現的你

・可能的你　　　　　　・你眼中的自己

・**目前的你**

個人的風格

你的性格或性情

你面對問題的做法

你獨特的取向、態度

你的觀點

你的生存方式

你的立場或態度

・**可能的你**

可供汲取的內在資源

你能運用的天份或能力

你所能做到的

希望企及的理想

可能的做法

你想要成為的

你對自己設定的目標

・**你所展現的你**

你的公眾形象

你認為自己該是如何

你對世界展現的面具

你為維持表象所做的事

你所接受的角色

自己加諸的責任

你的「假我」

・**你眼中的自己（傳統用法）**

你的自我形象

你對自己的信念

你對自身處境的感覺

你對自我的恐懼

你對自我的假設

你如何限制自己

你如何拓展自己

塞爾特十字・位置八

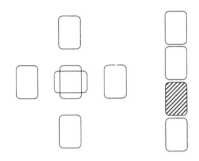

・外在環境　　　　　　　・他人的期待

・他人的觀點　　　　　　・他人所見的你

・**外在環境**

「圍繞你的一切」

　——傳統用法

氣氛

情緒的氛圍

物質與社會的環境

某種情境的背景

競爭場域

你須於其中運作的框架

・**他人的觀點**

他人如何看待該情境

他人的立場

問題的另一個觀點

不同的看法

客觀的意見

・**他人的期待**

他人期待於你的

加諸於你的要求

他人覺得你應該做的

他人對你主張的權利

加諸於你的外在限制

你被分派的角色

・**他人所見的你**

「他人如何看你」

　——傳統用法

你給人的印象

你是如何被評估的

公眾對你的看法

你所創造的印象

你對他人的影響

塞爾特十字‧位置九

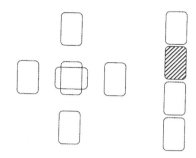

‧指引	‧希望與恐懼
‧關鍵的因素	‧被忽略的因素

‧指引

你可以做些什麼

最佳的進行方式

你可以如何改變

警語

事態的真相

不同的做法

有助益的建議

誠實的評估

‧希望與恐懼（傳統用法）

你所害怕的

你所懷疑的

你所規避的

個人的心魔

你所渴望的

你的夢想

你的理念

你的秘密願望

‧關鍵的因素

根本的面向

需要學習的教訓

解釋一切的原因

目前發生之事的線索

你需要知道的

連接的環節

‧被忽略的因素

你未曾考慮到的事物

拼圖中缺漏的一塊

起作用的另一個人

需要考慮的另一件事

意外的元素

受到低估的影響因素

塞爾特十字・位置十

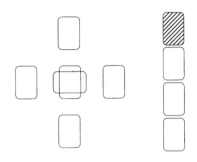

・結果（整體）　　　　　　・結果（行動）
・結果（內在狀態）　　　　・結果（效果）

・結果（整體）

最有可能的結果

可能會發生的

該局面可能的解決方式

一切事情的導向

可能的解決之道

・結果（內在狀態）

你最終將如何感覺

你的心情將會是如何

你將獲得的了悟

你將吸取的教訓

你將採取的態度

你將實現的特質或能力

・結果（行動）

你可能必須去做的事

你可能怎麼成功／失敗

你可能必須採取的行動

必須遵循的行為

你可能成就的

你可能必須採取的做法

・結果（效果）

別人將如何受到影響

環境將如何變化

他人將會怎麼做

可能遭遇的反制或衝撞

可能的利益或報償

將會獲致的改善

情況的變化

吉兒的故事

⋙引言⋘

　　這個故事是我為一位朋友在一年的時間當中所做的三次一系列占卜。這幾次占卜顯示了塔羅是如何隨著時間的推移反映事件的發展。每次占牌都是一個特定時刻的「快照」，隨著事件的進展，這快照的圖像也會改變，但其中卻有共同的脈絡貫串著。在這一系列的占卜中，你會看見新的元素如何與持續存在的元素互動著。（不使用逆位的牌。）

　　在以下的解牌文字中，取自單元四〈牌意解析〉的字句會以**粗體字**標明，取自〈塞爾特十字牌陣各位置關鍵詞〉列表的字句則以*斜體字*標出。建議你把牌陣中用到的牌排出來，如此，你也可以體驗占卜的過程。

⋙第一次占牌⋘

　　第一次占牌是在一九九〇年一月，我為吉兒做了一次「開放式占卜」。吉兒在十一個月大時就被人收養，她想盡可能地探知她生命頭一年的狀況。好幾個月來，她嘗試得到生母和生父的消息，雖然對於後者她沒那麼急切。

　　吉兒試圖與辦理她收養事宜的仲介交涉，卻發現大部分的資訊都不對她開放。占牌的時候，她已經決定採取法律行動以取得她要的資料。右圖是她占得的牌：

　　這些牌排出來後，我們兩人都立刻被那張「寶劍三」所吸引──事情的*根本原因*。這張牌完美地象徵了做為嬰兒的吉兒在突然與生父母和寄養家庭分離時必定會感受到的**心碎**和**孤寂**。留意那三把劍──吉兒和她的雙親──刺穿了他們共同的心。

　　背叛的意義也很重要。在某種層面上，吉兒覺得被許多

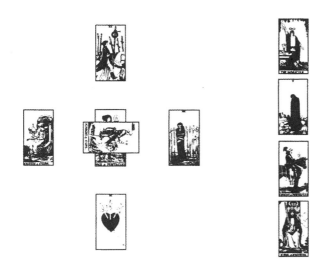

第一次為吉兒占卜所得出的塞爾特十字牌陣

人背叛：不讓她追尋身世的養父母，百般阻撓的仲介，以及吉兒或許因為受拋棄而*在無意識中*怨恨著的生父母。

　　牌陣中的這許多張宮廷牌暗示著平衡的必要。首先是中央的錢幣／聖杯牌對（牌一和牌二），它們象徵吉兒幻想未來的願望（聖杯）以及注重實際的必要（錢幣）之間的衝突。結果，這個主題將成為吉兒在接下來幾個月中*首要的焦點*。

　　「錢幣侍衛」顯示吉兒為了贏得訴訟、繼而獲悉身世，必須專注在**實際的**事務上。「聖杯騎士」則顯示她反面的傾向——**不切實際地**夢想著找到生母會是何種景況。他暗示吉兒在情感上欠缺節制。這張騎士牌顯示她的期望**過於浪漫**了。

　　位置四的「聖杯王后」強化了這個概念。看見這張牌時，「母親」這字眼跳進了我的腦海。我突然覺得這張「聖杯王后」在這案例中有著特殊的意義。她是吉兒希望找到的夢幻母親，一個滿心**愛意**與**柔情**的慈母。這個來自*過去的渴*

望驅使吉兒來到目前的情境。

　　另一個重要的牌對是位置七的「寶劍國王」和位置八的「錢幣騎士」。這裡的「寶劍國王」暗示在此情境中吉兒*自認為*是**誠實**與**正義**的使者，她認為獲知她生命中頭一年的真相是她的權利。同時，在這次占卜的前一週，吉兒已經準備好了呈送法庭的立場聲明書。她運用了「寶劍國王」的天賦——敏銳的**分析能力**、**思維能力**，以及**寫作技巧**。

　　「錢幣騎士」暗示其他人或許會認為吉兒太過**嚴肅**和**執著**。由於他們不欣賞她強烈的態度，便*判定*她太**過執迷**而難以妥協。無論這種看法是否有理，這都是個寶貴的訊息。如果吉兒不見容於仲介及司法體系，她成功的機會便降低了。「錢幣騎士」暗示吉兒應該採溫和而理性的做法，緩和任何**缺乏彈性**的表象。

　　位置九的「聖杯五」是*整個情境的關鍵*。它代表**失去**，這始於吉兒最初失去親生父母。現在，吉兒必須願意放棄她的夢幻母親，好讓她能與真實的母親建立真正的關係，無論她是誰。同時，她也*害怕*會**輸掉**這場官司。

　　「寶劍八」暗示*前頭會有一些令人迷惑的時刻*。當吉兒試圖平衡矛盾的感情時，會不時感到**無力**。同時，外界的力量或許會暫時**限制住**她的追尋。

　　另一方面，沒有什麼比位置五的「權杖六」和位置十的「魔法師」更正面的了。「權杖六」顯示吉兒*明意識*信念的力量，相信自己有能力克服法律上的障礙，**贏得成功**。她知道自己能夠獲致「魔法師」牌所*預示*的勝利。牌陣中唯一的大阿卡納牌「魔法師」顯示，當吉兒認知到她的目標時，會有非凡的**力量**等待著她。如果她能整合內在的力量，有意識地接受她的損失，將會獲得極大的成功。

✕ 第二次占牌 ✕

　　一九九〇年六月，我為吉兒和她的狀況做了一次「為他人占卜」。我所獲悉的事件發展戲劇化得令我很想看看塔羅牌會怎麼說。

　　在三月，吉兒與一位法官會面，對方確認她尋找親生父母的正當性，於是裁定收養檔案應該解密。歷盡艱辛後，吉兒在三個星期內找到了親生父母，她的生父起初不太想跟她談話，但當她和生母在一個遙遠的城市會面後，母親即溫暖地歡迎她。

　　我真的覺得吉兒實現了第一次占牌所預測的正面結果。她相信自己的能力，並在很短的時間內達成了所有的目標。然而，這時劇情卻有了出乎意料的轉折。

　　吉兒與生母很快地建立起親密的關係，而當她住在母親那兒時，她的生父又與她們恢復了聯繫。她的父母在分離三十多年之後頭一次交談，也很快地舊情復燃了！就是在這個時候，我決定做一次占卜，我想了解環繞著此一情境的高張能量。我寫下的問題是：「吉兒與她生父、生母間彼此交纏的生命戲劇，其本質及原因為何？」下頁所示是我選到的牌：

　　我們再次看見位置一出現了一張「侍衛」牌。吉兒*當前的處境仍是一個行動的機會*，但這回她面對的是一項**挑戰**。吉兒必須對自己**誠實**，並以**堅毅**和**清明的頭腦**（寶劍）面對此一情境。

　　位置二的「寶劍四」告訴她該如何支持自己度過這段時期。她必須小心謹慎地**檢視自己的行為和動機**，同時在心中**培養出穩定而寧靜的中心**，好讓自己能夠乘坐這種情緒的雲霄飛車。

　　在牌三和牌五我們看見了這次占卜與第一次占卜之間的關聯。在位置五，我們再次看見「夢幻母親」——聖杯王

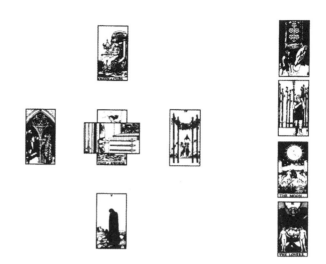

第二次為吉兒占卜所得出的塞爾特十字牌陣

后。吉兒似乎還沒有放棄這個理想，還把它牢牢放在*明意識的心中*。大多數的時間裡，她都在*想著、感覺著她的生母*。

在第一次占卜中，「聖杯五」顯示變調的情感失落是吉兒在這齣戲劇中的*關鍵功課*。現在，這張牌移到了位置三。吉兒對自己身世的**憾恨**變得深植在*無意識*中。在*內心深處*，她悲悼著失去親人以及原本可能的夢想。她這身世的重演也激起她對於再度**失去雙親**的恐懼。

位置四的「錢幣三」暗示吉兒與雙親先前享有的**團隊關係**已經成為過去。這張牌上的人物位置透露了很多訊息。其中兩個人站在一起，另一個人則獨自站著。那落單的人半轉身子，彷彿無法決定自己是否跟另外兩個人是一夥的。在研究這張牌時，我頭一次注意到那落單的人右手中倒轉的杯子。它是多麼清楚地呼應著「聖杯五」中翻倒的杯子、以及它們所象徵的失落！

位置六的「權杖四」是**慶祝**的理由。無論吉兒的情況將如何演變，*不久的將來似乎都會是很***令人興奮**的。

　　牌七和牌八帶有額外的份量，因為它們是大阿卡納牌。這兩張牌指出吉兒與其環境之間的重要矛盾。*吉兒的觀點是*「戀人」，她想締造原本被剝奪的**愛**與**親密關係**的連結，同時，她也在接受她的雙親*真*的成為戀人的事實。

　　可惜，*吉兒的環境充滿了***恐懼**和**幻覺**。「月亮」象徵著當事情不若表面上看來那樣、或是人們言不由衷時所帶來的**不確定**。這個案例中並沒有刻意的欺騙，只是欠缺明晰。沒有人心懷惡意，但每個人都不確定自己真正的需求。

　　吉兒似乎正在走向「錢幣五」（牌十）所描繪的某種**拒絕**。整個牌陣所顯現的欠缺整合，暗示她可能會*發現自己就*像圖中流落街頭的可憐人般遭人**迴避**，**被遺棄在冷風中**。

　　吉兒的力量在於**眞誠**。「寶劍侍衛」（牌一）提醒她**清明**與**誠實**是核心要務，但同時，她也必須為最壞的狀況做準備。位置九的「權杖九」*告訴她*必須自我**防衛**，並準備運用她潛藏的力量。不遠的將來或許有值得**慶祝**之事，但當吉兒在新關係的真相中尋求自處之道時，也將會遭遇艱困時刻。

⚔ 第三次占牌 ⚔

　　第三次為吉兒占卜是在一九九〇年十一月，她本人也在場。七月時，吉兒的生父前來探訪她的生母，兩人之間剛萌芽的戀情迅速進展。到了八月，吉兒和她生母到他生父居住的遙遠州郡旅行，這趟旅行有其正面之處，但後來卻有令人煩擾的轉變。某天晚上，她父親當著她的面將門摔上，讓她經驗到第二次占卜中所預測的「拒絕」。在他們之間的緊張達到最高點之際，她被趕到了街上。

　　吉兒的母親從此再也沒有返家。她拋下了現任丈夫和所有財物，搬去跟吉兒的生父同住。從這時候起，吉兒與他們兩人的互動就常常很緊繃，還發生過幾次戲劇性十足、甚至教人害怕的場面，讓吉兒十分煩惱。占牌的時候，她非常想

知道這種情況將會怎麼發展。她所寫下的問題是：「我和我生父、生母的關係，未來將會如何發展？」

　　以下是她抽到的牌：

第三次為吉兒占卜所得出的塞爾特十字牌陣

　　我們可以看見，原本存在於吉兒處境中的能量仍然很明顯。有四張牌是重複的。「寶劍八」從第一次占卜時的位置六移到了位置三。原本在未來的**限制**現在成了*目前情境的基礎*。過去一年的感情事件如此的騷亂，以至於吉兒*在根本的層面上深感*無力。

　　「權杖九」從第二次占卜時的位置九移到了位置五。這張牌是在警告吉兒要照顧好自己，並**為最壞的情況做準備**。沒錯，她的確已經*開始朝這些方向思考*了！由於被刺傷過，她知道自己必須堅強、必須**防衛**自己。

　　「權杖四」從第二次占卜時的位置六移到了位置四。親人重聚的**歡欣**已經在*消退中歡樂時光*的興奮*已流過吉兒的生命，現在已成為過去了*。

　　牌七和牌八顯示*吉兒的期待與她父母的仍然不相符*。吉

兒渴望**安穩、有秩序的**家庭生活（錢幣十），她想要一個能夠**持續**的結果——不過就是體驗正常家庭平凡生活的機會。

　　然而，*她的父母*卻被綁縛在「惡魔」牌所象徵的**執迷關係**中。吉兒在第二次占牌時看成「戀人」的愛情，其實是兩個靈魂的**枷鎖**，缺乏足夠的自我了解去創造一種能容得下他們女兒的愛。

　　吉兒需要一個解答，而有兩張牌都暗示解答即將到來。首先是位置一的「權杖八」，它顯示了**結**是可能的。如果吉兒採取**迅速而決斷的行動**，她將能夠**完結未了之事**。

　　「死神」牌也顯示在*不久的將來*結局就要到來。或許這三個人將會**分道揚鑣**，又或許吉兒將會與她父母**過渡**到一種新關係中。

　　「皇后」牌做為*結果*或*解答*是正面的訊號，因為它顯示，在此情境中，母親的理想就是吉兒將獲得的領悟。「皇后」是**母性**的原型——儘管有種種誘惑阻撓，仍能夠去愛、去疼惜撫育的能力。吉兒覺得這張牌也意味著她該重新專注在自己做為母親的角色上。

　　假如吉兒想獲致此種正面的結果，她該怎麼做呢？關鍵在那兩張錢幣宮廷牌。位置九的「錢幣侍衛」是第四張重複的牌，（第一次占卜時）它原本出現在位置一，現在它再次強調*吉兒的功課在於信任*，以及**依夢想行動的能力**。

　　儘管歷經重重阻礙，吉兒終於找到了親生父母，但她卻發現現實與她的幻想並不相同。她學會信任自己，不依賴他人的支持去度過難關。牌二的「錢幣國王」告訴吉兒不要透過他人去尋求救贖。她必須在自己內心發展出**穩定而可靠的**成熟（國王）錢幣牌特質。

　　而那張「侍衛」牌則*鼓勵她*伸張自己的力量，並**找出能奏效的解決之道**。她必須斷然釋放她對理想家庭的夢想，如此一來才能夠跟她真實的父母相處，包容他們所有的缺陷與

侷限。

　　雖然這次占卜是關於愛與血緣關係，但卻沒有出現半張聖杯牌。這些代表愛與感情的牌完全付之闕如。愛的功課不是總那麼容易，對吉兒來說，它們以挑戰的形式出現，激發她內在潛藏的力量，使她成為更堅強、更有智慧的人。

附録
Appendices

{附錄A} 愚人的旅程

「愚人的旅程」是生命之旅的隱喻，每張大阿卡納牌都代表這旅程中的一個階段——某種個人必須汲取的經驗，藉以實現他的完整。以下這二十二項描述，是以每張大阿卡納牌的關鍵詞為基礎，這些關鍵詞在行文中會以**粗體字**突顯出來，而牌的號碼則註記在括號中。

愚人

我們從「愚人」牌（0）說起——一張代表**開始**的牌。愚人牌代表剛剛展開人生旅程的每一個人。他之所以是個愚人，是因為只有單純的靈魂會有如此天真的**信心**，去展開這樣一場充滿危險與痛苦的旅程。

在其旅程的起點，愚人是個新生兒——未經磨練、開放、**隨性自在**。這零號牌上的人物雙手敞開，頭仰得高高的，準備擁抱任何遭逢的事物，但他也渾然未覺自己即將踏上懸崖邊緣。當他出外闖蕩、學習世界的功課時，他並不知道自己將面對什麼樣的艱險。

「愚人」有點兒獨立於其他大阿卡納牌之外。「零」是個不尋常的數字，它位於數字系統的正中央——就落在正數與負數之間。出生時，愚人身處他個人宇宙的正中央，他既是奇特的空虛（正如「零」一般），但又滿懷著前進學習的欲望。這企圖似乎是種**愚昧**，但真是如此嗎？

魔法師與女祭司

上路後，愚人立刻遇上了「魔法師」（1）和「女祭司」（2）——構成感知世界的偉大平衡力量。物質宇宙的特徵之一就是，只要我們舉出經驗的某個面向，便會自動喚

起它相對的一面。

「魔法師」是積極的一面。他代表創造性驅力**積極**、**陽剛**的力量，同時也是我們**有意識的覺知**。魔法師是容許我們透過個人意志及**力量的聚焦**去衝擊世界的力量。「女祭司」則是消極的一面，代表**神秘**的**無意識**。她提供肥沃的土壤，讓創造性事物得以發生。女祭司是我們未實現的**潛能**，等待一個活躍的力量將它表達出來。

*積極*與*消極*這兩個詞並不暗示「好」與「壞」。這些是人為的區別，在塔羅上並不適用。在價值和重要性上，魔法師與女祭司絕對是相等的。兩者都是維持平衡所必須。我們也許會把「消極」視為「陰暗面」，但若沒有陰影，我們就無法看見光亮；若沒有潛能的土壤，我們便無法創造。

✕ 皇后 ✕

當「愚人」漸漸成長，他對週遭環境會有更多的覺知。如同大多數的嬰兒，他最早認得的是他的**母親**——那個照顧他、哺育他的溫暖慈愛的女性。他同時也會覺知到「大地之母」，那個廣義上撫育他的母親。

「皇后」牌（3）代表**自然**與**感官**的世界。小嬰兒樂於探索他所觸碰、嚐到以及聞到的每樣東西，對那些吸引他感官的景物與聲音，他永遠不嫌多。大地母親用她的支持環抱著我們，在這些**豐富**的滋養中感到喜悅，是最自然不過的了。

✕ 皇帝 ✕

愚人接下來會接觸的人，是「皇帝」（4）牌的**父親**角色。他是**結構**與**權威**的代言人，當小嬰兒離開母親的懷抱，他會知道世界有其模式。事物會以可預期的方式回應他，可以好好探索。從發現秩序的過程，孩子體驗到一種新的樂趣。

　　「愚人」也會遭遇到**規則**。他會學到，他的意志並非永遠至高無上，為了自己好，某些行為是必要的。權威人士會將這種指標施加在你身上，這些限制可能令人感到受挫，但是，透過父親耐心的指導，愚人開始了解它們背後的用意。

ЖЖ 教皇 ЖЖ

　　終有一天，「愚人」會踏出家門，探索更廣闊的世界。他會接觸其所處文化的信仰與傳統，並展開正式的**教育**。「教皇」（5）代表這種開始圍繞並教導這個成長中的孩子的、有組織的**信仰體系**。

　　「教皇」是闡釋神秘知識和奧義的人。在第五號牌上，我們看見一位宗教人物正在祝福兩位侍僧，他或許是在引領他們成為教會成員。雖然牌上的圖像是宗教性的，實際上卻象徵一切形式的啟蒙。

　　孩子受到他所處社會一切常規的訓練，並成為某個特定文化及世界觀的一部分。他學習認同某個**群體**，並發現一種歸屬感。他樂於學習社會習俗，並展現他能夠**遵奉**得多麼好。

ЖЖ 戀人 ЖЖ

　　最後，「愚人」會面對兩種新的挑戰。他體驗到強烈的衝動，想要與另一個人做**性**的結合。在此之前，他大致上是自我中心的。現在如「戀人」（6）牌中所描繪的，他感受到與自我中心相抗衡的傾向，想要向外拓展，成為情愛關係的一份子。他渴望**親密關係**。

　　同時，「愚人」也必須決定**自身的信念**。當他學習、成長之時，只要遵守成規就夠了。但到了某個時點，如果他想忠於自我，就必須決定自己的**價值觀**。他必須開始質疑接收到的意見。

✖ 戰車 ✖

　　長大成人後，愚人開始有了強烈的身份認同，並對自己有了某種程度的掌控。透過紀律和**意志力**，他發展出一種內在的控制力，使他得以超越自身的環境。

　　「戰車」（7）代表這種強而有力的自我，也就是愚人到目前為止最高的成就。在這第七號牌上，我們看見一個驕傲而威風凜凜的人物**凱旋**地巡行他的世界。顯然，自我和他所俯臨的一切都在他的**掌控**中。此時此刻，愚人**自我伸張**的成功是他可能希冀的一切，而他也感到某種程度的自滿。他的信心，是年輕人篤定的自信。

✖ 力量 ✖

　　隨著時間推移，生命會為愚人帶來新的挑戰，其中有些將導致痛苦與幻滅。很多時候，他會需要汲取「力量」（8）的特質。他將被迫發展勇氣與決心，即使遭遇挫折也能繼續前行。

　　愚人也會發現**耐心**和**容忍**的寧靜屬性。他將了解，「戰車」專斷的掌控，必須以仁慈和溫情的**柔性力量**加以調和。有時候，就在愚人以為他每件事——包括自己——都受掌控時，強烈的激情卻會洶湧而起。

✖ 隱士 ✖

　　或遲或早，「愚人」內心會被挑起亙古以來的大哉問：「為什麼？」他會專心致志地**追尋**答案，而這並非出於無聊的好奇，而是發自內心的需要，要知道人既然要死要受苦、卻又是為何而活。「隱士」（9）牌就是代表這種發現深層真理的需求。

　　「愚人」開始**向內省視**，試圖了解自己的感覺和動機。感官世界不再那麼吸引他了，他轉而尋求**孤獨**的時刻，遠離

人群撩亂的活動。當時候到了，他或許會找到一位**導師**或嚮導給予他忠告和指引。

❭❭❬ 命運之輪 ❭❬❬

經過漫長的心靈探索，「愚人」開始看見萬事萬物是如何連結在一起。他**窺見**世界神妙的設計，它複雜而精微的模式與**循環**。「命運之輪」（10）即是此一神秘宇宙的象徵，其各個部分和諧地共同運作著。當「愚人」瞥見世界的美麗與秩序，即使只是短暫的一眼，他便找到了所追尋的某些答案。

有時他的經驗像是出自命運的安排，一次偶遇或奇蹟般的事件開啟了變化的進程。在一連串將他引導向此一**轉捩點**的事件中，愚人或許識出了自己的**命運**。一向離群索居的他，覺得準備好再次採取行動了。他的視野更廣了，並將自己看成宇宙更宏大計畫的一部分。他的使命感回來了。

❭❭❬ 正義 ❭❬❬

愚人現在必須決定，這份了悟對他個人有何意義。他回顧自己的人生，追溯將他帶到這個點上的**因果**。他對過去的行為負起**責任**，好做出彌補，並確保未來能走上更誠實的道途。「正義」（11）的要求必須予以伸張，好讓他能將功過板擦拭乾淨。

這對愚人而言是個**決定**的時刻。他正在做重要的抉擇。他將對自己的體悟保持忠實？或是退回早期不知不覺的生存方式，從而阻絕進一步的成長？

⚔ 吊人 ⚔

勇敢無畏的愚人繼續前行。他決心實現自己的願景,卻發現生命並非如此容易馴服。或遲或早,他會遭逢個人的十字架——某種似乎難以承受的經驗。這個排山倒海的挑戰壓得他喘不過氣來,直到他別無選擇,只得放棄、**放手**。

起初,「愚人」感到挫敗和失落,他相信自己已經**犧牲**了一切,但在更深的層面,他知曉了驚人的真相。他發現,當他放棄企圖掌控的努力,每件事情都開始按照應然的方式進行了。藉著變得開敞而脆弱,「愚人」發現「內在自我」神奇的支持力量。他學會臣服於自己的經驗,而不是去對抗它們。他感到一種意外的喜悅,並開始順隨生命的波流。

「愚人」覺得自己**暫停**於一種超越時間的瞬間,沒有壓力,也沒有迫切之感。事實上,他的世界已經上下**逆轉**了。「愚人」就是那「吊人」(12),表面上在殉難受苦,實際上卻安詳而平和。

⚔ 死神 ⚔

現在,「愚人」開始革除舊有的習慣和陳腐的做法。他去除一切不必要的,因為他欣賞生命中基本的東西。他經歷了種種**結束**,將生命中不再適用的部分拋捨。這個過程看來或許像死亡,因為他所熟悉的自我死去了,好讓一個新我得以成長。有時這種**無可抵擋的改變**看似要將愚人毀滅了,但他最後終能再起,發現「死亡」(13)並非一種恆久的狀態。它只是個**過渡**,藉以達到一種更令人滿足的新生活方式。

⚔ 節制 ⚔

自從擁抱「隱士」後,「愚人」即在情緒的鐘擺上劇烈地來回擺盪。現在,他瞭解了「**節制**」(14)維持平衡的穩

定力量，找到了真正的寧定與均衡。藉著體驗極端，他終於能夠欣賞節度。「愚人」**結合**了自我的各個層面，成為一個合一的整體，洋溢著**健康**與幸福。跟「戰車」牌上威猛但嚴厲的統治者比起來，十四號牌上的天使是多麼優雅柔和？〔註一〕「愚人」走過了漫長的路途，終於實現了和諧的人生。

✕ 惡魔 ✕

「愚人」有了健康、心靈的平靜，以及優雅的從容。他還需要什麼呢？從日常的角度看，並不多，但「愚人」是勇敢的，他繼續追尋自我最深的層面。他很快就與「惡魔」（15）面對面了。

「惡魔」並非存在於我們自身之外的邪惡人物，而是某層面上深植於我們每個人內心的**無知**與**絕望**。**物質**的誘惑如此強力地束縛著我們，我們往往連察覺都沒察覺自己已經被它所奴役。

我們活在有限的經驗中，對於生來便擁有的光輝世界渾然不覺。第十五號牌中的那對男女被鎖鍊綁縛著，但他們卻默然順從。他們可以輕易地掙脫開來，但他們卻甚至未曾察覺身上的**束縛**〔註二〕。他們看來像是一對「戀人」，但卻未察覺他們的愛被侷限在某個狹隘的範圍內。這種無知的代價便是絕望的內在核心。

✕ 塔 ✕

「愚人」該如何掙脫「惡魔」的掌控呢？他能夠根除惡魔的影響力嗎？「愚人」唯有藉著「塔」（16）所代表的**遽變**，才能獲得**釋放**。「塔」是我們每個人圍繞著美麗的內在核心建構的自我堡壘。這座灰暗、冰冷、像岩石般堅硬的堡壘看似保護著我們，其實卻是座監獄。

有時，唯有巨大的危機才能激發足夠的力量摧毀這座高

〔註一〕瑞秋‧波拉克（Rachel Pollack），《七十八度的智慧，第一部》（Seventy-Eight Degrees of Wisdom，Part I），（London: Aquarian Press, 1980），p. 65.

〔註二〕瑞秋‧波拉克，《七十八度的智慧，第一部》，（London: Aquarian Press, 1980），p. 102.

塔的城牆。在這第十六號牌上，我們看見一道閃電擊中圖中的建築物，裡頭的人彈射出來，看來像是即將**墜落**身亡。圖中的皇冠顯示他們曾是驕傲的統治者，現在卻得向比他們更強大的力量低頭。

「愚人」若是想解放自我，或許就必須經歷這樣嚴酷的震撼，但隨之而來的**了悟**卻使這痛苦的經驗值回票價。黑暗的絕望瞬間被粉碎了，真理的光得以自由地灑落。

✕✕ 星星 ✕✕

「愚人」現在沉浸在一片安詳**寧靜**中，「星星」（17）牌上的美麗圖像見證著這靜謐。第十七號牌中的女子是赤裸的，她的靈魂不再隱於任何偽裝底下。閃耀在無雲天空的燦爛星子，就像是**希望**與**靈感**的燈標。

「愚人」得到了信任的賜福；信任完全取代了「惡魔」的負面能量。他對自己和未來又恢復了信心。他心中充滿喜悅，一心想**慷慨**地與全世界分享。他的心胸開敞，他的愛無拘無束地流溢著。對「愚人」而言，這暴風雨後的寧靜是神奇的一刻。

✕✕ 月亮 ✕✕

什麼作用能攪亂這完美的寧靜？還有別的挑戰等著「愚人」嗎？事實上，正是他的喜樂使得他容易陷入「月亮」（18）所象徵的**幻覺**。「愚人」的喜悅是一種情感狀態。他正面的情緒並未受清明的心智控管。處於空想飄渺的狀態時，「愚人」容易受幻想、扭曲以及對實象的誤解所影響。

「月亮」刺激著創造性的**想像**，為無意識中奇異而美麗的思緒開路，讓它們冒出表面。但根深蒂固的**恐懼**和焦慮同時會升起，這些經驗可能會使「愚人」感到失落而**迷惑**。

〉〈太陽〉〈

是「太陽」（19）的澄澈明晰導引著「愚人」的想像力。陽光照亮了所有陰暗的角落，驅散了迷惑與恐懼的烏雲。它**啓蒙**了「愚人」，使得他不僅能感受到、且能理解世界的美善。

現在，他享受著生氣蓬勃的能量和熱情。「星星」的開闊結晶成向外拓展的**信心**。「愚人」成了第十九號牌中赤裸的嬰兒，開心地騎著馬兒，迎接新的一天。「愚人」感受著燦爛的**活力**，沒有什麼挑戰會令他卻步。他將所需的一切吸引到身邊，投入種種恢宏的事業。他有能力實現自己的**偉大**。

〉〈審判〉〈

「愚人」**重生**了。他褪去了虛假的自我，容許明燦的真我展現出來。他發現喜悅——而非恐懼——才是生命的中心。

「愚人」感到被**赦免**了。他原諒了自己和別人，瞭解自己的真我是純真而良善的。他或許會懊悔過去的錯誤，但他知道那是出於他對自性的無知。他感到被洗滌、被更新，準備好要重新開始。

現在是「愚人」對自己的生命做出更深層「**審判**」（20）的時候了。他個人的審判之日已經來臨。由於他現在能真實地看待自己，因此能夠對未來做出必要的決定。他能明智地選擇要珍惜哪些價值、又要揚棄何者。

第二十號牌上的天使是「愚人」更高的自我，**召喚**他實現自己的承諾。他發現自己真正的天命——亦即他進入此生的原因。懷疑和猶豫消失了，他已準備好追隨自己的夢想。

✖ 世界 ✖

「愚人」重行進入「世界」（21），但這回他有了更完整的了解。他**整合**了自身所有異質的部分，成就了整體。他達到了新一層的快樂和**滿足**。

「愚人」感受到生命是充實而有意義的。未來充滿了無限的允諾。他依循個人的天命，積極地**投入**這個世界。藉著分享獨特的天賦與才能，他提供服務，並發現自己所嘗試的一切都能成功興旺。由於他的所作所為都出自內在的篤定，整個世界都聯合起來，讓他的努力得到報償，使他獲致許許多多的**成就**。

● ● ● ● ● ●

所以，「愚人的旅程」終究並非如此愚不可及。透過堅毅與誠實，他重新建立了最初驅策他上路追尋自我的天真勇氣，只不過現在他已充份覺知自己在世界上的位置。這個循環結束了，但「愚人」永遠不會停止成長。很快的，他將準備好展開一場新的旅程，它將引領他達到更深層的了悟。

{附錄B} 塔羅牌組的特質

　　塔羅的四個牌組各有其獨特的特質或能量。審視這份附錄上的字詞，你可以對這些能量獲得一些感覺。表上列出的字詞顯現各牌組特質的不同面向。這些詞僅僅是我的建議，如果你的直覺引導你往不同的方向，首先要信賴你自己的想法。

　　每個牌組都列有「正面」和「負面」兩組詞彙，這種劃分並不理想，因為它暗示著「好」與「壞」。在塔羅中，特質就是特質，沒有好壞之別，是我們人類根據它們對我們的影響來做評判的。我們的語言反映出這種判斷，因此我們對每種特質有正面及負面的敘述。我們對這些特質的看法也會因自己的處境而改變。「*進取而富侵略性*」究竟是正面還是負面的呢？端視情況而定。

權杖－正面

愛冒險的	快活的	激烈的
進取的	有信心的	強有力的
熾烈的	有勇氣的	英雄式的
有吸引力的	有創造力的	激勵人心的
無畏的	敢於冒險的	堅韌不拔的
熱切渴望的	熱切的	善於創造的
大膽的	興高采烈的	有魅力的
英勇的	精力旺盛的	樂觀的
活潑的	熱烈的	原創的
有魅力的	生氣勃勃的	直率外向的
迷人的	外向的	熱情的
	充滿感情的	冒險的

篤定的
自信的
不屈不撓的
勇敢的
全心全意的

權杖－負面

富侵略性的
性急的
驕傲的
天不怕地不怕的
不顧一切的
有勇無謀的
倉促草率的
剛愎任性的
不留心的
急躁魯莽的
焦躁易怒的
沒耐性的
魯莽衝動的
衝動行事的
輕率不謹慎的
不小心的
不負責任的
緊張不安的
過度自信的
過度熱心的
橫衝直撞的
放肆專橫的

草率行事的
不顧後果的
焦躁不安的
浮動不定的
過度專注自身利益
膚淺的
欠考慮的
沒準備好的

聖杯－正面

有審美品味的
溫柔親切的
愉快宜人的
和藹可親的
仁慈厚道的
鎮定沉著的
有愛心的
悲憫的
關心的
體貼的
老練而得體的
令人心神寧靜的
容易感動的
有同理心的
寬容有耐心的
和善的
好心腸的
殷勤親切的
療癒的

人道的
有想像力的
內在的
親密的
內省的
直覺的
喜悅的
親切和藹的
深情的
圓熟的
慈悲的
溫和的
美好的
平和的
有耐心的
平靜的
敏銳的
通靈的
靜默的
精緻的
有回應的
浪漫的
敏感的
柔軟的
精神的
主觀的
甜美的
有同情心的
有心靈感應力的

心腸柔軟的
寬容的
諒解的
有智慧的

聖杯－負面

愁悶的
嬌貴的
悲哀憂愁的
逃避現實的
好幻想的
脆弱易受損的
意志薄弱的
感情氾濫的
愛生氣的
過度敏感的
歇斯底里的
易受影響的
好逸惡勞的
內向自閉的
懶惰的
感情脆弱的
憂鬱的
沮喪抑鬱的
喜怒無常的
陰鬱孤僻的
自戀的
過度情緒化的
過於矯飾的

任性壞脾氣的
被動消極的
生悶氣的
慍怒不快的
陰晴不定的
敏感易怒的
暴躁易怒的
愛妄想的
尖刻壞脾氣的
優柔寡斷的

寶劍－正面

善於分析的
辯才無礙的
精明機敏的
有權威的
頭腦清楚的
聰明伶俐的
威嚴高貴的
直率的
具洞察力的
冷靜的
公正的
講究倫理的
公平無偏私的
直截了當的
坦率的
誠實的
高尚正直的

不偏不倚的
敏銳的
智力高的
正直公平的
頭腦敏捷的
知識淵博的
有學問的
有文化素養的
講求邏輯的
神志清明的
有威嚴的
心智的
道德的
客觀的
觀察力敏銳的
直言不諱的
洞燭一切的
穎悟的
機敏的
理性的
講道理的
精明敏捷的
言詞有力的
誠實無偽的
不存偏見的
沒有成見的
消息靈通的
機智風趣的

寶劍－負面

深奧難懂的
冷漠疏離的
傲慢自負的
獨裁專制的
尖刻刺人的
直率欠考慮的
冷酷不友善的
抱持施惠態度的
操控的
態度冷淡而自行
　其是的
愛批評的
挖苦傷人的
超然疏離的
冷淡疏遠的
固執武斷的
盛氣凌人的
高壓跋扈的
專橫傲慢的
感覺麻木的
偏執不寬容的
批判的
心懷成見的
傲慢逞威風的
過度訴諸理智的
擺出恩賜態度的
孤高疏遠的
冷漠不親切的

粗心欠考慮的
感情淡薄的
無感覺的
感受遲鈍的
嚴厲不寬容的

錢幣－正面

能幹的
熟練的
敏捷靈巧的
勤勉周到的
慷慨寬大的
有能力的
仔細小心的
謹慎細心的
勝任稱職的
具體實在的
勤勤懇懇的
始終如一的
擇善固執的
有效率的
富進取心的
可靠的
有決心的
腳踏實地的
實事求是的
穩固堅決的
慷慨大方的
手藝靈巧的

工作勤奮的
勤勞刻苦的
忠實的
寬大有雅量的
一絲不苟的
滋養撫育的
有條有理的
有組織的
不辭辛勞的
堅忍不懈的
實際的
有生產力的
精通熟練的
審慎小心的
注重實際的
可信賴的
堅定果決的
富於機智的
承擔責任的
明智合情理的
技巧熟練的
牢靠可信賴的
穩重堅定的
堅決勇敢的
堅定可靠的
堅實不移的
沉著穩定的
剛毅堅強的
支持的

頑強堅持的　　　　完美主義的
徹底周密的　　　　執拗頑固的
信任人的　　　　　悲觀的
值得信賴的　　　　倔強執拗的
堅定不動搖的　　　呆板拘謹的
　　　　　　　　　平凡無味的

錢幣－負面　　嚴苛死板的
任性頑固的　　　　一成不變的
乏味無趣的　　　　僵硬剛強的
強迫的　　　　　　固執不知變通的
依循成規的　　　　笨拙的
單調無生氣的　　　頑固倔強的
陰沉憂鬱的　　　　膽怯怕羞的
嚴厲無情的　　　　無冒險精神的
壓榨折磨的　　　　絕不讓步的
冷酷頑固的　　　　不妥協的
缺少幽默感的　　　不令人興奮的
沒有彈性的　　　　缺乏想像力的
倔強棘手的　　　　從不質疑的
不肯妥協的　　　　不浪漫的
物質主義的　　　　不隨興的
頑固似騾的　　　　頑固不讓步的
頑強冷酷的
過分執迷的
固執頑強的
平凡無奇的
過度謹慎的
過度有條不紊的
平淡沉悶的

{附錄C} 各牌組所組牌對的意義

權杖／聖杯

火象／水象

外在／內在

進取的／被動的

外向的／內向的

熱情的／溫柔的

情慾之愛／超越之愛

強烈的／溫和的

精力旺盛的／悠閒平靜的

好戰的／愛好和平的

個人／群體

競爭的／合作的

行動／感情

外顯的／隱藏的

直接的／間接的

權杖／寶劍

火象／風象

熱／冷

熱情的／有所保留的

投入的／超然的

魅力／權威

黨派性強的／不偏不倚的

靈感／分析

藝術家／批評家

權杖／錢幣

火象／土象

賣弄的／沉穩的

新／舊

冒險／安全

魯莽衝動的／深思熟慮的

靈感／努力

愛冒險的／謹慎小心的

開明的／保守的

原創的／傳統的

宏觀／細節

粗略／周密

快／慢

樂觀的／悲觀的

聖杯／寶劍

水象／風象

感情／思想

右腦／左腦

愛／真理

情緒／邏輯

直覺／理性

心／腦

連結／分離

慈悲／正義

主觀／客觀

親密／距離

麥考伊（McCoy）／史波克

　　（Spock）〔譯註〕

聖杯／錢幣

水象／土象

精神／物質

宗教／科學

夢幻的／實際的

幻想／現實

細緻的／堅韌的

柔韌的／牢固的

柔軟的／堅硬的

浪漫的／實際的

多愁善感的／實事求是的

遊戲／工作

寶劍／錢幣

風象／土象

理論／實務

抽象／具體

心理的／身體的

書本的學識／常識

思考／實做

概念／施行

完美／妥協

正確的／管用的

理想／現實

〔譯註〕影集《星艦迷航記》（Star Trek）中的兩位人物。麥考伊是一位感情豐富的醫生，史波克則是位極度理性的科學官。

{附錄D} 宮廷牌所組牌對的意義

國王／國王

成人／成人

兩個同等的人

兩個成熟、發展完全，卻
　彼此相異的自我面向

陽性／陽性

「國王」特質的份量加倍

對外在事件的關注

真實世界中的互動

直接／間接

強烈／溫和

個人／關係

行動／情感

作為／存在

邏輯的／直覺的

競爭的／合作的

堅強的／溫柔的

攻擊／防禦

王后／王后

成人／成人

兩個同等的人

兩個成熟、發展完全，卻
　彼此相異的自我面向

陰性／陰性

「王后」特質的份量加倍

對內在狀態的關注

國王／王后

男人／女人

陽性／陰性

外在／內在

進取／被動

外向／內向

國王、王后／騎士

成人／青少年～年輕成人

有節制的／無節制的

保守的／自由的

老／年輕

傳統的／新的

體制／挑戰者

慢／快

謹慎的／愛冒險的

安全／危險

穩定／不穩定

國王、王后／侍衛

成人／孩童

認真嚴肅的／輕鬆愉快的

負責任的／無憂無慮的
嚴謹克制的／無拘無束的
莊重威嚴的／不受羈絆的
成熟／稚氣
有計畫的／隨性的
世故的／天真的
沉著的／浮誇的
螞蟻／草蜢

兩個孩子氣的人
「侍衛」特質的份量加倍
具兩種不同面向的有力機會

騎士／騎士

成人／成人
青少年／青少年
自我中極端而對立的兩面
固守著不同立場且鮮有共
　　識的兩個人／群體
「騎士」特質的份量加倍

騎士／侍衛

成人／青少年／較年長的
　　孩子～較小的孩子
激烈的／溫和的
過分執著的／從容自在的
嚴厲的／快活的
悲觀的／樂觀的
複雜的／單純的
質疑／接受

侍衛／侍衛

孩童／孩童

〔附錄E〕 洗牌的方法

〢 撲克洗牌法 〢

「撲克洗牌法」時常用在平常玩撲克牌的時候。把牌分成兩疊，牌面朝下，雙手各握一疊，然後一邊讓牌的一端拍到桌面上、一邊混合它們。這種技巧可以將紙牌徹底混合，但由於塔羅牌多半比一般撲克牌要大，所以會不太趁手。此外，這種洗牌方式對紙牌也很傷，往往會在牌的中央造成摺痕。「撲克洗牌法」是很有效，但在精神上卻有些機械化。

〢 插入法 〢

雙手各握著半副牌，然後將其中一半稍微撐散，往下插入另一半中。你要握著紙牌的長邊或是短邊都可以。這個方法快速而有效率，而且手與牌之間會有很多接觸。但小心時間久了紙牌的邊緣會磨損。

〢 考威推／放法 〢

我是在諾瑪· 考威（Norma Cowie）〔註〕的一本書裡發現這種洗牌方式的。她這種技巧能夠在徹底混合紙牌的同時，造成最多手的接觸，而且幾乎不會損傷紙牌。用你擅用的那隻手握住紙牌，牌面向下，用大姆指將最頂上的一些牌推到另一隻手中。然後，再推一次，但是這回是放在新的那堆牌底下。繼續輪流將牌推到那堆新牌的頂上，然後是底下，直到所有的牌都被移轉過去。到這個時候，再將所有的牌放回你擅用的那隻手，然後重複一次。這種方式起初或許有點困難，你可能會推得太多，或是弄掉一些，但技術會隨著練習而進步。

〔註〕諾瑪·考威，《Tarot for Successful Living》，（White Rock, British Columbia: NC publishing, 1979），pp. 23-25。經作者同意使用。

❭❬ 攪和法 ❭❬

「攪和法」大概是最基本的洗牌方法了。將所有的牌牌面向下攤在地板或桌面上，然後開始攪和。這種技巧可以把牌混合得很均勻，對牌也不會有什麼損傷。主要的缺點是你需要空間。此外，這種洗牌法給人一種不很穩重的感覺，有些人不太喜歡。

❭❬ 避免逆位的牌 ❭❬

一開始就讓所有的牌上端朝著同一個方向。每次把牌分開準備洗牌時，都要注意讓兩堆牌上端朝著同一個方向。

❭❬ 得到逆位的牌 ❭❬

每一次把牌分開準備洗牌時，都把其中一堆旋轉一百八十度。

{附錄F} 問題占卜步驟概要

以下是當你以一個寫好的問題為自己做塔羅占卜的步驟（見第八課）。

一開始，請準備好：

· 你寫好的問題
· 你的塔羅牌
· 想好你將要選用的牌陣
· 如果你想要，可以準備牌意與牌陣意義的資料供參考

一、調整心境

依照個人的喜好準備占卜的環境。

坐下來，在身前留出一些空間。

放鬆並寧定心神。深呼吸幾次。

二、詢問問題

將紙牌從容器中取出。

將牌握在一隻手中，用另一隻手覆蓋其上。

閉上眼睛。

如果你想要的話，說出一段開場的宣言。

大聲唸出你的問題，或憑記憶確切說出你寫的問題。

三、洗牌

洗牌直到你想停下來時。

洗牌時，集中心念在你的問題上，但不要刻意勉強。

四、切牌

將牌面朝下放在身前，紙牌的短邊靠近自己。

以一氣呵成而不刻意的動作切牌，如下：

· 從整副牌中抓起一些。

· 將這較小堆的牌放在左邊。

· 從這第二堆牌抓起部分，將這第三堆牌放到左邊。

· 將所有的牌隨意地重新疊成一堆。

五、擺開牌陣

用一隻手握住整副牌，紙牌的短邊靠近自己。

翻開第一張牌，就像翻開書頁那樣。

依照你所選擇的牌陣排列紙牌。

如果你不使用逆位的牌，便把逆位的牌反轉過來。

六、對牌做反應

留意你對每一張牌的個別反應。

留意你對牌陣整體格局的反應。

七、分析牌意

分析個別的牌意：

翻到〈牌意解析〉談論這張牌的那部分。

讀過關鍵詞及行為表現。

找出命中目前情況的行為表現。

如果你想要，寫下自己的思緒和感覺。

考慮牌的方向──是正位還是逆位？

分析牌與牌的關係。

運用解牌的原則。

留意其他的領悟。

八、編織故事

順其自然地開口說出你的故事。

如果你想要的話，將你的故事錄音下來。

九、寫下總結的摘要

思考你這次占卜的主題或訊息。

以寫下的摘要陳述（一到兩個句子）回答問題。

十、收尾

記下占得的牌及其位置。

清理你的牌。

將牌收整起來。

用一隻手握住紙牌，另一隻手覆於其上。

閉上眼睛。

說出你從這次占牌學到了什麼。

表達你對你的「內在指引」的感謝。

將紙牌放回容器中。

必要的話，將環境回復原狀。

十一、應用你所學到的

根據此次占牌，決定一、兩個行動付諸實行。

寫下你想採取的行動。

之後，將情況的發展與此次占卜相印證。

{附錄G} 占卜他人之事步驟概要

以下是當你針對一個自身以外的問題做塔羅占卜時的步驟（見第九課）。

首先選擇你的占卜對象——人物、夫妻情侶、群體、地點、新聞事件等等。

檢驗你的涉入程度。如果你對以下任何一個問題的回答是肯定的，請改採「問題占卜」：

當我想到此一情境中的這個對象時，是否感受到*強烈的情緒*？

在此情境中我是否有既得利益？

我是否希望這個情境會有某種特定的結果？

寫下一個問題，焦點擺在你對你的對象感興趣之處。

一開始，請準備好：
· 你寫好的問題
· 你的塔羅牌
· 想好你將要選擇的牌陣
· 如果你想要，可以準備牌意與牌陣意義的資料供參考

一、調整心境

依照個人的喜好準備占卜的環境。

如果你想要，將占卜對象的照片或相關物件放在旁邊。

坐下來，在身前留出一些空間。

放鬆並寧定心神。深呼吸幾次。

二、詢問問題

將紙牌從容器中取出。

將牌握在一隻手中，用另一隻手覆蓋其上。

閉上眼睛。

如果你想要的話，說出一段開場的宣言。

出聲唸出你的問題，或憑記憶確切說出你寫的問題。

陳述你為何要對此一對象做塔羅占卜。

請求對所有相關之人都最有助益的指引。

提及你對占卜的對象心懷善意。

三、洗牌

洗牌直到你想停下來時。

洗牌時，集中心念在你的問題上，但不要刻意勉強。

四、切牌

將牌面朝下放在身前，紙牌的短邊靠近自己。

以一氣呵成而不刻意的動作切牌，如下：

· 從整副牌中抓起一些。

· 將這較小堆的牌放在左邊。

· 從這第二堆牌抓起部分，將這第三堆牌放到左邊。

· 將所有的牌隨意地重新疊成一堆。

五、擺開牌陣

用一隻手握住整副牌，紙牌的短邊靠近自己。

翻開第一張牌，就像翻開書頁那樣。

依照你所選擇的牌陣擺出紙牌。

如果你不使用逆位的牌，便將逆位的牌反轉過來。

六、對牌做反應

就每一張牌與你的對象（和你）的關係，留意你對它們的反應。

留意你對牌陣整體格局的反應。

七、分析牌意

分析個別的牌意：

翻到〈牌意解析〉談論這張牌的那部分。

讀過關鍵詞及行為表現。

找出命中占牌對象目前狀況的行為表現。

如果你想要，寫下自己的思緒和感覺。

考慮牌的方向──是正位還是逆位？

分析牌與牌的關係。

運用解牌的原則。

留意其他的領悟。

八、編織故事

就它與占卜對象的關係，順其自然地開口述說故事。

如果你想要的話，將這個故事錄音下來。

九、寫下總結的摘要

思考你這次占卜中的主題或訊息。

以寫下的摘要陳述（一到兩個句子）回答問題。

十、收尾

記下占得的牌及其位置。

清理你的牌。

將牌收整起來。

用一隻手握住紙牌，另一隻手覆於其上。

閉上眼睛。

說出你從這次占牌學到了些什麼。

表達你對你的「內在指引」的感謝。

將紙牌放回容器中。

必要的話，將環境回復原狀。

十一、應用你所學到的

思考這次占卜所學得的功課與你的生活有何關聯。

追蹤占卜對象的情況，與此次占卜相印證。

{附錄H} 開放式占卜步驟概要

　　以下是當你不限定某個問題而自行做塔羅占卜時的步驟
（見第十課）。

一開始，請準備好：
・你的塔羅牌
・想好你將要選擇的牌陣
・如果你想要，可以準備牌意與牌陣意義的資料供參考

一、調整心境
依照個人的喜好準備占卜的環境。
坐下來，在身前留出一些空間。
放鬆並寧定心神。深呼吸幾次。

二、陳述意圖
將紙牌從容器中取出。
將牌握在一隻手中，用另一隻手覆蓋其上。閉上眼睛。
如果你想要的話，說出一段開場的宣言。
概括地陳述意圖。

三、洗牌
洗牌直到你想停下來時。
洗牌時，保持心念自由而開放。

四、切牌
將牌面朝下放在身前，紙牌的短邊靠近自己。
以一氣呵成而不刻意的動作切牌，如下：

· 從整副牌中抓起一些。
· 將這較小堆的牌放在左邊。
· 從這第二堆牌抓起部分,將這第三堆牌放到左邊。
· 將所有的牌隨意地重新疊成一堆。

五、擺開牌陣

用一隻手握住整副牌,紙牌的短邊靠近自己。

翻開第一張牌,就像翻開書頁那樣。

依照你所選擇的牌陣擺出紙牌。

如果你不使用逆位的牌,便把逆位的牌反轉過來。

六、對牌做反應

留意你對每一張牌的個別反應。

留意你對牌陣整體格局的反應。

七、分析牌意

分析個別的牌意:

翻到〈牌意解析〉談論這張牌的那一頁。

讀過關鍵詞及行為表現。

找出命中目前情況的行為表現。

如果你想要,寫下自己的思緒和感覺。

考慮牌的方向——是正位還是逆位?

分析牌與牌的關係。

運用解牌的原則。

留意其他的領悟。

八、編織故事

順其自然地開口說出你的故事。

如果你想要的話,將你的故事錄音下來。

九、寫下總結的摘要

思考你這次占卜中的主題或訊息。

寫下一、兩個句子的總結摘要。

十、收尾

記下占得的牌及其位置。

清理你的牌。

將牌收整起來。

用一隻手握住紙牌，另一隻手覆於其上。

閉上眼睛。

說出你從這次占牌學到了些什麼。

表達你對你的「內在指引」的感謝。

將紙牌放回容器中。

必要的話，將環境回復原狀。

十一、應用你所學到的

大致上讓這次占牌所得的訊息引導你。

之後，將事情的發展與此次占卜所得的訊息相印證。

{附錄 I} 大小阿卡納牌中英對照

⚔ **大阿卡納** ⚔	⚔ **小阿卡納** ⚔

⚔ 大阿卡納 ⚔

愚人　The Fool

魔法師　The Magician

女祭司　The High Priestess

皇后　The Empress

皇帝　The Emperor

教皇　The Hierophant

戀人　The Lovers

戰車　The Chariot

力量　Strength

隱士　The Hermit

命運之輪　Wheel of Fortune

正義　Justice

吊人　The Hanged Man

死神　Death

節制　Temperance

惡魔　The Devil

塔　The Tower

星星　The Star

月亮　The Moon

太陽　The Sun

審判　Judgement

世界　The World

⚔ 小阿卡納 ⚔

王牌～十

權杖王牌　Ace of Wands

權杖二　Two of Wands

權杖三　Three of Wands

權杖四　Four of Wands

權杖五　Five of Wands

權杖六　Six of Wands

權杖七　Seven of Wands

權杖八　Eight of Wands

權杖九　Nine of Wands

權杖十　Ten of Wands

聖杯王牌　Ace of Cups

聖杯二　Two of Cups

聖杯三　Three of Cups

聖杯四　Four of Cups

聖杯五　Five of Cups

聖杯六　Six of Cups

聖杯七　Seven of Cups

聖杯八　Eight of Cups

聖杯九　Nine of Cups

聖杯十　Ten of Cups

寶劍王牌	Ace of Swords	**宮廷牌**	
寶劍二	Two of Swords	權杖侍衛	Page of Wands
寶劍三	Three of Swords	權杖騎士	Knight of Wands
寶劍四	Four of Swords	權杖王后	Queen of Wands
寶劍五	Five of Swords	權杖國王	King of Wands
寶劍六	Six of Swords		
寶劍七	Seven of Swords	聖杯侍衛	Page of Cups
寶劍八	Eight of Swords	聖杯騎士	Knight of Cups
寶劍九	Nine of Swords	聖杯王后	Queen of Cups
寶劍十	Ten of Swords	聖杯國王	King of Cups
錢幣王牌	Ace of Pentacles	寶劍侍衛	Page of Swords
錢幣二	Two of Pentacles	寶劍騎士	Knight of Swords
錢幣三	Three of Pentacles	寶劍王后	Queen of Swords
錢幣四	Four of Pentacles	寶劍國王	King of Swords
錢幣五	Five of Pentacles		
錢幣六	Six of Pentacles	錢幣侍衛	Page of Pentacles
錢幣七	Seven of Pentacles	錢幣騎士	Knight of Pentacles
錢幣八	Eight of Pentacles		
錢幣九	Nine of Pentacles	錢幣王后	Queen of Pentacles
錢幣十	Ten of Pentacles		
		錢幣國王	King of Pentacles

國家圖書館出版品預行編目資料

塔羅入門　瓊·邦寧（Joan Bunning）著；孫梅君譯－－初版－－臺北市：商周出版：家庭傳媒城邦分公司發行；

2006 [民95] 面；公分－－譯自：Learning the Tarot: A Tarot Book for Beginners

ISBN　978-986-124-780-9（平裝）1. 占卜

292.9　　　　　　　　　　　95021262

東西命理館 004

塔羅入門

原著書名／Learning the Tarot: A Tarot Book for Beginners
作　　者／瓊·邦寧（Joan Bunning）
譯　　者／孫梅君
責任編輯／何宜珍
特約編輯／林慧雯
封面設計／張士勇
美術設計／林家琪

版　　權／葉立芳、翁靜如
行銷業務／林彥伶、林詩富
總 編 輯／何宜珍
總 經 理／彭之琬
發 行 人／何飛鵬
法律顧問／台英國際商務法律事務所　羅明通律師
出　　版／商周出版
　　　　　臺北市中山區民生東路二段141號9樓
　　　　　電話：(02) 2500-7008　傳真：(02) 2500-7759
　　　　　E-mail：bwp.service@cite.com.tw
發　　行／英屬蓋曼群島商家庭傳媒股份有限公司
　　　　　城邦分公司
　　　　　臺北市中山區民生東路二段141號2樓
　　　　　讀者服務專線：0800-020-299；
　　　　　24小時傳真服務：(02)2500-1990　2500-1991
　　　　　讀者服務信箱E-mail：cs@cite.com.tw
劃撥帳號／19833503　戶名：英屬蓋曼群島商家庭傳媒股份
　　　　　有限公司城邦分公司
訂購服務／書虫股份有限公司
　　　　　客服專線：(02) 2500-7718；2500-7719
　　　　　服務時間：週一至週五上午09:30-12:00；
　　　　　下午13:30-17:00
　　　　　24小時傳真專線：(02) 2500-1990；2500-1991

劃撥帳號：19863813　戶名：書虫股份有限公
E-mail：service@readingclub.com.tw
香港發行所／城邦(香港)出版集團有限公司
　　　　　香港灣仔駱克道193號東超商業中心1樓
　　　　　電話：(852) 2508 6231傳真：(852) 2578 933
馬新發行所／城邦(馬新)出版集團
　　　　　Cite(M) Sdn. Bhd. (458372U)
　　　　　11, Jalan 30D/146, Desa Tasik, Sungai Besi,
　　　　　57000 Kuala Lumpur, Malaysia.
　　　　　電話：603-90563833　傳真：603-90562833
行政院新聞局北市業字第913號
排　　版／浩瀚電腦排版股份有限公司
印　　刷／高典印刷有限公司
總 經 銷／聯合發行股份有限公司
　　　　　電話：(02)2917-8022；傳真：(02)2915-6275
商周出版部落格／ http://bwp25007008.pixnet.net/blog
行政院新聞局業字第913號
2007年1月初版　定價：450元
2024年5月22日3版44.8刷
著作權所有·翻印必究　ISBN：978-986-124-780-9
Printed in Taiwan
LEARNING THE TAROT by JOAN BUNNING
Copyright˜ 1988 by JOAN BUNNING
This edition arranged with RED WHEEL/WEISER
through Big Apple Tuttle-Mori Agency, Inc.
a division of Cathay Cultural Technology Hyperlinks
Complex Chinese edition copyright:
2006 BUSINESS WEEKLY PUBLICATIONS, A DIVISION (
CITE PUBLISHING LTD.
All Rights Reserved.

城邦讀書花園
www.cite.com.tw